勝道上人が生きた時代

「補陀洛山建立修行日記」をめぐって

佐藤壽修

随想舎

勝道上人が生きた時代　「補陀洛山建立修行日記」をめぐって　目次

勝道上人像（日光山輪王寺）

第1章　はじめに

日光地方のルーツを伝える文献の一つに日光山の開祖・勝道上人の足跡を記したとされる「補陀洛山建立修行日記」がある。同日記は、勝道上人没年の翌年、同上人の高弟たちが編纂したものであると同日記の末尾に記されている。同日記には、当時、その出来事に遭遇した人でなくしては、表現することができないことが述べられているのである。それは勝道上人は、最晩年に近い八一六（弘仁七）年四月、当時は日光二荒山神社の境内に存在した中禅寺において、同境内の裏手の男体山に発生した土石流に極めて間近に遭遇していたのである。

しかし、同日記については鎌倉時代の偽作であるとの説が定着しているようであるが、果たして同日記が後年の鎌倉時代頃の偽作と見なして軽視したままでよいのであろうか。勝道上人が生きた時代をよく見てみようではないか。

第1節　補陀洛山建立修行日記

1　歴史は繰り返す！（男体山観音薙に大土石流発生）

補陀洛山建立修行日記の八一六（弘仁七）年四月の項には次のような記載がある。勝道上人、入寂の前年の記録である。

「上人為登二恒例之山頂一。以二弘仁七《（八一六）》年丙申四月一。詣二中禅寺一。二七日夜。念誦読経。其間大雨降。洗二大地一。渇湖水揚二白浪一。山林土地悉振動。更不レ以二日来一成レ怪。弥於二社檀前一。恭敬礼。拝二誦経咒一。献二法施。仰合掌。応レ時嶽動静。異香薫レ地」（『日光山輪王寺史』より）

同上人は、中禅寺に詣でて一四日間の読経修行に励んでいた。この間、大地を洗い流すような大雨が降り続いていた。

二荒山神社

ていた。すると突然、山林土地がことごとく轟音を上げて振動し、湖水には白波が揚がり、そのありさまはこの世の最後を思わせるようなすさまじいものであった。上人は一心に事態の鎮静を神仏に祈ったところ、祈りが通じたのか、静けさが戻り、やがてあたり一面に不思議な香りが漂ってきた。

この記述は、男体山に土石流が発生したことを物語っているのであり、間近に土石流を経験した人でなければ記録し得ない現象なのである。

土石流は、大雨が降ることによって発生する。土石流は、水・土砂・岩石等が渾然一体になって山の急斜面や渓谷を流れ下るのである。この流れの特徴は、大きい岩石ほど、流れの速い表面に浮いて流れ、より流れの速い流れの中央に集まり、その結果、流れの先頭に巨石が集中して流れ下るのである。土石流は、巨石を先頭にして流れ下るのであるからすさまじい破壊力を持っているのである。巨石が土石流の先端で舞っているかのように見えるのである。また、土石流が流れ下るとき、岩石同士がぶつかり合って轟音を発し火花を散らす。このとき、火薬を燃やしたときのような独特な匂いが発生するのである。

男体山と観音薙

勝道上人はその晩年、危うく遭難を免れたといってよいほど間近に、男体山腹に発生した土石流に遭遇していたのである。

昔の人もこのような現象を目撃していたのであるが、巨石・巨岩が舞うように流れるなどとは想像もできないことであったため、多くの人々はこのような目撃された現象が信じられなかっただけではなく、その存在はなかば否定されてきたのである。しかし、目撃した一部の人達には、山津波とか山嘯《さんしょう》あるいは鉄砲水などと呼ばれて知られていたところではあった。この事実が一般に認識されるようになったのは、最近のＩＴ技術の進歩によるところが大きい。土木工学や防災技術の研究者などにより、土石流が発生しそうな渓流に設置されたＩＴ機器は、大雨に伴って発生した上記のような土石流の実態を如実に捉えていたのである。その結果、一般にも広く土石流の存在が認められるようになったのである。

２　明治三五年九月の男体山南面に生じた土石流について

時代は下って、一九〇三（明治三五）年九月二八日、後に足尾台風と命名された台風がもたらした豪雨と強風

完成直後の砂防ダムに受けとめられた土石流の跡（田母沢上流）

は、北関東一円に未曽有の災害をもたらした。この台風は関東地方のみならず東北地方にも広い範囲に甚大な風水害を及ぼしたが、取り分け足尾銅山の諸施設に甚大な被害をもたらした。そのことに因んで「足尾台風」と命名されたのである。このとき、二荒山神社や当時は同神社の境内にあった中禅寺の背後に聳える男体山に大土石流が発生したのである。栃木県下の被災規模は、死者一五六人・行方不明六三人・負傷者二八〇人・全壊家屋八二一七棟・半壊三八九棟・流失家屋四一二棟・浸水家屋一七二三棟、死者行方不明者の数で見た被害の最も大きかった地域は当時の上都賀郡だった。杉などの多数の大木もこの台風がもたらした猛烈な風によって広い範囲で吹き倒されたのである。

ちなみに、この足尾台風がもたらした大雨は日光市川俣に存在した西沢金山の諸設備にも、甚大な被害を及ぼしたが、同金山の鉱区内の渓流に発生した土石流が、川床を洗掘した結果、金鉱脈の露頭が多数発見されて、同金山が隆盛を見る端緒となった。

勝道上人が遭遇した男体山の大土石流は、どのようなものであったのであろうか。上人の土石流遭遇から一〇八七年後の明治三五年九月、足尾台風が男体山の同じ場所に発生させた大土石流がどのような災害を大谷川流域にもたらしたのかを見てみることとしよう。

同日午前九時三〇分、このときの豪雨に伴い中禅寺や二荒山神社の境内の裏手の、御神体である男体山山腹七合目付近が、幅一〇〇メートル余り崩壊して大土石流となって流れ下り、同境内にあった観音小学校を押し流し、この土石流に同校の先生夫婦が巻き込まれて犠牲になった。また同土石流は、中禅寺に附随する立木観音像を押し流し、湖に突入して三メートルを超える津波を発生させ、津波の一部は湖尻川を伝って華厳滝を落下し、豪雨のため既に増水していた大谷川の洪水に衝撃を与えた。そして男体山の大薙や女峰山・赤薙山の大鹿落としと呼ばれる大崩壊地から稲荷川を経て流れ出して大谷川に堆積していた大量の土砂は、中禅寺湖に発生した津波が華厳滝を落下した衝撃によって、一斉に動き出して大土石流になって流れ下り、大増水していた大谷川に大水害を引き起こして、日光町七里や野口地先の農地に氾濫し、洪水は日光町七里では日光街道の縁にまで及び、その流域を著しく荒廃させた。大谷川を流れ下る途中、大土石流は、日光町の神橋や一般の通行に供されていた仮橋とも呼ばれていた日光橋を破壊して押し流し、それらの残骸は、同日午前九時五四分頃、今市町の大谷橋に激突し、同橋を破壊してさらに押し流した。また大土石流は同町河原町一丁目二丁目にも氾濫して二二戸の民家を押し流した。翌日発掘された家具家財は、深いところで五尺、浅いところで三尺六寸の泥砂に埋もれていた。またこのときの豪雨は、上都賀地区などの山々に山腹崩壊を発生させて甚大な被害を生じさせたと伝えられている。（『壬寅歳暴風雨紀念写真帖』木村作次郎・内田書店・主として栃木県の被災状況を写真と栃木県の資料などを用いて文章で記録・明治三六年にまとめられた。）

ちなみに、この時の土石流の痕跡は、現在なお日光市七里及び瀬川に存在する東武日光線と大谷川に挟まれて存在する県営大谷川公園内の各処に見ることができる。

すなわち、同日記は、現代の科学の目によって初めて明らかにされた土石流の実態、土石流に伴う様々な現象を詳述しているのである。勝道上人の時代以後明治時代までの約一〇八七年間に、日光山には、二荒山神社境内の背後の男体山に土石流が発生したという記録はあるのであろうか。

ところで、男体山に発生した土石流は、同境内に存在した千手観音像を湖に押し流した。このときに生じた薙であることから「観音薙」と呼ばれるようになったと伝えられている。しかし、同薙は一〇八七年も昔、勝道上人の時代にすでに大土石流を発生させていたのである。同薙は、一〇〇〇年以上も安定した状態であったため樹木が生い茂っていて薙の存在が潜在する場所とは、認識することができなかった。勝道上人が間近に大土石流に遭遇した場所、すなわち勝道上人が中禅寺（二荒山神社境内）を創建したところは、南に湖を望み、背後に御神体である男体山が控えていることから選定されたものと考えられるが、もう一つ大きな理由があったと思われる。それは同境内は周辺の土地から見て、小高くなっており非常に眺望がよいということである。つまり勝道上人が中禅寺創建の場所を選定したときすでに、そこは高台であったのである。高台が形成された理由は、その勝

神橋流失前

神橋流失後

日光街道に迫った大谷川の土石流（日光市七里）

道上人の時代より昔に、背後の男体山の薙すなわち観音薙に発生した土石流の土石が堆積して出来たものであると考えられるのである。つまりこの観音薙は、短期間に繰り返し土石流を発生させるほど頻度は高くはないが、ごくまれに見るような大雨に伴って、過去に繰り返し土石流を発生させているものと考えられるのである。つまり観音薙は、勝道上人が同薙に発生した土石流に遭遇して以来一〇八七年もの長い期間、安定した状態であったのである。同薙には樹木が繁茂して、その存在を覆い隠していたのである。そのため人々は、明治三五年の土石流発生に伴って顕在化した薙を見て、当該土石流によって初めて生じたものであると思ったのである。このとき、土石流に押し流された大量の樹木の中には、その根に岩石を抱えたまま湖に押し流され、湖面に直立して浮いていたために、その姿はあたかも神の化身が湖面にたたずんでいるかのように見えたとも伝えられている。

昨今、我国のみならず世界各地で大洪水や大渇水といった激しい気象変動が発生している。マグニチュード九クラスの地震も世界各地で発生している。火山活動もしかり。国際社会の激変を間近に見るとき、社会の変動は、気象の変動によってもたらされるといっても過言ではないように思える。

補陀洛山建立修行日記は、上人が季節外れの激しい気象現象に阻まれての二度にわたる男体山登頂試みの失敗、上人の名をより高からしめた大同二年夏の東国の大旱魃のときの雨ごいの成功、晩年の土石流遭遇など、上人が生きた時代、激変する気象現象が多発していたことを述べている。すなわち気象変動が上人の生きた時代を揺り動かしていたのである。また朝廷は、東北地方の蝦夷と呼ばれた人々の阿弖流為《あてるい》などをリーダーとする反乱に手を焼いていた。

このような時代であったからこそ、苦悩する民衆を救わんとする人物が、下野国には勝道上人、会津地方では猪苗代湖をつくったと伝えられている磐梯山の大噴火に伴って疲弊した人々を救済するために会津仏教文化の開祖と称される高僧徳一が現れた。また勝道上人と時代を同じくして、空海・円仁をはじめ現在に名を残す多くの名僧や坂上田村麻呂など数多くの人材を輩出したのであると思われる。

日光近代史における災害は、日光のルーツを伝える同日記の信憑性を裏付けているとは言えまいか。

第2章　東国に打ち寄せた畿内文化の大波（勝道上人の始祖の時代について）

補陀洛山建立修行日記は冒頭で、補陀洛山すなわち日光山の成り立ちと勝道上人の出自について次のように述べている。

補陀洛山（日光山）は、日本根子皇統彌照天皇《やまとねこすめらぎいやてりのすめらみこと》つまり桓武天皇の治世に勝道上人によって創始され、この満願権現すなわち日光山の領地は、仏の教えを実践するに相応しい霊験あるところである。

勝道上人は、下野国芳賀郡の出身で、俗姓は墾若田氏である。勝道上人の遠祖は、第一一代天皇の垂仁天皇（活目入彦五十狭茅帝《いくめいりひこいさちのすめらみこと》）の第九皇子の巻村尊である。同尊は、天皇の使いとして鈴鹿川の川上の伊勢大神宮に参拝した後、縁あって東国に下向したのであるが、病に罹り片目を失ってしまった。その結果、都に帰ることが叶わなくなったため、下野国の室の八島、すなわち、栃木市惣社町の大神《おおみわ》神社付近に住まいした。その巻村尊から三代目の子孫の大間城日郡が勝道上人の祖であり、それから数えて一七代目の高藤介の息子が勝道上人である。幼名を藤糸といった。母方は吉田連氏の出身である。同上人は七三五（天平七）年四月二一日、下野国芳賀郡南高岡（現栃木県真岡市南高岡）に生まれた。

ところで日本書紀には垂仁天皇の皇子に巻村尊の名は見当たらないが、垂仁天皇には二人の皇后や六人の妃があり、彼女達から生まれた数多くの皇子や皇女が存在していたものと考えられるから、その中の一人と考えてもよいのではないかと思われる。

勝道上人の生家は、小貝川の氾濫原の東側の丘陵の中腹にある仏生寺であると伝えられている。勝道上人の祖である大間城日郡が、同所に仏生寺の前身となる大間城日郡とその子孫の生活の場となる館を構えたものと思われる。同館は丘陵の中腹にあることから、当時、まだ小貝川流域は鬼怒川の氾濫の影響をたびたび受けており、鬼怒川の洪水被害を避けるために同館は、小貝川の氾濫原から高い位置に建てられたのかも知れない。

すなわち、鬼怒川は、日光火山群の源流域から大量の土砂を生産運搬し、平野に流れ出すところに顕著な扇状地を形成している。鬼怒川はその扇状地の中で乱流を繰り返し、往古、栃木県さくら市氏家付近で小貝川流域にも現在の鬼怒川筋にも流れ込んでいた。どちらかというとむしろ小貝川筋が鬼怒川の本流であったものと思われる。このことは栃木県立博物館の玄関ホールの壁に展示されていた鬼怒川・小貝川流域の空中写真を見ていただければ、鬼怒川の流路の変遷が理解できると思う。また、同空中写真によれば、鬼怒川はあるときは那珂川流域にも流入していた時期があったようである。この事実は、日光水産試験場の資料では、鬼怒川流域のヤマメと那珂川流域の荒川のそれの遺伝子は、極めて近いかあるいは同じであるとのことであることからも、そう考えられる。

現在の鬼怒川は、その上流に大規模な多目的ダムや砂防ダム群が構築されている。同河川の源流域を成す日光火山群からは、著しい土砂の生産がなされているが、上記ダム群により堰とめられて同河川への土砂の供給は極端に減少している。さらに、河川砂利は高度成長期、建設資材として大量に採取された結果、著しく河川の土砂は減少し、河床が低下しており、往時の状況を偲ぶことは今では困難ではある。

当時、小貝川流域と鬼怒川が接する辺りから下流にあたる現在の鬼怒川の流域は、広大な原野であり、その広大さに見合う潅漑用水を得ることが可能な水源となる河川等が見当たらなかったため、水田開発が進んでいなかったので未開の状態であった。正しく言えば、同原野を潤す水源となる河川として田川が存在するが、同河川の水量は同原野を潤すには著しく不足していたのである。そこで人々は、鬼怒川の氾濫原であった小貝川の流域の開発に併せて、著しく水源が不足しており、後に鬼怒川の沿川となる広大な原野を、新たにできることになる鬼怒川の流れを水源として開発しよう考えた。すなわち、さくら市氏家町あたりで、小貝川筋を流れていた鬼怒川を現在の流路に変更するための人々の営み、つまり小貝川の流域と鬼怒川の流域を分離して隔てる堤防が、同所において現在の鬼怒川左岸に築き始められたのは、四世紀ころのことと思われる。あるいはもっと早い時期であったのかも知れない。暴れ川であった鬼怒川の洪水と小貝川の流域を隔てるための堤防の構築は、世代を重ねて行われた難工事であったようである。その場所の堤防に立ってみると、堤防は微妙に曲がりくねっていて、当時の小貝川流域などの開発にあたっていた人々が、暴れる鬼怒川の洪水と折り合いをつけることに苦労したことが偲ばれるような思いがするのである。これらの人々のリーダー的存在こそ、畿内の大規模な河川工事で培われた畿内の先進的文化を携えて関東地方にやってきた崇神天皇の皇子である豊城入彦命《とよきいりひこのみこと》や垂仁天皇の皇子である巻村尊《まきむらのみこと》の子孫達であると考えられる。

勝道上人の遠祖は、垂仁（活目入彦五十狭茅尊）天皇の第九皇子の巻村尊であると同日記は述べている。同尊は、毛野国と呼ばれていた上毛野国・下毛野国すなわちおおむね群馬県と栃木県を合わせた領域を含む関東地方に、同天皇の兄の豊城入彦命が入植した後、あるいはほぼ同時期に、畿内からやってきているのである。

垂仁天皇の父である崇神天皇は、同天皇一〇年、神祇の教えを広めるため四道将軍を地方に派遣したとのことである。参考までに、同年はそのまま読むと西暦紀元前八八年にあたるが、検討が必要である。北陸には大彦《おおひこの》命《みこと》（崇神天皇の叔父）を、東海には武渟川別《たけぬなかわわけ》（建沼河別命、大彦命の子、阿倍臣等の祖）を、西道には吉備津彦を、丹波には丹波の道主命をそれぞれ将軍として派遣した。これら四人の将軍を総称して四道将軍という。崇神天皇は四道将軍に対して、教化に従わない者達、すなわち畿内の水田稲作文化を受け容れない者達は、武力で制圧するようにと詔し、その正統性を表す印綬を授けて派遣した。ちなみに福島県の会津という地名は、北陸道を進んだ大彦命と東海道を進んだ武渟川別が出会ったところであることから、それに因んで名付けられたと言われる。古代の天皇は、なぜか子孫を入植させる場所が盆地地形であることにこだわっていたように見える。例えば会津盆地には四世紀末の築造と考えられている東北地方最古の古墳の一つである大塚山古墳が存在する。また甲府盆地には四世紀前半に築造されたと推定される天神山古墳等がある。また、藤原京や平城京などが存在したのも大和盆地であり、平安京などが造営されたところも山背国と呼ばれた京都府の盆地地形の中にある。

弥生文化以降の我国の文化は現在に続く水田稲作文化を基盤とする文化である。地方の弥生文化と畿内のそれとの大きな相違は、その水田開発の手法にあると考える。

地方の弥生時代の水田稲作は、同時代の遺跡である静岡市の登呂遺跡などを観察すると、小規模な集落に小豪族が小流域の河川ごとに割拠し、少ない人口で水田開発にあたっていたと考えられる。大規模な水田開発は行われることなくその開発手法は未成熟であったのではないかと考えられる。一方、畿内では後に天皇と呼ばれる豪族を中心にして、地方に先駆けて発展させていた水田稲作は、大規模な河川の瀬替えを伴うものであったと考えられる。すなわち畿内にあっては当時、畿内の豪族達を支配下に置く強大な豪族（天皇家）が存在し、その支配力をもって大和川や淀川などの各河川の流域を一元的に開発する手法を考え出したのであると考えられる。

すなわちより大きい河川において大規模な瀬替えを伴う開発を実施するには、大規模かつ堅牢な堤防等の構築技術が必須となるのである。そのためには、より大勢の人々を動員する必要があった。畿内では既により高度な測量技術や土や木材を用いた堤防や河川から潅漑用水を取り入れる取水口等の構築物を造る土木技術が、大いに発展を遂げていたのである。先進的な治水・利水技術が発達していたのである。例えば、堤防は単に土を盛っただけではなく土を層状に突き固めることで堅固なものになり、古墳も同じ手法で築かれているのである。後には寺院などを建築する場合の基壇の築造にもこの技術が応用されているとのことである。この層状に土を突き固める手法を「版築」というのだそうである。また、大規模な連続する堤防や古墳を構築するためには測量技術も必要になる。この土木技術こそが、古墳文化において巨大で整った形状をもった古墳を築造するために応用されたのである。畿内においては、すでに弥生時代にこれらの文化の萌芽があったものと考えられる。

すなわち弥生時代の地方の水田開発は、当該河川の流域や水系全体を考えて開発するのではなく、水系の枝葉にあたる各支川の流域に割拠する小さい豪族達が、小規模な開発を行っていたに過ぎないものと思われる。すなわちこの時点では、流域の全体を見ると、開発可能な土地を残しながら局所的にしか土地の利用ができていなかったのである。

しかし進んだ水田稲作は、地方に先んじて畿内で培われ、より高度な土木技術により、大和川や淀川などの流域やその水系を広域的な観点から合理的かつ大規模に開発する手法が用いられたのである。大規模な河川の瀬替えに伴って、灌漑することができない土地をより少なくするとともに、より効果的に灌漑することのできる水田の面積を大きく確保できるようになったのである。その結果、畿内では開発が大いに進み、大規模な水田稲作が営まれるようになり、食糧が増産され、それにともなってさらに人口が増加するという循環が繰り返されていた。つまり我国における土地（国土）の高度利用は、この時代に始まったといえるのではないだろうか。

崇神天皇の時代になると、畿内の各河川の流域においては、開発の限界に近づきつつあり、増加する人口を養うための食糧増産も限界に達しつつあったものと考えられる。

そこで崇神天皇は、増加する人口の入植先を地方に求めるため、四道将軍を各地方に偵察のため派遣したものと思われる。その結果、同天皇は、四道将軍達から日本一の広さをもつ関東平野が大いに開発の可能性があるとの報告を得たものと思われる。そこで同天皇は、寵愛する豊城入彦命と活目入彦命のいずれの皇子に皇位を継がせるべきか悩んだ末に、二人の皇子が見た夢により皇位継承者を決めることとした。そこで同天皇は、皇位を継承するに相応しい夢を見たと認めた活目入彦命を皇位を継承する皇太子に指名し、後に同命が皇位を継いで垂仁天皇になった。また同天皇は、豊かな稔りが大いに期待できる関東平野を中核とする東国を統治するに相応しい夢を見たと認めた豊城入彦命をリーダーとして同天皇四八年、畿内で培ってきた先進的な文化を移植して開発を進めるために、東国すなわち関東地方に赴かせたのであると思われる。

それまで弥生文化つまり原始的な水田稲作を営んでいた東国すなわち関東地方には、このようにして豊城入彦命一行が携えてきた畿内の先進的な新しい水田稲作文化の大波がやってきて東国つまり関東地方の弥生文化を併呑したのである。

豊城入彦命が大規模な河川の瀬替えを伴う畿内の先進的な水田稲作文化を広めて精力的に開拓を行った結果、東国は大いに開発が進んで作物が豊かに収穫できる土地になった。そこで同命の子孫が支配する利根川や渡良瀬川、思川、姿川、田川、鬼怒川などの流域の広大な原野は、開発を拡大することによって大いに穀物が生産されることが期待される豊穣の地となり得ることから、作物あるいは穀物を意味する「毛」を国の名に冠して毛野国と称し、その国の長を毛野氏と呼んだと考えられる。

したがって同命は毛野氏の始祖であり、後に毛野国は上毛野国・下毛野国に分轄され上毛野国の長を上毛野君、下毛野国の長を下毛野君と呼んだのである。その結果、豊城入彦命の子孫達は東国で大いに繁栄していると、日本書紀には記されている。

ちなみに、勝道上人の遠祖であるとされる巻村尊が、垂仁天皇の第九皇子であるとすれば、豊城入彦命は垂仁天皇の兄であるから、巻村尊は豊城入彦命の甥に当たることになる。このような広大な関東平野には、畿内の天皇の皇子達を受け入れてなお開発の余地が大いにあったため、勝道上人の遠祖である巻村尊も受け入れられて、思川の流域である栃木市惣社町の大神神社の室の八島に入植することができたのではないかと思われる。

ところで、七九四（延暦一三）年一〇月、平安遷都がなされた同月、慈覚大師円仁が下野国都賀郡に生まれている。円仁の父は、豪族壬生氏の壬生首《おびと》麻呂であり壬生君は毛野氏の一族であるといわれている。したがって円仁の遠祖は、崇神天皇の皇子である豊城入彦命なのである。勝道上人も円仁も血筋をさかのぼれば崇神天皇にたどり着き、彼らはその末裔であるということになる。

仏教が我国に定着して地方に広まりはじめた当時、地方において仏教を志した多くの人々は、古代天皇などにゆかりがあって、かつ権力があり豊かな財力を持ち、高い教養を身につけた支配者階級である豪族の子弟であったのではないかと思われる。

当時と政治体制が同じではないから同列には論じられないが、天皇の子孫が関東平野に定着した例としては、平将門が属する一族が挙げられる。

将門の始祖は八九〇（寛平二）年、桓武天皇の曽孫にあたる高望王が平姓を賜り上総国に上総介として赴任し、彼と彼の息子達は任期が過ぎても帰京せず国香と良将は土地の豪族の娘と結婚して土着したとのことである。天皇の血筋を引く親王等の多くは、関東など地方に下向してその土地の豪族と姻戚関係を結んで土着していたのであろう。

高望王の長男が将門の伯父国香で、国香は常陸国筑波山西麓の真壁郡東石田（旧明野町）を根拠地とした。また同王の三男が将門の父良将であり、将門は父良将の死後その領地であった下総国豊田の里を受け継いで根拠地としたと伝えられている。下総国豊田の里は、茨城県結城郡・豊田郡のちの結城郡、現在の常総市石下町の辺りであり、当時の鬼怒川の流路は、おおむね現在の小貝川筋を流れて、彼らの領地は当時の国境であった鬼怒川を挟んで接していた。彼らの領地争いに端を発したとされる平将門の乱は、鬼怒川の瀬替えに伴った国境の変更が領地争いに原因があったのではないかと考えられる。

当時の鬼怒川は、茨城県下妻市の南を東流する現在の糸繰り川筋を経て、現在の小貝川に合流していた。その結果、鬼怒川と小貝川が合流する地点には、土砂の生産が旺盛な鬼怒川が運んできた土砂が堆積して小貝川の流れを堰き止めて、両川の合流点の小貝川上流側に騰波ノ《とばの》江《え》と呼ばれた比較的浅くて広い湖水を形成していたのである。

将門の伯父の国香は、将門には無断で彼が都に勤めに出ていて留守の間に、その鬼怒川の流れを現在見られる流路に付け替えたのである。この瀬替えの結果、国境が変更されて将門は新たに付け替えられた鬼怒川の東に属することになった優良な水田地帯を失うこととなり、それに引き替え伯父の国香は、騰波ノ江の干拓が可能になっただけではなく、加えて旧鬼怒川の流路であった小貝川と新たに付け替えられた鬼怒川の間に存在することになった将門が支配していた水田地帯をも国香が支配するところになったものと思われる。

すなわち、鬼怒川の東側に属する土地が常陸国、西に属する土地が下総国であったのであるが、この瀬替によって国境が大きく変わったのである。

将門が上京出仕して根拠地を留守にしている間に、伯父国香によりこのような行為が為されていたとすれば、帰郷した将門が激怒して骨肉の争いに及んだことも理解できるのではないか。

ちなみに崇神天皇や豊城入彦命の時代、東国の開発にあたった人々が創建したと伝えられる神社をつぎに列挙する。

＊安房神社（栃木県小山市宮字宮の内一六一五）崇神天皇の時代に創建され、仁徳天皇の時代に再建された。主祭神は天太玉命・菟道雅郎子。〔栃木県神社誌〕

＊鷲宮神社（下野市橋本字鷲宮六二九・下都賀郡国分寺町大字箕輪字鷲宮）創建される。主祭神は天日鷲命。崇神天皇の皇子豊城入彦命が東征の命をうけて毛野国に下向し、この国の凶徒を征服して国造の官命を賜り政権を握った。この時国家安康のため祠を創立した。

〔栃木県神社誌〕

＊箒根神社（栃木県矢板市下伊佐野字宮本二二七）の地は、豊城入彦命が都督となって東辺を鎮め、嘉政を行ったことから、その神霊を鎮斎して産土の大神と仰ぎ祭祀を怠らず崇敬した場所である。〔栃木県神社誌〕

第3章　東国の発展と日本武尊の東征

垂仁天皇の次の天皇である景行天皇は、日本武尊《やまとたけるのみこと》を東国に派遣したと日本書紀では述べている。

景行天皇二五年秋七月、天皇は武内宿祢を北陸《くぬがのみち》及び東方に派遣して諸国の地理や百姓の暮らしの様子を偵察させた。同二七年春二月、同宿祢は東国から帰還して天皇に次のように報告した。「東《あずま》の夷《ひな》の中に日高見国《ひたかみのくに》があります。その国の男女は髪を結い入れ墨をしており、成人は勇敢です。彼らを総称して蝦夷《えみし》といい、彼らの土地は肥沃で広大です。この国は征服するべきです」。ちなみに、景行天皇二五年は西暦紀元九五年にあたるが検討が必要である。

しかし、同二七年秋八月、九州で熊襲《くまそ》が反乱を起こして辺境を侵犯していたため、天皇は日本武尊の軍勢を九州地方に振り向けなければならなくなった。同二八年春二月、日本武尊は熊襲の反乱を平定し凱旋したのである。

同四〇年夏六月、東の夷が大勢反乱して辺境が騒動しているとのことであった。

そこで同天皇は、群臣を前につぎのように詔した。「東国は現在不安定な状態にある。多くの暴神《あらぶるかみ》や蝦夷《えみし》達が反乱を起こし、人々の生命や財産を奪っている。誰か反乱軍を討伐して平定する者はいないか」ということで、日本武尊が再び指名されて東国に向かい、これを平定したとのことである。

すなわち崇神天皇の時代、畿内から関東など各地方へ先進的な水田稲作文化が大波のごとく押し寄せた結果、水田開発が大いに進み風景が大きく変貌するような発展を遂げており、その結果、垂仁天皇の時代を経て景行天皇の時代には、東国は力を蓄え自立しはじめていた。あるいは同天皇の時代、畿内からの入植者すなわち豊城入彦命をリーダーとする人々の子孫と先住民との間に生じた摩擦が争いとして顕在化していたのであるかも知れない。そのことを畿内の景行天皇は危惧していたのである。そこで景行天皇は、東国が畿内から離反することのないよう引き締めが必要な状況になっていたためか、あるいは畿内からの入植者である豊城入彦命の子孫の生活を脅かす東北地方の先住民を平定するために、日本武尊を東国に派遣したものではないかと考えられる。

第4章　勝道上人の時代と足跡

勝道上人の父母である高藤介夫婦は、結婚後しばらくの間子宝に恵まれなかった。そこで高藤介夫婦は、下野国伊豆留岩屋（出流山）にある第三代の安寧天皇の時代に天人が造ったと伝えられている千手霊像に、子宝に恵まれるよう願をかけたところ、七日目に願いが叶うことを夢に見て、それから幾日もたたずに母は勝道上人を懐妊したとのことである。この千手霊像は、安寧天皇の時代に造られたとは考えられないが、伊豆留岩屋が存在する出流山一帯は、石灰岩の山であるから同霊像は石筍がそのように見えていたのかも知れない。ともかく出流山一帯は、深山の趣があり、ことに伊豆留岩屋があったと思われる場所の岩壁の中腹から滝となって大量の水がほとばしり出る様は、古くから霊場として下毛野国の人々にとって特別な場所であったのであると思われる。

以下の記述は、文献を記してあるもの以外は「続日本紀」「日本後紀」などによる。

第1節　勝道上人の生涯とその時代背景

七三五（天平七）年（勝道上人一歳）

四月二一日　勝道上人、芳賀郡に生まれる。藤子と名付けられる。このとき雷鳴がとどろき、生まれた家の上には妙雲が聳え立ち、庭には花びらや木の葉が舞い散り、不思議な香りが漂ってきたとのことである。［補陀洛山建立修行日記］

つまり勝道上人が生まれたときに、その産所間近の庭の花木に落雷があったのである。私の経験では、間近に雷が落ちた場合、硝煙のような匂いを感じることがあった。

勝道上人の生家跡と伝えられる仏生寺（真岡市）

五月四日　夜の空の星が交錯乱行して、通常の位置にないように見える。
七月二六日　大隅・薩摩の隼人二九六人、調物を朝廷に献上する。
八月二三日　太宰府から管内諸国で皮膚病などの病が流行って百姓が病床にあるので、今年の貢調を停止したいと言ってきたので、これを許す。
＊この年、凶作。豌豆瘡が流行し、死亡する者多い。

＊七三五年の荘園古地図正確だった　奈良時代の地割り、今の区画に生きる

高松市教委は、奈良時代の荘園の様子を描いた「弘福《ぐふく》寺《じ》領讃岐国山田郡図」（重要文化財）を手がかりに、高松市内の荘園跡推定地を調査したところ、当時の地割りが現在の土地区画にも引き継がれ、また土壌分析で、図に描かれた各区画の米の生産高もかなり正確だったことが判明した。

荘園図は、七三五年当時に作成されたものを一一世紀後半から一二世紀初頭の間に模写したとみられる。

南を上にした長方形で縦一二五センチ、横二八・三センチ。南北二ケ所の領地が彩色して描かれており、それぞれが約五センチ四方の正方形でいくつかの区画に区切られ、水田か

ら畑になったことを表す「今畠墾田」、かつては河道であったことを示す「佐布田」などが描かれている。
また各区画ごとに米の生産量を示す石高の数値が記されていた。

高松市教委は荘園跡を同市林町付近とみて、水田や条里境界線の見当をつけ、八ヶ所、計一五〇〇平方メートルを試掘したところ、地割りの様子や地形が判明した。

さらに区画内の土壌から稲の葉の成分を採り、その分布などを分析した結果、図に描かれた石高の数値は確度が高く、図は行政的なものとしてはかなり正確に描かれていたことが分かった。［日本経済新聞夕刊一九九三（平成五）年一月二二日］

七三六（天平八）年（勝道上人二歳）

四月二九日　陸奥出羽二国が功労があったので郡司及び俘囚二七人に爵を与える。

五月一二日　諸国調庸布の制を定める。調布の長さ二丈八尺、闊（幅）一尺九寸、庸布の長さは一丈四尺、闊一尺九寸を端とし、常陸は曝布等を従前の通り貢ぐ。

七月　鮭五匹一〇〇文、古鯖五〇文、鴨四羽一〇〇文、洗盤五文半　長屋王の邸宅跡遺跡（奈良市二条大路南一丁目）木簡解読　現在（一九八九年）価格への換算一貫文一万円、一文一〇円という説がある。［日本経済新聞一九八九年三月一七日］

八月二三日　入唐副使中臣名代らが唐人ペルシャ人を率いて参内する。

一一月一九日　凶作のため、京畿内及び二監の国の今年の田租を免除する。

七三七（天平九）年（勝道上人三歳）

一月二二日　陸奥国より出羽柵への直路を通すために持節大使藤原麻呂等をつかわす。

一月　坂本宇頭麻佐を常陸国司に任命。

四月一四日　陸奥国に派遣した持節大使従三位藤原朝臣麻呂から、山海両道を開いたと報告がある。

四月一九日　太宰府管内の諸国、皮膚病などの病気が流行り、百姓が多く死ぬ。病人のいる家を薬などを与えて賑恤する。

五月一九日　四月以来、日照りと病気の流行が続く。

六月一日　朝を取りやめる。百官の官人が病気にかかってしまったため。

七月五日　大倭・伊豆・若狭三国飢饉、病気流行。

七月一〇日　伊賀・駿河・長門三国飢饉、病気流行。
七月二五日　藤原麻呂（四三）没する。藤原不比等の四男、宇合は三男。長屋王の邸宅は、道路を隔てて南隣にあった。
八月五日　藤原宇合（四四）没する。この年に流行った病気のために。
八月一三日　疾疫流行によって今年の租賦や公私の負稲を免じる。
九月二二日　臣下の者が稲を諸国に貯えて百姓に出挙することを禁じる。

七三八（天平一〇）年（勝道上人四歳）

三月二八日　山階寺に食封一〇〇〇戸を、鵤寺に同二〇〇戸を、隅院に同一〇〇戸を施入する。また五年を限り観世音寺に食封一〇〇戸を施入する。
五月三日　諸国の健児《こんでい》をやめる。
七月一〇日　左兵庫少属従八位下大伴宿祢子虫、長屋王を罪に陥れた右兵庫頭外従五位下中臣宮処連東人を斬り殺す。
八月二六日　諸国に郡の地図を造進させる。
一〇月二五日　巡察使を諸国に遣わす。
一二月一五日　故郷に帰る仕丁に初めて程糧を与える。
＊この年の駿河正税帳に防人に関する記載。
「旧防人伊豆国弐拾弐人、甲斐国参拾九人、相模国弐百参拾人、安房国参拾参人、上総国弐百弐拾参人、下総国弐百七拾人、常陸国弐百六拾五人、合壱千八拾弐人」

［防人と衛士］［野田嶺志］
＊この頃、入間郡越生郷、法恩寺創建。
新義真言宗、山城国醍醐三宝院の末、松渓山と号す、昔は報恩寺と書いたと後の世の文書に見えるが、今のように改められた年代は詳ならず。

当寺は天平一〇年頃、行基菩薩東国遊行の日に創建。

［新編武蔵風土記稿］
＊「西池宮」？遺構が出土　奈良・平城宮跡
同遺跡を発掘調査している奈良国立文化財研究所は二〇日、続日本紀に「西池宮《にしのいけみや》」と記されている宮殿跡と見られる遺構の一部が出土したと、発表した。また、調査地域から今回新たに「奈良三彩」の黄釉を施した仏具のミニ寺塔の屋根が見つかるなど一般の役所跡にはない遺構が出土していることなどから、平城宮の中でも特殊な地区と見られ、西池宮の可能性が極めて高いという。

調査地は第一次大極殿跡と馬寮《めりょう》跡の中間にある地区

で、周囲はこれまで数次にわたって発掘調査が行われ、この地区に築地塀と掘っ立て柱で囲まれた一角が存在することが判明している。

今回の調査では、東西に延びる建物の遺構が出土し、礎石の下に敷く根石と見られる河原石が四・二《メートル》間隔で東西方向に柱五本分並んでいることが分かった。柱を置いて屋根瓦を葺いたらしい。五年前の周辺の発掘調査で東隣に長大な建物の遺構が確認されており、関連施設と見られる。

これまでの平城宮跡の調査では見られない格調の高い建物群が建てられたと見られ、同研究所では天皇が儀式の祝宴を主催する施設と推測。続日本紀に登場する「西池宮」を有力に候補にあげている。

続日本紀には天平一〇年七月七日、聖武天皇が西池宮で宮殿前の梅の木を指さして吉備真備《きびのまきび》らに漢詩を詠ませ、文人三〇人が詩を作ったと記している。

また、三彩を施した小塔の屋根は一辺が二・五《センチ》、高さ一・五《センチ》の大きさで、六角形。表に「五」の文字が刻んであり、五層目の意味らしい。小塔は高さ二〇《センチ》程度と見られ、奈良時代後期の作品と推定されているが、発掘調査での出土は初めてという。［日本経済新聞一九九三（平成五）年四月二一日］

七三九（天平一一）年（勝道上人五歳）

五月二三日　諸国の郡司の数を減らす。上郡には大領・少領・主政・主帳各一人、中郡には大領・少領・主帳各一人、下郡は中郡に同じ、小郡には領主帳各一人とする。

五月二五日　諸国の兵士を停廃し白丁をして国府を守らせる。

五月三〇日　今年の出挙正税の利を免じ封戸の租は封主に全給することを定める。

一一月三日　平郡朝臣広成、帰朝して朝拝する。彼は天平五年大使多治比真人広成に随行して入唐し、彼ら遣唐使一行は、同六年一〇月に四隻の船に分乗して帰途に着いたが、悪天候のために彼の船が遭難して、一行一一五人は崑崙国に漂着した。その多くは盗賊などに殺害されるなどして広成等四人が生き延び、崑崙王にかくまわれていたが、唐国に再び戻り、日本からの留学生阿倍仲満に会い唐国の天子に謁見して帰国するための船と食料の提供を願い出たところ聞き入れられて、渤海を経由して出羽国に到着し、帰国することができた。

七四〇（天平一二）年（勝道上人六歳）

二月　聖武天皇が河内国の知識寺で盧舎那仏を拝する。
六月一九日　諸国の国毎に法華経一〇部を写経させ、七重塔を建立する。
八月二九日　太宰少弐従五位下藤原朝臣広嗣は、文書で時の政治についての意見を述べる。その真意は、僧正玄昉法師と右衛士督五位上下道朝臣真備を失脚させるための陰謀だったということである。
九月三日　太宰少弐藤原広嗣が兵を起こして反乱したため、従四位上大野朝臣東人を大将軍、従五位上紀朝臣飯麻呂を副将軍として、東海・東山・山陰・山陽・南海五軍一万七〇〇〇人の軍勢を与えて討伐させる。
九月一五日　筑紫の不穏によって国別に観世音菩薩像を作らせ観世音経一〇巻を写させる。
一〇月二六日　天皇、大将軍大野東人に詔して関東に避難することを告げる。
一〇月二九日　天皇、伊勢国を目指して京を発つ。留守居役は知太政官事兼式部卿正二位鈴鹿王、兵部卿兼中衛大将正四位下藤原朝臣豊成とする。天皇、この日山辺郡竹谿村堀越頓宮に到着する。
一〇月三〇日　天皇、伊賀国名張郡に到着する。
一一月一日　天皇、伊賀郡安保郡に到着する。大雨泥道のため人馬は疲労する。
一一月二日　天皇、伊勢国壱志郡河口頓宮に到着する。そこを関宮という。
一一月三日　天皇、小納言従五位下大井王と中臣忌部等を遣わして大神宮を礼拝する。関宮に留まること一〇日間。
一一月三日　大将軍大野東人から、一〇月二三日に広嗣を肥前国松浦郡値嘉島長野村に捕らえたとの報告がある。
一一月四日　天皇、和遅野に遊猟する。当国の今年の租を免除する。
一一月五日　大将軍大野東人、今月一日肥前国松浦郡で太宰少弐藤原広嗣を斬ったと報告する。広嗣は式部卿馬養の第一子である。
一一月一二日　天皇、河口を発って壱志郡に宿る。
一一月一四日　天皇、鈴鹿郡赤坂の頓宮に泊まる。
一一月二一日　天皇、陪従の文武官・騎兵・子弟等に一級の昇進を賜う。ただし、騎兵の父には陪従でなくても二級の爵を賜う。
一一月二二日　五位以上に絁を賜う。

一一月二五日　天皇、桑名郡石占の頓宮に到着する。
一一月二六日　天皇、美濃国当伎郡に到着する。
一一月二七日　天皇、伊勢国の八〇歳位上の高齢の百姓に大税を賜う。
一二月一日　天皇、不破郡の不破の頓宮に到着する。
一二月二日　天皇、宮処寺と曳常泉に行幸する。
一二月四日　騎兵司を解任し、京に帰す。
一二月五日　天皇、美濃国郡司及び功労のある百姓に位一級を賜う。正五位上賀茂朝臣助に従四位下を授ける。
一二月六日　天皇、不破を発ち、坂田郡横川の頓宮に到着する。
一二月六日　右大臣橘宿祢諸兄が先発で、山背国相楽郡恭仁郷を遷都のための下見をする。
一二月七日　天皇、横川を発ち、犬上の頓宮に到着する。
一二月九日　天皇、犬上を発ち、蒲生郡に到着する。
一二月一〇日　天皇、蒲生郡の宿を発ち、野洲の頓宮に到着する。
一二月一一日　天皇、野洲を発ち、志賀郡の禾津《あわつ》頓宮に到着する。
一二月一三日　天皇、志賀山寺の仏を礼拝する。
一二月一四日　天皇、近江国郡司に位一級を賜う。
一二月一四日　外従六位上調連馬養に外従五位下を授ける。
一二月一四日　天皇、禾津を発ち、山背国相楽郡玉井の頓宮に到着する。
一二月一五日　天皇、恭任京に行き初めて京を造る。
＊この年造籍。
＊恭仁京の規模、東西幅五五〇メートル　京都府教委が調査

京都府相楽郡加茂町の恭仁宮《くに》（七四〇〜七四四年）跡を発掘調査している京都府教委は一二日、宮域の東限を示す「東面大垣」とみられる築地跡を見つけた、と発表した。

この結果、仮の都ともいわれる恭仁宮はこれまでの推定とは違って平城宮等と比べ、東西幅が半分の小ぢんまりとした宮殿だったらしいことが判明。京域を含め規模の見直しを迫るとともに、謎の多い恭仁宮の時代性格研究に大きな影響を与えそう。

見つかったのは南北に走る築地の基底部西半分と、その西側に平行して掘られた雨落ち溝（幅約一・五メートル）。溝の一部に護岸の跡はあるが、ほとんどが掘られたばかりのような状態。遺物もほとんど出土せず、短命の都と同様、まもなく埋め戻されたと見られる。

位置はこれまでの調査で判明している大極殿・朝堂院跡の東約二八〇メートル。大極殿・朝堂院は普通、宮の中心にあることから、恭仁宮の東西の幅は約五五〇メートルしかなかったらしい。南限の南面大垣も推定より約一三〇メートル北寄りだったことが昨年の調査で分かっている。

恭仁宮は、聖武天皇が突然、平城京を捨てて転々とした謎の彷徨の間の都だが、短命だったため規模や性格など分かっていなかった。

調査にあたった京都府教委の久保哲正技師は「宮が小さかったとすれば、当面必要な部分だけ急いで造ったからではないだろうか」と話している。［日本経済新聞一九九一（平成三）年一二月一三日］

＊恭仁宮は小ぶりな都？　宮城の門跡を発見

聖武天皇が築いた短命の都、京都府相楽郡加茂町の恭仁宮跡を発掘調査していた京都府教育委員会は二二日、宮城の東面の築地塀（大垣）跡から門跡が見つかった、と発表した。同宮の宮城門の発見は初めて。

門は平城宮（奈良市）よりかなり小規模だっただけでなく、宮城の面積も門跡の面積からみて平城宮の三分の一だったらしいことも判明。聖武天皇が平城宮を捨て各地を転々、「なぞの彷徨」と呼ばれるこの時期を解明する貴重な発見になりそうだ。

古代の宮城では、大垣の四つの面にそれぞれ三ヶ所ずつの門が設けられたが、今回見つかったのは東面の南門で、平城宮の「小子部門《ちいさこべ》」に当たる。

前後に四本ずつの支柱で門を支えた八脚門形式で、礎石を据えた穴（約一・五メートル四方）一二個には、礎石の沈下防止のための根石が残っていた。

門の大きさは間口七・二メートル、奥行き四・二メートル、支柱一二本で柱間も広く、間口二一メートル、奥行き八・四メートルという平城宮の小子部門に比べ、かなり小さいことが分かった。また東西の三門がほぼ等間隔に設けられていたと推定されることから、恭仁宮南北七五〇〜八〇〇メートル、東西約五八〇メートルで、正方形とは違う異例の短冊形だったことが判明。また面積も平城宮（約一三〇ヘクタール）の三分の一程度しかなかった。

急な遷都に間に合わせるため、必要最小限の宮城だったことをうかがわせ、都城史や政治史研究に大きな影響を与えそう。［日本経済新聞一九九三（平成五）年一月二三日］

＊恭仁京に大規模排水溝　本格的な都づくり目指す

奈良時代の短命の都だった京都府加茂町の恭仁京《くに》跡

で、宮内を南北に区画する大規模な排水溝が初めて出土したと、府教委が八日発表した。聖武天皇が七四〇（天平一二）年からわずか四年間、都を置いただけだったが、府教委は排水対策を十分に施した本格的な都を目指していたことを裏付ける資料としている。

　昨年六月から宮域推定地内一二ヶ所計約二〇〇〇平方メートルを発掘。排水溝跡は恭仁宮の中央西端部で、大極殿跡の西南西約二五〇メートルから出土した。幅約一メートル、深さ二・一メートルで、長さは東西方向に約一三メートルにわたって確認された。［読売新聞一九九六（平成八）年二月九日］

七四一（天平一三）年（勝道上人七歳）

一月一日　天皇恭仁宮に行き朝賀をうける。
一月一五日　旧太政大臣藤原朝臣家（不比等）、食封五〇〇〇戸を返上する。二〇〇〇戸を藤原家にとどめ、三〇〇〇戸は諸国の国分寺に施入し丈六の仏像を建立するための費用に充てる。
一月二二日　捕らえた藤原広嗣の一味に刑罰を科す。死罪二六人、官位の没収五人、流罪四七人、島に送って重労働の罰三二人、杖罪一七七人など。
二月七日　牛馬を屠殺することを禁じる。
三月二四日　国ごとに国分寺や尼寺を設けさせる。
＊この月皇后が天皇の病を祈るために新薬師寺を建てる。
＊七重塔を華麗に彩る「水煙」出土　神奈川県海老名市の相模国国分寺の七重塔跡
　同七重塔跡から、塔の頂上部を飾る金銅製の「水煙」の一部が出土した。金銅製水煙の出土は兵庫県の播磨国国分寺跡に次いで全国で二番目だが、発掘調査に当たった海老名市遺跡調査会は二四日、表・裏両面全体がメッキされているのは初めて、と発表した。

　水煙が出土したのは国分寺（僧寺と尼寺で構成）の僧寺に建立されていた七重塔の基壇跡内の地中約五〇センチから。水煙の大きさは長さ五〇センチ、幅六～七センチ、厚さ一～二・五センチ、重さ三・五キロ。

　表・裏両面が黄金に輝くが、メッキの成分は国立歴史民俗博物館情報資料研究部の田口勇教授の分析で、金九八％、銀二％と判った。

　水煙は七重塔の最上部に設けられる板状の飾り。東、西、南、北の四面に付けられたとされ、見つかったのはその縁取り部分と見られる。

　市遺跡調査会は「七重塔は奈良中期から平安中期の約二〇〇年間に二度再建され、出土した水煙は創建か一度目の再建のときのものと見られる。金の成分が非常に高いが、当時の日本には金と銀を分離する技術がなかったので、水煙に使用された金は外国から入ってきたのではないか」と話している。［産経新聞一九九四（平成六）年五月二五日］

閏三月五日　従四位上大野朝臣東人に従三位、従五位上大井王に正五位下を授ける。

閏三月九日　平城宮の兵器を甕原宮に運ばせる。

閏三月一五日　五位以上の者が勝手に平城に住むことを禁じる。

閏三月二四日　八幡神宮に秘錦冠一頭、金字の最勝王経・法華経各一部、度者一〇人、封戸の馬五疋を奉納し、三重塔を造らせる。

閏三月二五日　百官主展以上及び中衛兵衛等に銭を賜う。

四月二二日　従四位上巨勢朝臣奈氏麻呂・従四位下藤原朝臣仲麻呂・従五位下民忌大楫・外従五位下陽候史真身等を派遣して河内と摂津の境の河川堤防の位置争いを検校させる。

五月一一日　諸国に命じて常額の外、左右の衛士各四〇〇人と衛門衛士二〇〇人を貢がせる。

七月一〇日　天皇、新宮に移る。河のほとりに迎え奉る。

八月一五日　佐渡国では去る六月から今月まで長雨が降り続いて未だに止まない。民が困窮しているので当年の田租調庸を免除する。

八月二八日　平城の二市を恭仁京に遷す。

九月四日　遷都に縁のある左右京の百姓の調租、四畿内の田租を免除する。

九月九日　大養徳・河内・摂津・山背の畿内四国から造営の役夫五五〇〇人を差発する。

九月一一日　勝道上人は、天つ神に香花を手向けて祈りを捧げたところ、その夜、夢に顕れた明星天子が、上人に対して「汝は仏法を興すべき者である。常日頃この経を唱えよ」とお経の一節を授けて消え去ったのである。上人は、この夢で見たことを父母をはじめ誰にも語らないで秘密にしていたとのことである。［補陀洛山建立修行日記］

九月一二日　京都の百姓に宅地を班給する。賀世山の西道から東を左京とし、それより西を右京とする。

一〇月一六日　賀世山の東の河に橋を造らせる。七月に着工して今月完成する。畿内及び諸国の優婆塞等を使役する。橋が完成するにつれて得度したものは総勢七五〇人になった。

一一月二一日　新京を号して「大養徳恭仁大宮」という。
一二月一〇日　安房国を上総国に、能登国を越中国に併合する。外従五位下紀朝臣広名を上総守、外従五位下守部連牛養を下総守とする。
＊新薬師寺の地蔵堂、雨ごいの拝殿？　春日山を〝御神体〟
奈良市春日山西麓の新薬師寺の地蔵堂（重要文化財・鎌倉時代）は本来、春日山を御神体にした雨ごいの拝殿だった？――。奈良県文化財保存課がこの地蔵堂の解体修理をしたところ、現在とまったく異なる拝殿形式だったことがこのほど分かった。水と関係が深いとされる春日山が目の前にあるところから、地蔵堂は雨ごいのための拝殿との見方が強まっており、雨ごいなどの民間信仰の実態を調べる手がかりになると注目している。

新薬師寺は八世紀中頃、聖武天皇の病気回復を祈って光明皇后が建立したと伝えられている。現在の境内に当時の面影はないものの、国宝・十二神将像（奈良時代）や萩の寺として根強い人気がある。

地蔵堂は本堂西側にあり、三方が土壁で約二メートル《メートル》四方の小堂。ところが解体修理の結果、正面と両側面が観音開きで、奥の背面は引き違い戸にしてあり、当初は四面とも開放できて、周囲には縁が巡る形だったことが分かった。

地蔵堂の北から東に広がる春日山は平安時代中期頃から、雨や水をつかさどる竜神信仰の霊場として崇められていたといわれる。

永島福太郎関西学院大学名誉教授は「地蔵堂は中世に竜神信仰で栄えた春日社若宮の拝殿にあった地蔵菩薩像を本尊に迎えたといわれる。雨ごいの儀式の時、春日山を拝んでいたことは十分考えられる」と話している。［日本経済新聞夕刊一九九一（平成三）年九月二〇日］

七四二（天平一四）年（勝道上人八歳）

一月七日　上毛野朝臣今具麻呂、従外五位下を授けられる。
一月二三日　陸奥国から、黒川郡以北の一一郡に赤い雪や雨が降り、平地で二寸積もったと報告がある。
二月三日　この日、初めて恭仁京から近江国甲賀郡まで「東北道」が開通する。
五月三日　畿内に使者を遣わして百姓の産業を検校させる。
五月一〇日　越智の山稜（皇極天皇陵）が崩壊する。長さ一一丈、広さ五丈二尺。
五月一三日　知太政官事正三位鈴鹿王等一〇人を遣わし、雑工を使役して越智山稜を修築させる。
五月一七日　内蔵頭外従五位下路真人宮守等を遣わして種々の献物を越智山稜に奉納する。
六月四日　上毛野朝臣宿奈麻呂を元の位の外従五位下に戻す。
八月二日　左右京四畿内七道の諸国の国司に命じて孝子・順孫・義夫・節婦・力田の人の名を上げさせる。
八月五日　造営の録正八位下秦下島麻呂に大宮の垣を築いた功績に対して従四位下を授け、太秦公の姓を与え、銭一〇〇貫、絁（紬）一〇〇疋、布二〇〇端、綿二〇〇頓を賜う。
八月一一日　離宮を近江甲賀郡紫香楽村に造る。
八月一三日　宮城以南の大路の西の畔と甕原宮以東の間に大橋を造らせる。国の大小に従い銭一〇貫から一貫を橋の建造費用として徴収する。
九月一二日　大風雨、宮中の屋墻及び百姓の建物が壊れる。
九月一七日　巡察使を七道諸国に遣わすとともに左右京畿内の班田使を任じる。

一〇月一二日　正四位下塩焼王及び女孺四人を平城の獄に下す。
一〇月一七日　塩焼王を伊豆国三島に配流し、子部宿祢小宅女を上総国に、下村主白女は常陸国に、河辺朝臣東女は佐渡国に、名草直高根女は隠岐国に、春日朝臣家継女は土佐にそれぞれ配流する。
一一月二日　大野東人没する。
一一月一一日　大隅国から今月（一〇月）二三日未の時から二八日まで、太鼓のような音が空中に鳴り響いた。このとき地面が大いに振動したと、報告がある。
一一月二五日　大隅国に使いを遣わして神の命を請い聞かせる。
＊この年班田。
＊「紫香楽宮跡」裏付ける荷札の木簡出土
聖武天皇の離宮「紫香楽宮《しがらきのみや》」（七四二〜七四五年）跡説が出ている滋賀県甲賀郡信楽町宮町の宮町遺跡で、地方から運んだ税の「調」（特産品）に荷札として付けられていた木簡が三点見つかり、町教委が二九日発表した。調の荷札木簡の出土はこれまで、都や国府などだけで、紫香楽宮が同遺跡付近にあったことが、これでほぼ確定。「聖武なぞの彷徨」と呼ばれるこの時期の研究が大きく進

展しそうだ。

三点の木簡は長さ約二〇数糎で一点は真ん中で折れていた。溝跡とみられる遺構から見つかった。墨でうっすらと数文字が書かれており、大阪市立大学の栄原永久男・助教授（古代史）らが赤外線などで調査。

駿河国有度郡（静岡市付近）や上総国朝夷郡《あさひな》（千葉県安房郡付近）から運ばれた「調」カツオ（堅魚）やアワビ（鰒）、テングサ（心太）に荷札として付けられ、荷ほどきした後、捨てられたとみられる。年号はなかったが、一緒に出土した土器から、八世紀中頃とわかった。

両国は当時、東海道に所属。東海と東山、北陸三道二五ヶ国の調などを七四三年に紫香楽宮へ運んだ、と続日本紀は記している。駿河のカツオ、上総のアワビは平城宮跡出土の木簡にも登場する。

このため調査地付近に、紫香楽宮の役所があったのは間違いないとみられ、今後、宮町遺跡の広がりや他の遺構の解明が期待される。

栄原永遠男・大阪市立大学助教授の話　以前この遺跡から王族の名が記された木簡が出土したが、それだけでは屋敷跡の可能性もあった。しかし、都に運ぶはずの調の荷札が出てきたことで、少なくともここに宮の一部があったことになる。今回の木簡はそういう重みがある。続日本紀によると、東海や北陸など全国の三分の一の調をここに集めており、聖武天皇は紫香楽宮の造営に本気で打ち込んでいたのだろう。

紫香楽宮　聖武天皇が藤原広嗣の乱（七四〇年）の最中に、平城宮を捨て恭仁宮《くに》（京都府加茂町）などに移った時期の離宮。七四二年造営、七四五年の平城宮遷都で廃都、荒廃した。聖武天皇は愛着があったらしく足繁く行幸。奈良・東大寺の大仏も最初はこの離宮で計画された。

同離宮跡として国史跡に指定されている滋賀県信楽町黄瀬の礎石群は、調査で寺院跡とわかった。北約一・五キロの宮町遺跡で大型建物群が見つかり、その柱材が年輪分析で七四三年伐採と判明。また王族の名を書いた木簡が出土し、同遺跡説が強まっていた。［日本経済新聞一九九三（平成五）年一二月三〇日］
＊紫香楽宮跡説裏付ける木簡・建物跡を発見　滋賀県甲賀郡信楽町宮町の宮町遺跡
聖武天皇の離宮、紫香楽宮（八世紀中頃）跡の有力候補地の同遺跡で、紫香楽時代の年号が書かれた「調」（税として納める特産品）の荷札木簡や、皇后、皇族がいた

ことをうかがわせる木簡、最大級の規模の掘立柱建物跡が見付かり、町教委が二九日発表した。同遺跡が紫香楽宮跡であることが決定的になるとともに、同宮が単なる離宮ではなく、かなり本格的な機能を備えた政治機関だった可能性が強まった。

木簡は約一四〇点。調の荷札は同宮ができた前年の「天平一三年」（七四一年）の年号が書かれ、駿河国駿河郡（現静岡県沼津市）からカツオを運んだもの。

越前国江沼郡（現石川県小松市）からの荷札は「天平一五年一一月二日」の日付。北陸、東海の諸国に対し一〇月、調などを紫香楽宮に納めよとの指示が出された、という文献の記述にぴたり符合。

光明皇后に仕えた官庁「皇后宮職」と記した木簡は字の練習に使ったもので、皇后宮職にかかわる人物が同宮にいたことが分かる。

また炊事施設に「御」を冠した「御炊殿」（みかしきどの）という木簡は、天皇や皇族等がいたことをうかがわせる資料。

このほか、木簡の表面を削って再利用した際の削りかすも多く、事務役人がいたとみられる。

建物跡は南北一三・五メートル（四柱間）で、東西は一八・六メートル（五柱間）分が確認された。最高の格式の四面庇式と見られ、柱の間隔の広さも平城宮の最高級の建物に匹敵。高級官庁と見られ、紫香楽宮跡を裏付ける遺構。

［日本経済新聞一九九四（平成六）年六月三〇日］

＊万葉集の木簡、初出土

聖武天皇が造営した紫香楽宮（七四二～七四五年、滋賀県甲賀市）跡で出土した木簡に最古の歌集、万葉集の「安積山の歌」が書かれていたことが分かり、同市教育委員会が二二日発表した。万葉集の歌の木簡が見つかったのは初めて。万葉集など古典文学の成立過程を解明する第一級の史料となりそうだ。

反対面に「難波津」の歌

反対面には万葉集には収録されていないが、古代から伝わる「難波津の歌」が記されていた。両歌は平安時代の紀貫之が古今和歌集の仮名序（九〇五年）で「和歌を習得する際に必ず学ぶもの」として「歌の父母」と記している。

両歌が書かれた史料としては仮名序より約一五〇年さかのぼる。

木簡は一九九七年に宮の中心部の溝から出土。幅は約二センチ、厚みは約一ミリで木簡の削りくずとされていた。長さは推定約六〇センチ。筆跡から別人が書いたとみられ、先に難波津の歌が書かれ、儀式などに用いられた後、再利用され、安積山の歌が記されたらしい。

文字は冒頭の「奈迩波ツ尓」（難波津に）や「阿佐可夜《あさかや》」など一音に一字をあてる万葉仮名で記され、二〇文字が残っていた。

また、溝に埋まった年代が万葉集成立直前とみられることから、万葉集編纂以前に記された木簡とみられている。市教委は「儀式や宴会で読む際に使ったのだろう」としている。

難波津の歌は、これまで木簡などで約三〇例見つかっている。皇子だった仁徳天皇に即位を勧めた歌とされる。

安積山の歌は、陸奥の国に派遣された葛城王が国司の対応に怒った際、女官が宴席で詠み、王の機嫌が直ったと伝えられている。

歌の全文と訳文

木簡に記された全文・訳文は次の通り。

「難波津に咲くやこの花冬ごもり今は春べと咲くやこの花」（難波津に梅の花が咲いています。今こそ春が来たとて梅の花が咲いていいます）

「安積香山影さえ見ゆる山の井の浅き心をわが思わなくに」（安積山の影までも見える澄んだ山の井のように浅い心をわたしは思っていないのです）

「削りくず」一転大発見

大阪市立大教授、再調査で

「歌の父母」の存在を約一五〇年もさかのぼらせた大発見の陰には、古代史を研究する栄原永遠男大阪市立大教授の鋭い観察力があった。

木簡が出土したのは一九九七年一一月。溝のなかから大量の削りくずとともに泥まみれで発見された。厚さはわずか一ミリで、木簡ではなく、削りくずと誰もが考えていた。

表面には「奈迩波ツ尓」の文字が見え、これまで約三〇例確認されている「難波津の歌」の一例に過ぎないとされ、二〇〇〇年の学会誌で簡単に紹介されただけだった。

ところが、昨年一二月に木簡を再調査していた栄原教授が削りくずを裏返したところ、「阿佐可夜」の文字が肉眼で見て取れたという。

栄原教授は万葉集に収録されている「安積山の歌」と直感、「これは大変な発見だ」と急遽、奈良文化財研究所にある赤外線装置での分析を依頼、世紀の発見に結びついた。両手でもって木材を削る鉋《かんな》のような工具を使えば、極薄の木簡が作れることも判明。木簡研究に新たな視点を投げかけた。［日本経済新聞二〇〇八（平成二〇）年五月二三日］

＊紫香楽宮跡　ワイン醸造？　聖武天皇はワイン党

聖武天皇の紫香楽宮跡と見られる滋賀県甲賀郡信楽町の宮町遺跡（八世紀中頃）で八日までに、ヤマブドウの種子が大量に出土した。集めて加工したと見られ、宮内で葡萄酒をつくっていた可能性もあるという。

葡萄酒は紀元前二〇〇〇年頃、古代バビロニアでつくられた。中国では六世紀の文献に登場、八世紀には盛んにつくられた。日本で確認できるのは安土桃山時代（一六世紀後半）になってからで、それも南蛮からの輸入品とされている。聖武天皇の宝物を納めた正倉院（奈良市）にはシルクロードで運ばれたワイングラスが残っており、新都造営に胸ふくらませる天皇や貴族がワイン片手に国の将来を語り合ったのかも知れない。

紫香楽町教委が今春、八世紀の遺構を発掘、土の洗い出し作業を進めていた。ヤマブドウの種子は、確認できただけでも約七〇〇個。クルミなどの種子も大量に出土、宮の食物を管理する施設であったらしい。

種子を鑑定した金原正明天理大学学芸員（花粉分析）は「ヤマブドウは房当たりの種子数が少ない。これほど高密度に堆積するには大量の房を集めて加工、まとめて捨てたとしか考えられない」と驚く。

中国の薬効書「本草」（六世紀）によると、ブドウは不老長寿の妙薬で実から酒が出来るという。同書は七世紀に日本へ伝わっている。ブドウは果皮に酵母がついており、壺に入れておくだけでも潰れて自然発酵する最も酒になりやすい果物。

同町教委の鈴木良章技師は「文献に記録がないので断言できないが、遣唐使が帰国して製法を伝えていたはず」と話している。［日本経済新聞一九九四（平成六）年九月九日］

＊紫香楽宮跡の中心　天皇殿舎造営の木簡発見

滋賀県甲賀郡信楽町宮町の宮町遺跡で、「造大殿所」「金光明寺」などの文字が残った木簡の削り屑や断片が見つかり、同町教育委員会が三〇日発表した。大殿は当時の文献から天皇の殿舎など宮の中心的な建物と見られ、同町教委は大殿を造営する役所がこの近くにあったことになり、同遺跡が紫香楽宮の中心部と見て間違いないと断定した。

約一・五キロ離れた史跡・紫香楽宮跡との間で続いてきた、どちらが本当の同宮跡かという論争がこれでほぼ決着。奈良時代の政治・文化研究の上でこの時期が、大きな空白だっただけに、今後、中心施設の発見など同宮の全容解明が期待されている。

　また金光明寺は、紫香楽宮造営直前の七四一年の詔で各国に造られた国分寺のこと。聖武天皇は七四三年一〇月に大仏建立の詔を出し、紫香楽宮に甲賀寺を創建して大仏の骨柱を組み盛大な儀式を行ったが、大仏は結局、大和国金光明寺（後の東大寺）で完成した。

　木簡の「金光明寺」も甲賀寺か東大寺を指すと見られ、聖武天皇の深い仏教信仰や、紫香楽宮と仏教のかかわりを示す貴重な資料。

　木簡はいずれも、再利用のため表面を削り直された際の屑などで小片。今年三月からの発掘で数百点見つかり、整理、解読作業が続いている。［日本経済新聞一九九四（平成六）年一二月一日］

＊甲賀寺跡を調査　滋賀・紫香楽宮跡

　聖武天皇が東大寺より先に大仏造立を計画した紫香楽宮（七四二～七四五年）の甲賀寺跡とされる「史跡・紫香楽宮跡」（滋賀県甲賀市信楽町）で、県教育委員会が寺院遺構を発掘調査し、一〇日、平安時代初めに消失し廃絶したとみられると発表した。

　県教委は「甲賀寺は都が奈良に戻った後に国分寺となり、聖武ゆかりの寺院として奈良時代末までは維持されたことがうかがえる」としている。同史跡の本格調査は七五年ぶり。［日本経済新聞二〇〇五（平成一七）年三月一一日］

＊紫香楽宮に都の機能？　内裏の構造、恭仁京と酷似

　奈良時代の紫香楽宮跡（滋賀県甲賀市）で、天皇が住み、儀式も行った内裏とみられる区画から大型建物跡が見つかり、一八日、同市教育委員会が発表した。

　以前の調査で見つかった同規模の建物跡と合わせ、内裏に二棟の大型建物が東西に対象に並ぶ構造だったことが判明。この配置は、ともに聖武天皇が手がけたとされる恭仁京《くにきょう》跡（京都府木津川市）でもみられるが、重要な建物は中軸線上に一列に配置されることが多く、並列するのは珍しいという。

　柱穴の跡から当初の建物配置を途中で変更したらしく、調査を指導した黒崎直富山大名誉教授は「当初離宮として造営された紫香楽宮に都としての機能を持たせるために恭仁京と同じ構造にした可能性もある」としてい

る。

紫香楽宮は聖武天皇が七四二年に造営した離宮。七四五年に難波宮（大阪市中央区）から事実上遷都され、約半年間、都だったとみられている。［日本経済新聞平成二二年一月一九日］

七四三（天平一五）年（勝道上人九歳）

二月一一日　佐渡国を越後国に併合する。

五月三日　三月から今月に至るまで雨が降らないため、畿内の諸神社に雨乞いの祈祷をする。

五月二七日　墾田の私有を許す（墾田永世私財法）。

開墾地（面積には一定の制限があった）は、すべて私有が認められたため、これ以後は耕地国有の原則が崩れざるを得なくなった。（『水利の日本史』流域と指導者達　旗手勲　四八頁）

墾田永年私有法の実施を機会に寺社権門の大土地所有者は初期荘園を形成したが、その経営が在地国郡司協力と周辺の公民及び浪人を寄作人として集めた。賃租経営による墾田地系荘園であったため、多くの経営上の困難をともなった。［体系日本史叢書・土地制度Ⅰ］

六月二六日　山背国司から今月二四日、宇治川の水が涸れて歩いて渡ることができたと報告がある。

七月五日　出雲国から楯縫出雲二郡に異常な雷雨があり、山岳が崩壊して家が壊れたり田畑が埋没したりしたとの報告がある。土石流の発生か。

八月九日　上総国から去る七月大風雨が数日間続き、海浜に雑木長さ三・四丈から二・三尺が一万五〇〇〇株漂着したと報告がある。鬼怒川流域に大水害か。

九月二一日　甲賀郡の調庸は畿内の例にならって収めさせる。当年の田租は免除することとする。

一〇月一五日　聖武天皇によって大仏建立の詔が天下に示された。文献『帰化人』上田正昭著　四頁

一〇月一六日　東海・東山・北陸三道二五国の今年の調庸等の物を紫香楽宮に収めさせる。

一〇月一九日　聖武天皇が金銅盧舎那仏の大像を造ることを発願する。行基が弟子達とともに民衆から資金を集める。

一二月二四日　初めて平城の器什を恭仁宮に運んで収め置く。

一二月二六日　初めて筑紫に鎮西府を置き、従四位下石川朝臣加美を将軍とし、従五位下大伴宿祢百世を副将軍とする。

一二月二六日　近江紫香楽宮を造り恭仁宮の造作を止める。

＊墾田永年私有法の実施を契機に寺社権門の大土地所有者は、初期荘園を形成したが、その経営が在地国郡司の協力と周辺の公民及び浪人を寄作人として集めた賃租経営による墾田地系荘園であったため、多くの経営上の困難をともなった。［体系日本史叢書・土地制度史Ⅰ］

＊京都・恭仁宮に太極殿の回廊跡　平城京の部材再利用か

聖武天皇が八世紀半ばに造営した京都府加茂町の恭仁《くにの》宮《みや》跡で、国家の儀式や政務を行った太極殿の回廊跡とみられる柱の遺構が初めて見つかったと、府教委が二二日、発表した。

柱の間隔は平城京の太極殿回廊と同じ。続日本紀の「天平一五（七四三）年、平城京の太極殿、歩廊を恭仁宮に移す」という記述と一致しており、府教委は「平城宮の回廊の柱や屋根をリサイクルしたのではないか」と話している。

太極殿の西側約二二〇平方メートルを調査。柱の礎石を据えた四つの穴跡（直径一・二〜一・五メートル）が南北約四・六メートル間隔で確認された。恭仁京は七四〇年に平城京から遷都、四年で廃された。［日本経済新聞二〇〇六（平成一八）年一一月二三日］

七四四（天平一六）年（勝道上人一〇歳）

四月一三日　紫香楽宮の北西に山林火災が発生し、男女の住民が山林を刈り払って消火に当たる。天皇はその褒美として一人につき一反の布を賜う。

五月　雷雨のさなかに発生した地震のため、肥後国の八代・天草・芦北三郡の役所の庁舎、田二九〇余町、民家四七〇余戸が大きい水害を被り、二八〇余ヶ所で山崩れが発生し四〇余人が圧死したため救援する。

七四五（天平一七）年（勝道上人一一歳）

一月二一日　行基法師を大僧正に任ずる。

四月一日　市の西の山に火災、三日には東大寺の東の山に火災。

四月八日には伊賀国の真木山に山林火災が発生し数百余町が延焼して三四日燃え続けたため、山背・伊賀・近江などの国々に命じて鎮火させる。

四月一一日　都の東の山々にも火災が発生し、連日燃え続けたため都人達は競って川に走って財物を浸す。

四月一三日夜　小雨が降り東の山々の山林火災が鎮火する。
四月二七日から三昼夜地震が続き美濃国の高楼・正倉・寺の堂塔や百姓の家が倒壊する。
五月一日　地震。
五月二日　地震のため都の諸寺に七日間読経するよう命じる。
五月三日　地震。
五月四日　地震。
五月五日　昼夜地震。
五月六日　地震。
五月七日　地震。
五月八日　地震の終息を願って大安寺・薬師寺・元興寺・興福寺に二一日間の読経を命じる。また四月から降雨がなく諸国の神社に捧げ物をして雨乞いする。
五月九日　地震。また、甲賀宮付近に発生した山林火災を近江国の人々一〇〇〇人に命じて消火に当たらせる。
五月一〇日　地震。平城宮において大般若経を読ませる。この日恭仁京から平城京に夜通し避難する人が絶えなかった。
五月一一日　天皇は諸陵に捧げ物をする。このとき甲賀宮は無人となり盗賊が横行し、山林火災も続いていたため役人達や天皇の警護に当たる兵士達を派遣して宝物を安全な場所に運ぶ。この日、天皇は平城京に避難して中宮院を御在所とし、旧皇后宮を宮寺とし、役人達の役所は旧の建物とする。
五月一六日　地震。
五月一八日　地震。天皇自ら貯蔵所の穀物を身分の高い人々に賜う。
五月　地震が異常で各地で地が裂けて水が湧出した。
六月一日　天皇は伊勢大神宮に使者を遣わして捧げ物をする。
七月五日　天皇は使者を遣わして雨乞いの祈りをさせる。
七月一七日　地震。
七月一八日　地震。
七月二四日　地震。
七月二九日　地震。
八月二八日　天皇、難波宮に行幸する。
八月二九日　地震。
九月二日　地震。
九月一五日　三年間の一切の殺生を禁断とする。
九月一七日　天皇の病の回復を願って大赦し、八〇歳以上の老人及び男やもめ・女やもめや自活できない病弱の人々に金品を与えて賑恤する。
九月一九日　天皇の病重し。平城宮に保管する鈴印を難波宮に移し、畿内の諸寺及び諸名山の神聖なところにおいて薬師悔過之法を行わせるとともに、賀茂神社・松尾神社などに捧げ物をして天皇の病の回復を祈り、諸国で飼育する鷹鵜を野に放ち、三八〇〇人を出家させる。
九月二〇日　阿部朝臣虫麻呂に命じて八幡神社に捧げ物をする。また畿内及び都及び諸国に対して大般若経一〇〇部を写し、高さ六尺三寸の薬師仏の像七体を造るとともに仏典七巻の写経を命じる。
九月二三日　平城宮において僧六〇〇人に大般若経を読ませる。
九月二五日　天皇、平城宮に向けて難波宮を出発しこの夜、宮池駅に宿泊する。
九月二六日　天皇、平城宮に還る。
一一月二日　筑紫観世音寺を造らせるため玄昉法師を派遣する。
一二月一五日　恭仁京に備蓄する兵器を平城宮に移す。

七四六（天平一八）年（勝道上人一二歳）

一月一四日　地震。
一月二九日　地震、夜にも地震。
一月三〇日　地震。
四月二八日　官吏の従者の数に定めがないため、人によっては多くの従者を従えるなど混乱しているので伴える従者の数を定めることとする。一位は一二人・二位は一〇人・三位は八人・四位は六人・五位は四人・六位以下は二人とする。ただし、主要な官人の一位・二位にはこれを適用しない。
五月九日　諸寺が所有するために百姓の墾田や班田収授法に基づき各戸に支給された畑地を買収することを禁ずる。
六月五日　地震。
六月一八日　僧玄昉没する。
七月一日　畿内に勅使を遣わして雨乞いの祈りを捧げる。
九月一三日　地震。
九月二九日　恭仁宮の大極殿を国分寺に施入する。
閏九月一三日　地震。
一〇月五日　日向国が風雨により養蚕に大きい被害が生じたためこの年の調庸を免除する。
一〇月六日　太上天皇と皇后が金鐘寺に行幸し、盧舎那仏の周囲に一万五七〇〇余の燭を灯して供養し、僧数一〇〇〇人に蝋燭を捧げ持ち仏を褒め称えながら仏像を三周させる。真夜中に宮殿に還る。
＊この年、渤海人など一一〇〇余人の帰化人を出羽国に住まわせ、衣服と食料を与える。

七四七（天平一九）年（勝道上人一三歳）

一月一日　流罪以下、罪の軽重・発覚未発覚・既決・未決にかかわらずすべて赦する。ただし死罪は罪一等を減じることとし、銭を偽造した者達の首謀者、強盗・窃盗など重罪を犯した者には適用しない。
一月二七日　七道諸国の沙弥尼には上京しないでその国の寺において受戒するすればよいこととする。
二月二一日　昨年は旱魃のため穀物が稔らなかった。そこで天皇は産業を興すため詔して大臣以下諸司の優れた技術者達に布と塩を賜う。
二月二二日　大和・河内・摂津・近江・伊勢・志摩・丹波・出雲・播磨・美作・備前・備中・紀伊・淡路・讃岐一五国で飢饉、困窮者・罹災者に金品を施す。
四月一四日　紀伊国に悪性の病がはやり、施しを与える。
五月一二日　地震。
五月一八日　近江・讃岐の二国が飢饉、困窮者などに金品を与えて賑恤する。
七月七日　日照りのため詔する。大和国においては去る六月より日照りが続いているので名山に捧げ物をし、多くの神社に雨乞いの祈りを捧げているが雨が降らずに苗が枯死してしまったのは民の不徳のためではなく、朕の政のためであるから今年の左右京（大和国）の田祖を免除することとする。
一二月一四日　太上天皇の病が医薬の効果があることを祈って大赦する。ただし八虐・殺人・偽金造り・強盗・窃盗を犯した者はこの限りではない。また天下諸国の百姓達が五重塔を造りたいと願い出があれば、これをすべて聴き入れよ。塔を建てる地はみだりに選ぶのではなく必ず寺院の境内に建てるよう。

七四八（天平二〇）年（勝道上人一四歳）

三月八日　重罪以下ことごとく大赦する。
四月二一日　太上（元正）天皇（六九）崩御する。
四月二八日　太上天皇を佐保山陵に火葬する。
七月三〇日　河内・出雲二国飢饉のため施し与える。
八月三日　近江・播磨二国飢饉のため困窮者に金品を与

える。
一〇月二八日　京畿内七道諸国の田租を免じる。
一二月一八日　佐保山陵に使者を遣わして鎮祭を行い、男女一〇〇〇人ずつを僧尼とする。

七四九（天平二一・天平感宝元・天平勝宝元）年
（勝道上人一五歳）

一月一日　諸国における殺生を禁じる。
一月四日　連年の日照りのため官吏達の家族が飢えているので文武官及び諸家司に人毎に毎月米を給うこととする。
一月一〇日　上総国で飢饉、困窮者に金品を与えて賑恤する。
二月二日　大僧正行基和尚（八〇）遷化する。彼の俗姓は高志氏で和泉国の人である。人々は彼を慕っていた。彼は弟子達とともに要衝に橋を架けたり堤防を築いたりしたため多くの人々は恩恵を受けている。そこで聖武天皇は彼を重く敬って大僧正の位を授け僧四〇〇人を施したのである。彼は人間の知識では考えられないほど不思議なことを行うため彼を行基菩薩と呼んでいた。彼が留まるところには寺院が建ち、畿内には四九ヶ所、諸国においてもあちらこちらに建てられている。弟子達は彼の仏の教えを守り継いでいるのである。
二月五日　下総国に日照りと蝗による害のため飢饉、困窮者に金品を与えて賑恤する。
二月一一日　石見国に疫病が流行し、困窮者に金品を与えて賑恤する。
二月二一日　朝廷の道端に匿名の投書をした者がいるため、すべての役人及び中央の官吏養成機関に属する貴族の子弟に匿名の投書を禁止する。
二月二二日　陸奥国から初めて黄金が貢納されたので、捧げ物をして畿内七道の諸社の神々に報告する。
四月一日　天皇、東大寺に行幸し盧舎那仏像を礼拝する。
四月一日　大赦する。一四日、天皇東大寺に行幸して盧舎那仏を礼拝する。
四月一四日　天平二一年を天平感宝元年に改元する。
四月一五日　大臣以下役人達及びその下僕にも禄を賜い、京畿内の僧尼にも物を施す。
四月二二日　陸奥守従三位百済王慶福が黄金九〇〇両を貢納する。
五月五日　銭一〇〇〇貫を貢納した無位御浦王に従四位

下を、正六位上中臣伊勢連大津に従五位下を、また真身の息子達である従七位上陽侯史令珍等四人に外従五位下の身分を与える。
五月二七日　自活できない男女のやもめ及び病人には穀物五石を与える。また親孝行な息子・素直な孫・正直な家父・貞節な婦人の家の門には、終身その旨を掲げさせること。無位の者には位一階を叙し、陸奥国の三年間の調庸を免除し、同国の小田郡のそれは永年免除することとする。そのほかの諸国の調庸は二郡ずつ一年ごとに一巡するまでの間免除し、さらに天下の今年の田祖を免除することとする。
閏五月一〇日　大赦する。ただし父母を殺害した者及び仏像を毀損した者はこの限りにあらず。
閏五月二〇日　天皇、大安寺・薬師寺・元興寺・興福寺・東大寺にそれぞれ絁五〇〇疋・綿一〇〇〇屯・布一〇〇〇端・稲一〇万束・墾田の地一〇〇町を、法隆寺には絁四〇〇疋・綿一〇〇〇屯・布八〇〇端・稲一〇万束・墾田の地一〇〇町を、弘福寺・四天王寺にはそれぞれ絁三〇〇疋・綿一〇〇〇屯・布八〇〇端・稲一〇万束・墾田の地一〇〇町を、崇福寺・香山薬師寺・建興寺・法花寺にはそれぞれ絁二〇〇疋・綿一〇〇〇屯・布四〇〇反・稲一〇万束・墾田の地一〇〇町を施入して、太上天皇沙弥勝満（聖武天皇）に諸仏の加護とあらゆる人々の万病を消し去り長生きするよう、世の中が豊かで平和であるよう祈る。
閏五月二三日　天皇、薬師寺宮に遷り御在所とする。
七月二日　皇太子が天皇より大極殿において皇位を譲り受け即位する。
七月二日　天平勝宝元年と改元する。
七月一三日　諸寺が所有する墾田の地の上限を定める。大安寺・薬師寺・興福寺・大和国の法華寺・諸国の国分金光寺にはそれぞれ一〇〇〇町とし、大倭国の国分金光明寺には四〇〇〇町、元興寺には二〇〇〇町、弘福寺・法隆寺・四天王寺・崇福寺・新薬師寺・これから創建する予定の下野薬師寺・筑紫の観世音寺にはそれぞれ五〇〇町、諸国の法華寺にはそれぞれ四〇〇町とし、その他の寺々は寺毎に一〇〇町ずつと定める。
一〇月九日　天皇、河内国の智識寺に行幸し外従五位下茨田宿祢弓束の娘の家を仮宮とする。
一〇月一四日　天皇、石川之上に行幸し、志紀・大県・安宿三郡の百姓達とその家族に綿を賜うとともに三郡の百姓達が負っている田租を免除し、その他の諸郡については元本のみとして利息の支払いを免除する。陪従する役人達には綿を賜う。
一〇月一五日　河内国の寺六十六区の僧尼及び沙弥・沙弥尼に綿を賜うと共に外従五位下茨田宿祢弓束の娘に正五位上を授ける。この日天皇、大郡宮に還御する。
一二月一八日　天皇、五位一〇人・散位二〇人・六衛府の舎人をそれぞれ二〇人を遣わして八幡神を平群郡に迎え、この日入京し宮の南の梨原宮に新殿を造って神宮とし僧四〇人に七日間の厄払いの祈りをさせる。
一二月二七日　八幡大神の祢宜尼大神朝臣杜女、東大寺を拝する。天皇・太上天皇・皇太后も行幸する。
一二月二七日　すべての役人が寺に会して僧五〇〇〇人が仏を礼拝読経し、大唐渤海の呉楽・五節の田舞・久米舞を行い大神に一品・他の神に二品を奉る。尼大神朝臣杜女に従四位下を大神朝臣田麻呂には外従五位下を授ける。東大寺には封戸四〇〇〇・奴一〇〇人・卑一〇〇人を施し、東大寺を造った人々には働きに応じて叙位する。

七五〇（天平勝宝二）年（勝道上人一六歳）

一月一日　称徳天皇、大安殿において朝賀を受けた後、大郡宮に還り五位位上の者と宴を催し禄を賜い、薬園宮において食事をとる。
一月一六日　造東大寺の役人・優婆塞（男子の仏教信者）一等三三人は位三階に、二等二〇四人は二階に、三等四三四人は一階にそれぞれ叙す。
二月九日　天皇、大郡宮から薬師寺宮に移る。
二月二三日　大倭金光明寺に封戸三五〇〇を施入し、従前と併せて五〇〇〇戸となる。
二月二九日　一品八幡大神に封戸八〇〇（以前に四二〇戸、今回三八〇戸）を、位田八〇町（以前に五〇町、今回三〇町）を、二品比売神に封戸六〇〇と位田六〇町を奉る。
三月一〇日　駿河守従五位下楢原造東人等が部内薦原郡多胡浦で採取した黄金（錬金一分・砂金一分）を献上し、これを賞して東人に勤臣の姓を与える。
四月四日　大赦し、今年の四畿内（大和・河内・山背・摂津）の調を免除する。偽金造・八虐・故殺人・強盗窃盗・軽い罪であっても許すことのできない者はこの限りにあらず。ただし瀕死の者は罪一等を減じる。
五月八日　中宮安殿において僧一〇〇人に仁王経を読ませるとともに、左右京・四畿内・七道諸国の人々に仏典の内容について講義して解説するよう命じる。

五月二四日　中山寺に落雷があり塔や回廊が燃え尽きる。
五月二四日　京中に雨が降り注ぎ、氾濫する。
五月二四日　茨田などの堤防が各所で決壊する。
六月七日　備前国に飢饉。困窮者に金品を与えて賑恤する。
九月二四日　従四位下藤原朝臣河清を大使、従五位下大伴宿祢古麻呂を副使とし、判官・主典それぞれ四人を遣唐使に任命する。
一〇月一日　八幡大神のお告げにより正五位上藤原朝臣乙麻呂に従三位を授けて太宰帥（長官）に任命する。
一〇月一八日　元正天皇を於奈保山陵に改葬する。
一二月九日　金を貢納した駿河国守従五位下勤臣東人に従五位上を、金を採掘した無位の三使連浄足に従六位下を授け、絁四〇疋・綿四〇屯・正税（稲）二〇〇〇束賜う。金を産出する郡の今年の田租を免除する。郡司主帳にも位を与える。

七五一（天平勝宝三）年（勝道上人一七歳）

一月一四日　天皇東大寺に行幸し木工寮長上正六位上神礒部国麻呂に外従五位下を授ける。
二月一七日　遣唐使の雑色人一一三人に位を授ける。
四月四日　参議左中弁従四位上石川朝臣年足らを伊勢大神宮に遣わして物を捧げ、また畿内七道の諸社にも使いを遣わして物を捧げて遣唐使等の旅の安全を祈る。
一〇月二三日　大赦する。ただし八虐・故殺人・偽金造・強盗・窃盗・許されない微罪を犯した者はこの限りではない。
一一月七日　従四位上吉備朝臣真備を入唐副使とする。
一一月一〇日　未だに返済されてない天平宝字元年以前の公私の負債がある者の債務をすべて免除するが無利息で貸した場合はこの限りではない。

七五二（天平勝宝四）年（勝道上人一八歳）

一月三日　本日より一二月晦日までの間、殺生を禁止する。ただし漁を生業とする漁師達には、その人数に応じて一日二升の籾を給う。また一人暮らしで貧困している老人・病人で自活することができない者は金品を与えて賑恤する。
一月一一日　地震。太上天皇（元正天皇）の霊が安らかであるよう僧九五〇人・尼僧五〇人に供養させる。
一月二五日　正七位下山口忌寸人麻呂を遣新羅使と為す。
二月一八日　陸奥国の調庸は多賀以北の郡には正丁四人

について一両の黄金を運ばせ、以南の諸郡には元の通りに布を運ばせる。
二月二一日　京畿諸国の鉄工・銅工・金作・甲作・弓削・矢作・桙作・鞍作・鞆張等の雑戸（特殊技術を持つ職人）達は、天平一六年二月一三日の詔をもって改姓をしたとしても本来の仕事を免除されたのではなく出身地に天平一五年以前の戸籍簿を調べて元の通り使役させよ。
三月三日　遣唐使が朝廷を拝む。
閏三月九日　遣唐使の副使以上を内裏に招き、節刀を給い大使従四位上藤原朝臣河清に正四位下を、副使従五位上大伴宿祢古麻呂に従四位上を、留学生で無位の藤原朝臣刷雄に従五位下を授ける。
閏三月二二日　太宰府から、新羅の王子韓阿飡金泰廉・貢調使の大使金暄及び送王子使金弼言等七〇〇余人が七隻の船に分乗して来泊していると報告がある。
閏三月二八日　大内（天武・持統）・山科（天智）・恵我（応神・允恭）・直山（元明・元正）等の陵に使いを遣わして新羅の王子が来朝していることを報告する。
四月九日　盧舎那大仏像が完成し、初めて開眼する。天皇は東大寺に行幸し、文武百官を従えて元日と同じように設斎して大法会を執り行う。夕べに天皇は大納言藤原朝臣仲麻呂の田村の邸宅に還御し、そこを御在所とする。
六月一四日　新羅の王子が新羅国王の代理として天皇に拝謁する。
六月一七日　天皇、新羅の使節と朝堂において食事する。
六月二二日　新羅の王子泰廉等、大安寺・東大寺に参詣する。
七月二四日　新羅の王子泰廉等は難波館に還り、勅使を遣わして絁・布及び酒肴を賜う。
九月七日　中納言従三位紀朝臣麻路を兼太宰帥に任じる。
九月二四日　渤海使輔国大将軍慕施蒙等、越後国佐渡島に来着する。
一〇月一日　地震。
一〇月二日　再び地震。
一〇月五日　常陸守従三位百済王敬福を検習西海道の兵使に任命し、判官二人・録事二人を付ける。
一〇月七日　左大史正六位上坂上忌寸老人等を越後国に遣わして渤海の客の来朝の用件を尋ねる。
一一月三日　再び佐渡国に国守一人、目（国守の補佐）一人を置く。
一一月三日　従五位下小野朝臣小贄が下野守となる。
一一月七日　諸の国司等が官の所有物を亡失すること

は、法に基づき罰せられるべきであるが、郡司においては未だに不正が行われている。今後、不正を行った者は郡司といえども免職とし、法に基づき罪を科し、代々その家の血筋を継いでいる者であっても、その子孫は任用しないこととすると勅する。

一一月一〇日　理由無く上司の命令に従わない役人は、出身地に戻して、位のある者については外散位とし、位のないものはもとの職業に戻すこととする。

七五三（天平勝宝五）年（勝道上人一九歳）

二月九日　従五位下小野朝臣田守を遣新羅大使に任ずる。

三月二九日　東大寺において百の高座を設けて仁王経を講ずる。この日、旋風が強いため四月九日に延期する。

四月一五日　皇太后がここ数ヶ月間病床に伏しているためその快復を願って大赦する。

四月二五日　渤海使輔国大将軍慕施蒙等拝朝し、進物を献納して渤海国王の言葉を伝える。

四月二七日　慕施蒙等とともに朝堂において食事し位を授け、俸禄を賜う。

六月八日　天皇、帰国する慕施蒙等に託して渤海国王に国書を贈る。

九月一日　銭一〇〇万を献納した無位の板持連真釣に外従五位下を授ける。

九月五日　摂津国御津村に南寄りの大風が吹いて高潮が発生して家屋一一〇余戸が損壊し五六〇余人が水死したので金品を与えて賑恤する。海浜に住む人々を京の中の空き地に移住させる。

一二月一一日　高潮の被害に遭った摂津国の諸郡の今年の田租を免除する。

七五四（天平勝宝六）年（勝道上人二〇歳）

一月五日　天皇、東大寺に行幸し二万燈の灯りを灯して、季節が順調に巡ることを祈り大赦する。

一月一七日　太宰府から次の通り報告がある。入唐副使従四位上吉備朝臣真備が乗船する船が去年一二月七日に益久島に来着した後、同島を出航し紀伊国の牟漏埼に漂着した。

一月三〇日　入唐副使大伴宿祢古麻呂が唐国より帰国し次の通り報告する。「大唐の天宝一二年一月一日に唐の諸々の役人と諸外国の使者達が蓬莱宮含元殿において唐の天子を拝賀した。このとき我々の席は新羅の使者の下の席であった。そこで古麻呂は、昔より現在まで新羅国は我が大日本国に朝貢してきた国であるにもかかわらず我々より上の東蕃の上に席があるのは納得できないと抗議したところ、将軍呉懐実は新羅使者を西畔第二吐蕃の下の席に着け、日本の使者を東畔第一大食国の上に着席させてくれたのである」

三月一〇日　使者を遣わして唐国からの信物を山科陵に奉る。

四月一八日　大宰府からの報告。入唐第四船に乗船する判官正六位上布勢朝臣人主等が薩摩国の石籬の浦に来泊する。

七月一三日　大皇大后（先々代の天皇の皇后）のここ数ヶ月間の病状が、治療を尽くしているにもかかわらず改善しないので、その快復を願って大赦する。

七月一三日　僧一〇〇人・尼七人が読経する。

七月一三日　入唐判官正六位上布勢朝臣人主に従五位下を授ける。

八月　風水害が生じ、畿内及び一〇の諸国の百姓が被災したため金品を与えて賑恤する。

九月一五日　諸国司の税の収納に関する不正を正す。

一〇月一四日　京畿・七道諸国の役人や百姓に対して、憲法に違反して徒党を組み、心のままに双六や淫行し、父に従わない子弟は、ついには家業を滅ぼすのでこのような行為を禁断する。違反者は六位以下は男女の別なく杖罪一〇〇、五位の者は現在任じられている職務を解き位・俸禄と位田（田地）を剥奪し、四位以上は封戸を差し止め、職・国郡司等は解任せよ。違反者を二〇人以上告発する者で無位の者には位三等級に叙し、位がある者には紬一〇疋・布一〇端等の物を賜うこととする。

一〇月一八日　畿内七道諸国に命じて射騎田を置く。

閏一〇月二〇日　太宰府に命じてその管内の諸国の山々の崩壊した所の鎮祭を行わせる。

一一月一日　巡察使を任命する。従五位下紀朝臣小楫を東海道の巡察使、従五位下石川朝臣豊成を東山道の巡察使に任命する。

一一月八日　聖武天皇・光明皇后の健康と長寿を願って薬師瑠璃光仏に帰依し、四九人の僧に読経させ四九灯を灯し、大赦する。

一一月一一日　大唐学問生無位船連夫子に外従五位下を授けようとしたが彼は辞退して出家した。

＊この年、勝道上人は、誰にも告げず夜中に家を出て伊豆留岩屋に籠もり千手観音像に祈りを捧げていたが、両親は、上人が行方不明になってしまったため悲

嘆に暮れていたのである。ここで過ごすこと四年。［補陀洛山建立修行日記］

七五五（天平勝宝七）年（勝道上人二一歳）

三月二八日　八幡大神のお告げにより八幡大神の封戸一四〇〇・田一四〇町を朝廷に返納する。

五月一九日　大隅国菱刈村の浮浪者九三〇余人が、郡司が政務を執る役所を建てたいと言ってきたのでこれを許す。

一〇月二一日　太上天皇の病状が回復することを願って、大赦し、貧窮する一人暮らしの男女・老人・病人で自活できない者達に金品を与えて救済するとともに、薬を与える。さらに本日より晦日まで殺生を禁断する。また、山科（天智）・大内東西（天武・持統）・安古（文武）・真弓（草壁）・奈保山東西（元明・元正）等の山陵及び太政大臣（不比等）墓に使者を遣わし物を捧げて祈祷する。

一一月二日　少納言従五位下厚見王を伊勢大神宮に遣わして白絹を奉る。

七五六（天平勝宝八）年（勝道上人二二歳）

二月二四日　天皇、行幸する。難波から河内国を経て智識寺の南の行宮《かりみや》に到る。

二月二五日　天皇、智識・山下・大里・三宅・家原・鳥坂の六寺に行幸し、仏像を礼拝する。

二月二六日　天皇、内舎人を六寺に遣わして経を読ませて、天皇自ら物を施す。

二月二八日　大雨が降る。河内国の諸社の神官等一一八人に正税を賜う。天皇この日、難波宮に到着し東南新宮に入る。

三月一日　太上天皇、堀江の上に行幸する。

三月二日　河内・摂津二ヶ国の田租を免除する。

三月五日　摂津国の諸寺に勅使を遣わして読経させ、自ら物を施す。

四月一四日　太上天皇が病に罹り一〇日経ても回復しないのでその回復を願って、貧窮する一人暮らしの男女・老人・病人で自活できない者達に金品を与えて賑恤する。

四月一五日　天皇、渋河の路を取って智識寺の行宮《かりみや》に還る。

四月一七日　天皇、宮に還る。

四月二二日　伊勢大神宮に使者を遣わして白絹を奉る。

四月二九日　医師・禅師・役人各一名を左右京及び四畿

内に派遣して、病人達を治療し、従五位下日下部宿祢古麻呂を八幡大神宮に遣わして白絹を奉る。
五月二日　左大弁正四位下大伴宿祢古麻呂と中臣忌部等を伊勢大神宮に遣わして白絹を奉る。今年の諸国の田租を免除する。
五月二日　太上天皇が崩御し、中務卿従四位上道祖王を皇太子とする。
五月三日　三関に使者を派遣して固く守らせる。
五月四日　七大寺において読経させる。
五月六日　文武百官が白地の衣服をまとい内院の南門の外で、朝夕悲しみの声を上げる。
五月八日　太上天皇の初七日であることから、七大寺において読経させる。
五月一〇日　出雲国守従四位上大伴宿祢古慈斐と内竪淡海真人三船が、朝廷を誹謗して臣下としての礼を失したので、左右の衛士府に拘禁される。
五月一三日　出雲国守従四位上大伴宿祢古慈斐と内竪淡海真人三船、詔により放免される。
五月一五日　太上天皇の一四日であることから七大寺において読経させる。
五月一九日　太上天皇を佐保山陵に葬り、葬儀は仏式で行う。太上天皇は出家して仏に帰依していたので諡を奉らないこととする。
五月二二日　太上天皇の二一日であることから左右京の諸寺において読経させる。
六月三日　七道諸国に使いを遣わして各国分寺で製作中の丈六の仏像の出来具合を調べさせる。
六月四日　太上天皇の三五日であることから大安寺に祭壇を設けて供養する。参加した僧侶・沙弥は合わせて一〇〇〇余人。
六月八日　諸国に詔して、本日より来年の五月三〇日までの間、殺生を禁断する。
六月九日　太上天皇の仏前に供された米や塩などは、唐の和上鑑真禅師と法栄の二人に与えて、同天皇の霊を永く供養させることとする。
六月一〇日　詔。技術者を諸国に派遣して諸国における仏像の製作状況を監督させるとともに、来年の忌日（五月二日）までに完成させ、あわせて仏殿も完成させせよ。また五重塔も太上天皇の忌日までに完成させ法会を行わせるよう。また仏法はまず人々を慈しむことであるから、この寺院の建造にあたっては百姓達に大きな負担がかからないようにせよ。朕の志すところを理解して任にあたる国司及び技術者には褒賞を与えよう。
六月一四日　太上天皇の四二日にあたり、薬師寺において祭壇を設けて供養する。
六月二一日　太上天皇の四九日にあたり興福寺に祭壇を設け供養する。
六月二二日　初めて怡土城を築き太宰大弐吉備朝臣真備に、もっぱら城の運営にあたらせる。
六月二三日　明年の国忌の仏事は東大寺において執り行うので、大仏殿の歩廊の造営は六道の諸国にあたらせることとする。忌日の法会までに完成させよ、と勅する。
一〇月二三日　大納言藤原朝臣仲麻呂、東大寺に米一〇〇〇石・雑菜一〇〇〇缶を献ずる。
一一月七日　勅する。官の所有物を扱う役人達が、不正を行っているので弾正台に巡検させることとする。
一一月一七日　太上天皇の喪に服していることから、新嘗祭を行わないこととする。
一二月一日　昨月より六日間、雷が続く。
一二月五日　東大寺において僧一〇〇人に仁王経を読ませる。
一二月一六日　天皇の慈しみによって京中の孤児達に衣食を与えて養育してきたが、いま彼ら男九人・女一人が成人した。そこで彼らに葛木連の姓を賜いて、紫微少忠従五位上葛木連戸主の戸籍に編入して彼の養子とする。
一二月三〇日　皇太子・右大弁従四位下巨勢朝臣堺麻呂等重臣達を東大寺などの主立った寺に派遣して梵網経を説く。講師は六二人。

七五七（天平宝字元）年（勝道上人二三歳）

一月一日　太上天皇の喪に服していることから、新年の賀を行わず。勅して八〇〇人を得度して出家させる。
一月五日　来る四月一五日より五月二日までの間、国毎に梵網経を読ませて、今年の安居は五月三日から始めることとすると勅する。
三月二九日　皇太子道祖王が、太上天皇の喪に服しているにもかかわらず、また天皇が苦言を呈しているにもかかわらず、みだらで勝手な行いを改めない。そこで天皇は群臣を召集して先帝の遺言を示し、皇太子位の存廃を問うたところ右大臣をはじめ全員が皇太子の廃止を奏上する。そこでこの日、道祖王の皇太子を廃し単なる王として屋敷に帰すこととする。
四月四日　天皇、群臣を召して次の皇太子に立てるべき王は誰が相応しいかを問う。熟議の結果、未成年ではあるが悪い評判のない大炊王を皇太子に立てることとし、大納言仲麻呂の屋敷に滞在する大炊王を、この日内舎人藤原朝臣薩雄と中衛二〇人を遣わして大炊王を朝廷に迎え皇太子とし、大赦する。
五月二日　太上天皇の一周忌にあたり東大寺に祭壇を設けて僧一五〇〇余人に供養させる。
五月四日　天皇、大宮を改修するため田村宮に移る。
五月四日　身分により位の上下を決めているため、人々は位が高くなっても容易に任官できない状態である。以後は新令によるべし。去る養老年中に天皇の外祖で元太政大臣がととのえた律令を官庁の役人に通告して早急に施行させよ、と勅する。
六月九日　諸氏族の兵力結集の禁止など五箇条を定める。
①王臣の馬の数はその位格によって飼える馬の数を定める。定められた馬の数以上に馬を蓄えてはならない。
②護衛の兵の数は法令で定められているので、それ以上の兵力を蓄えてはならない。
③武官以外は京に兵を蓄えてはいけないと先に禁止しているところだが守られていないので、諸司に固く禁断であることを告げよ。
④京においては二〇騎以上集合したり行進してはならない。
⑤もしこれらの定めに違反する者があれば違勅の罪を科す。
六月一九日　伊勢大神宮の幣帛使は、以後中臣朝臣とし、他の姓の人は幣帛使に任命してはならないこととする。
七月二日夕　中衛舎人従八位上上道臣斐太都が内相仲麻呂に、王子及び内相を謀殺しようとする黄文王・安宿王・橘奈良麻呂・大伴古麻呂等の存在を密告する。これにより藤原朝臣仲麻呂が天皇にこのことを奏上し、宮殿の警護を固めるとともに、高麗朝臣福信等に兵を授けて遣わし小野東人等を捕らえて左衛士府に拘留する。また兵を遣わして道祖王の右京の屋敷を包囲させる。
七月三日　右大臣藤原朝臣豊成・中納言藤原朝臣永手等八人に勅して左衛士府において東人等の罪を問う。
七月三日夕　内相仲麻呂が御在所において塩焼王・安宿王・黄文王・橘奈良麻呂・大伴古麻呂等に大后の言葉を伝えて罪を許す。
七月四日　中納言藤原朝臣永手を遣わして東人を糾問する。その結果、斐太都の証言したことは正しいとわかり黄文王・道祖王・大伴古麻呂・多治比犢養・小野東人・

賀茂角足等は死罪、安宿王妻子は佐渡に配流し、信濃国守佐伯大成・土佐国守古慈斐の二人は任国に流し、そのほかの者は獄死した。さらに遠江守多治比国人を糺問したところ同罪と認めたので伊豆国に配流する。

七月八日　百姓の間に反逆者があれば、京畿においては一〇日以内に、遠所にあっては三〇日以内にその首謀者名を奏上するよう詔する。

閏八月八日　従四位上上道朝臣斐太都を吉備国造となす。

閏八月二七日　太宰府の防人には坂東諸国の兵士を派遣していたが、赴任する道筋の国々が防人を支援するのに負担が大きすぎるので、以後は、西海道七国の兵士合わせて一〇〇〇人を防人の司に宛て護りとせよ、と詔する。

一〇月六日　諸国からの庸調を運搬する人夫が帰郷するにあたって途中で食糧が尽き、病気で困っている者を親切にしてやる者がなく倒れ死んでいるのは憐れである。そこで京や諸国の役人に食糧や医薬を与えて道中の安全を支えるよう命じるとともに、もし役人達がこの命令に背く者があれば違勅の罪を科すこととする、と勅する。

一一月四日夜　勝道上人、伊豆留岩屋の北方の大山（鶏鳴山か）の山頂に長さ三尺の大剣があるとの夢を見て、その大山を目指して出発した。行く手は深い新雪のため困難を極めたが同山頂にたどり着き、そこで三年間修行する。［補陀洛山建立修行日記］

一一月二八日　天皇、備前国の墾田一〇〇町を東大寺唐禅院の十方院に施入する。

一二月八日　天皇、疾病や貧困に苦しむ人々を救うために越前国の墾田一〇〇町を山階寺施薬院に施入する。

七五八（天平宝字二）年（勝道上人二四歳）

一月五日　朝廷は諸国の百姓の不満や要求を調査して国司の勤務上の誤りや不正の有無を調べるための使者「問民苦使」を畿内及び七道に派遣する。東海道・東山道の問民苦使は藤原朝臣浄弁であった。

藤原浄弁は下総国の要望を聞き入れて、下野国の南に近接する下総国と常陸国の国境を流れる鬼怒川の洪水被害を防除するため、常陸国側に四・五《キロメートル》の捷水路を開削することを朝廷に進言し認められた。しかし捷水路完成後の国境を新水路に変更するのか旧河道のままにしておくのか、あるいは捷水路を開削しようとする土地に存在する神社の移転や百姓の住宅の補償の問題等が解決するまでに七年の歳月を要した。

六月一一日　陸奥国から、去年八月より男女一六九〇余人の帰降した夷俘達が天皇を慕って故郷を離れている。彼らを放置しておくと戦場を渡り歩いたり、怨みを持って賊になったりする恐れがある。そこで天平一〇年閏七月一四日の勅にならって彼らに種子を与え水田を耕作させて王民として辺境の軍に充当したいと報告して、認められる。

七月四日　皇太后の身体の具合が悪いので今年の一二月三〇日まで殺生を禁断し猪や鹿のたぐいを献上することを禁じる。また、官の奴婢及び紫微中台の奴婢を解放して良民とする。

七月二八日　朝廷の安寧と天下太平を祈願して、国毎に金剛般若経三〇巻を書写し、国分寺の僧寺に二〇巻・尼寺に一〇巻を奉り、金光明寂勝経を副えて転読させる。

八月一日　孝謙天皇、大炊王（淳仁天皇）に譲位する。

八月二四日　帰化した新羅の僧三二人・尼二人・男一九人・女二一人を武蔵国の閑地に移し、新羅郡を置く。

一〇月二五日　陸奥国の浮浪人を使役して桃生城を造り、調庸を課し、柵戸とする。

一〇月二八日　遣渤海大使従五位下小野朝臣田守に従五位上を、副使正六位下高橋朝臣老麻呂に従五位下を授ける。

一二月八日　坂東の騎兵・鎮兵・夷俘等をして、桃生城の小勝の柵を造る。

一二月一〇日　遣渤海使小野朝臣等、帰国して唐国の情勢を報告する。

一二月二四日　渤海使揚承慶等、入京する。

七五九（天平宝字三）年（勝道上人二五歳）

一月三日　天皇、高麗使揚承慶を引見し、宝物を授ける。

一月一八日　高麗大使揚承慶に正三位を、副使揚泰師に従三位を、判官馮方礼に従五位下を授け、宴を催す。

一月二七日　大保藤原朝臣押勝、高麗使揚承慶等を田村の第に招いて宴する。

一月三〇日　正六位上高元度に下従五位下を授け迎入唐大使の使に任命する。

二月一日　天皇、高麗国王に宛て帰国する揚承慶に国書を托す。

二月一六日　高麗使揚承慶等、帰国の途につく。高元度を同伴する。

三月二四日　太宰府から朝廷に、海外（新羅）が我国に対して不穏な動きがあるから防備を固めるべきであるとの注進がある。

六月一八日　朝廷、太宰府に命じて新羅征伐を計画する。
九月一九日　新羅征伐のため諸国に船五〇〇隻を建造するよう命じる。北陸道諸国には八九隻、山陰道諸国には一三五隻、山陽道諸国には一六一隻、南海道諸国には一〇五隻をそれぞれ割り当てる。
九月二六日　出羽国の雄勝・平鹿の二郡に玉野・避翼・横河・雄勝・助河、陸奥国の嶺基等に駅家を置く。
九月二七日　坂東八国・越前・能登・越後などの国々の浮浪人二〇〇〇人を陸奥国の雄勝の柵に入植させたり、相模・上総・下総・常陸・武蔵・下野などの国々が送った武器を雄勝・桃生両城に備蓄させる。
一一月二日　一〇月中旬に吹いた大風のため百姓の住宅が破壊されたので破壊された住宅を修繕させるために今年の田租を免除することとする。
一一月九日　陸奥国に緊急事態が生じた場合、坂東八国は、国毎に二〇〇〇人の兵につき指揮官として国司一人を速やかに救援に向かわせる制度を制定する。
一一月九日　国分二寺の絵を天下諸国に頒布する。
一一月三〇日　大保従二位藤原恵美朝臣押勝の帯刀した従者二〇人を四〇人とする。
一二月二日　授刀衛を置き、督は一人として従四位上、佐は一人として正五位上、大尉は一人として従六位上、少尉は一人として正七位上、大志《さくはん》二人は従七位下、少志二人として正八位下の役人をそれぞれあてることとする。
一二月四日　武蔵国における隠没の田九〇〇町、備中国のそれは二〇〇町をそれぞれの道の巡察使に査定させる。
一二月一九日　高麗使高南申、我国の判官忌寸全成等とともに難波の港に入港する。
一二月二四日　高南申、入京する。

七六〇（天平宝字四）年（勝道上人二六歳）

一月二日　天皇、大保従二位藤原恵美朝臣押勝の邸宅に行幸する。
一月一一日　巡察使を八道に派遣する。東海道には藤原朝臣楓麻呂、東山道には石川朝臣公成、北陸道には石川朝臣奥継、山陰道には淡海真人三船、山陽道には布勢朝臣人主、南海道には馬史夷麻呂、西海道には紀朝臣牛養をそれぞれ派遣する。
一月四日　大保従二位藤原恵美朝臣押勝に従一位を授ける。
一月五日　渤海国使高南申、天皇に拝謁する。
二月一一日　渤海国使高南申、帰国の途につく。

三月一〇日　没官の奴二三三人・婢二七七人を雄勝の柵に配して良人に従わせる。
三月一三日　皇太后、病のため天神地祇に祈りを捧げる。
三月一六日　私鋳銭の鋳造を禁じ、新たに万年通宝を鋳造する。万年通宝一に対して旧銭一〇を宛て、銀銭については天平元宝一に対して新銭一〇を宛て、金銭については開基勝宝一に対して新銭一〇を宛てることとする。
三月二六日　上野国飢饉、賑給する。
三月二六日　伊勢・近江・美濃・若狭・伯耆・石見・播磨・備中・備後・安芸・周防・紀伊・淡路・讃岐・伊予など一五国に疫病がはやり、賑給する。
四月二七日　志摩国に疫病が流行し、賑給する。
四月二八日　帰化した新羅人一三一人を武蔵国に置く。
閏四月二三日　宮中において大般若経を転読させる。
閏四月二八日　仁正皇太后、五大寺に使いを遣わして、雑薬二櫃・蜜缶一缶を施入し、皇太后の病の快癒を祈る。
五月一八日　京内の六大寺において経を読ませる。
五月一九日　疫病が流行し人々が飢えているので、独身の男女で病に伏している者を救済するよう当該道の巡察使や国司に勅する。
六月七日　天平応真仁正（光明皇后聖武皇后）皇太后、崩御する。
八月七日　大隅・薩摩・壱岐・対馬・種子島等の役人が、田租として納められる稲が乏しく寒さと飢えのため苦しんでいるので、太宰府が所管する諸国の収穫の一部を割いて給する。守には一万束、掾には七五〇〇束、目には五〇〇〇束、史生には二五〇〇束とする。
八月一四日　播磨国から糒一〇〇〇斛、備前国から五〇〇斛、備中国から五〇〇斛、讃岐国から一〇〇〇斛をそれぞれ徴集して小治田《おはりだ》宮に備蓄する。
八月一八日　天皇、小治田宮に行幸し今年の全国の調庸を収納する。
八月二二日　新京の諸大小寺・位の高い僧達・諸神主・役人達に新銭を賜う。
九月一六日　新羅国が金貞巻を遣わして朝貢する。
一〇月一七日　陸奥の柵戸の百姓達が、郷里の父母兄弟妻子を柵戸に呼び寄せたいとの願いを許す。
＊この年、勝道上人は北方の大山すなわち鶏鳴山から伊豆留岩屋（出流山）に戻っていた。［補陀洛山建立修行日記］

七六一（天平宝字五）年（勝道上人二七歳）

一月九日　新羅国への遠征に備えて、美濃・武蔵二国の少年それぞれ二〇人に新羅語を習わせる。
一月一一日　天皇、小治田宮から武部（兵部省）曹司に行幸して、そこを御在所とする。
一月一六日　従五位下石川朝臣名足を下野守に、従五位下大伴宿祢益立を陸奥鎮守副将軍鎮国・驍騎将軍に任命する。

一月二一日　下野国薬師寺に僧尼に戒律を授けるための戒壇が建てられたことを聞いた勝道上人は、伊豆留岩屋を出て同薬師寺を訪れたところ、鑑真和尚の弟子如意僧都と唐人の僧恵雲律師に歓迎された。上人はここで得度し修行をかさねて厳朝と名乗った。後に号を自ら勝道と改めたのである。［補陀洛山建立修行日記］

三月一五日　百済国からの帰化した善女四人に百済公の姓を賜う。
三月二四日　葦原王を殺人の罪で王族を除籍し、姓を瀧田真人と改め、彼の一族男女六人を合わせて種子島に流す。
五月二三日　散位下従五位下物部山背・正六位下曰佐若麻呂に畿内のため池の堰堤や用水路を視察させる。
六月七日　皇太后の一周忌にあたり法華寺境内の西南の隅に建築した阿弥陀浄土院に祭壇を設け、諸国の国分尼寺に阿弥陀丈六像一体と脇侍菩薩像二体を造らせる。
七月二日　西海道巡察使武部少輔従五位下紀朝臣牛養から西海道諸国が武器の備蓄を怠っているので筑前・筑後・肥前・肥後・豊前・豊後・日向の国々に甲冑・刀・弓・矢を備蓄させるべきであると報告があり、太宰府にそのように命じる。
七月一九日　遠江国の荒玉河（天竜川）の堤防が三〇〇余丈にわたり決壊したため食糧を支給し、三〇万三七〇〇人を使役して復旧する。
八月一二日　遣唐使藤原河清、帰国する。
一〇月一〇日　従五位上上毛野公広浜・外従五位下広田連小床・六位以下の役人六人を派遣して安芸国に遣唐使船四隻を造らせるとともに、東海・東山・北陸・山陰・山陽・南海の諸道に牛角七八〇〇隻（本）を貢納させる。
一〇月二二日　右虎賁衛督従四位下仲真人石伴を遣唐大使に、上総守従五位上石上朝臣宅嗣を副使に、武蔵介従五位下高麗朝臣大山を遣高麗使に、従四位下藤原恵美朝臣朝獦を仁部卿に、従四位下和気王を節部卿に、従五位下藤原朝臣辛加知を左虎賁衛督に、従四位下仲真人石伴を播磨守に任命する。

一一月一七日　従四位下藤原恵美朝臣朝狩を東海道節度使に、正五位下百済朝臣足人・従五位上田中朝臣多太麻呂を副使に任命し、その所管するところの遠江・駿河・伊豆・甲斐・相模・安房・上総・下総・常陸・上野・武蔵・下野など一二ヶ国から船一五二隻・兵士一万五七〇〇人・子弟七八人・水夫七五二〇人を徴発し、その内二四〇〇人は肥後国から、二〇〇人は対馬国から徴用する。従三位百済王敬福を南海道節度使に、従五位上藤原朝臣田麻呂・従五位下小野朝臣石根を副使として紀伊・阿波・讃岐・伊予・土佐・播磨・美作・備前・備中・備後・安芸・周防など一二ヶ国から船一二一隻・兵士一万二五〇〇人・子弟六二人・水夫四九二〇人を徴用し、正四位下吉備朝臣真備を西海道節度使に、従五位上多治比真人土作・佐伯宿祢美濃麻呂を副使として筑前・筑後・肥後・豊前・豊後・日向・大隅・薩摩など八ヶ国から船一二一隻・兵士一万二五〇〇人・子弟六二人・水夫四九二〇人を徴用し、それぞれ三年間の田租を免じ軍事訓練を行い、兵器を製造させる。

七六二（天平宝字六）年（勝道上人二八歳）

一月六日　参議従四位上藤原恵美朝臣真光を太宰府に派遣して唐人沈惟岳をもてなす。

一月二八日　東海・南海・西海などの節度使の甲冑など二万二五〇具を太宰府に造らせる。それらは四〇五〇具毎に五色で飾られていた。

二月二日　従一位藤原恵美朝臣押勝に正一位を授ける。

二月六日　甲冑など一〇〇〇領を造り鎮国衛府に備蓄する。

二月二五日　大師藤原恵美朝臣押勝に近江国浅井・高島二郡の鉄穴各一ヶ所を授ける。

三月一日　遣唐副使従五位上石上朝臣宅嗣を罷免し、左虎賁衛督従五位上藤原朝臣田麻呂を副使とする。

三月二九日　三河・尾張・遠江・下総・美濃・能登・備中・備後・讃岐など九ヶ国、旱魃。

四月八日　河内国狭山池の堤が決壊したため、八万三〇〇〇人の人夫を動員して修築する。

四月九日　遠江国で飢饉。賑恤する。

四月一四日　尾張国で飢饉。賑恤する。

四月一七日　遣唐使が乗船する船一隻が安芸国から難波の港に到着した。波浪のため船尾が破損したためである。判官正六位上中臣朝臣鷹主に従五位下と節刀を授け遣唐使とし、正六位上高麗朝臣広山を副使とする。

四月二二日　初めて太宰府に弩師を置く。

五月四日　京師・畿内・伊勢・近江・美濃・若狭・越前などの国々飢饉、賑恤する。

五月九日　美濃・飛騨・信濃などの国々で地震、破損した家毎に二斛を賜う。石見国で飢饉、賑恤する。

五月一一日　備前国で飢饉、賑恤する。

五月二八日　大師正一位藤原恵美朝臣押勝の帯刀の従者六〇人を賜い、前の通り一〇〇人とする。彼らの夏冬の衣服を官給する。

六月三日　尾張国で飢饉、賑恤する。

六月二一日　河内国長瀬堤（旧大和川）が決壊し、二万二二〇〇余人を使役して修築する。

七月一五日　勝道上人、薬師寺において具足戒を受けて、さらに修行すること五年。［補陀洛山建立修行日記］

八月一九日　陸奥国で飢饉、賑恤する。

閏一二月一三日　孤児一〇〇人を陸奥国に置く。

八月一九日　高麗使者王新福等、入京する。

八月二五日　従五位上田中朝臣多太麻呂を陸奥守兼鎮守副将軍とする。

七六三（天平宝字七）年（勝道上人二九歳）

一月三日　高麗使王新福、宝物を貢納する。

一月七日　天皇、内裏において高麗大使王新福に正三位、副使李能本に正四位上、判官楊懐珍に正五位上を授け、宴を催す。

一月一七日　高麗大使王新福のいうことには、「李家の太上（玄宗）皇と少（粛宗）皇がともに崩御し、広平（代宗）王が摂政として政務を執り行っています。ここのところの凶作のため人々が共食いしています」などと報告する。

二月四日　太師藤原恵美押勝、高麗客のために宴を設ける。天皇、勅使を遣わして雑色の袷衣三〇櫃を給う。

二月一〇日　新羅国、級飡金礼信以下二一一人を派遣し朝貢する。

二月二〇日　高麗使王新福、帰国の途につく。

二月二九日　出羽国飢饉、賑恤する。

四月一日　信濃国飢饉、賑恤する。

四月一日　京師の米価が高騰しているので、備蓄している米を売却し平価に戻す。

四月一〇日　壱岐島疫病、賑恤する。

四月一三日　陸奥国飢饉、賑恤する。
五月六日　太和上鑑真（七七）没。栃木県南河内町の資料によれば、同和上の墓は同町にあるとのことである。
五月一一日　伊賀国飢饉、賑恤する。
五月一六日　河内国飢饉、賑恤する。
五月二八日　日照りが続いているため丹生河上神に幣帛と黒毛馬を奉り雨乞いする。
六月七日　尾張国飢饉、賑恤する。
六月一五日　越前国飢饉、賑恤する。
六月二一日　能登国飢饉、賑恤する。
六月二五日　大和国飢饉、賑恤する。
六月二七日　美濃国飢饉、摂津・山背国疫病が流行する。ともに賑恤する。
七月一四日　従五位上藤原朝臣田麻呂を陸奥出羽按察使とする。
七月二六日　備前・阿波国飢饉、賑恤する。
八月一日　左右京・五畿内・七道諸国の今年の田租を免除する。昨年は長雨、今年は日照りのため五穀が稔らず、米価が著しく高騰している。そのため百姓達は飢餓に苦しみ病気が流行って多数死亡しているためである。
八月二日　近江・備中・備後三国飢饉、賑恤する。
八月一四日　丹波・伊予二国飢饉、賑恤する。
八月一八日　山陽・南海道の諸国の節度使を日照りのため停止する。
八月一八日　大衍暦を初めて用い、儀鳳暦を廃止する。
八月一八日　丹後国飢饉、賑恤する。
八月二三日　阿波・讃岐両国の飢える人々を賑恤する。
九月一日　勅する。多くの病死者が発生し、水害や旱魃があるのは国郡司が国神を篤く信仰していないためである。一〇日以上も日照りが続いたかと思うと数日間も長雨が続き洪水による被害をうけている。これというのも堤堰の修築を怠っているためであるから、地方役人には有能な者を登用して百姓が農業に専念できるようにせよ。
九月四日　道鏡法師、少僧都となる。山階寺の少僧都慈訓法師が理に反して政を執り行っているので慈訓法師に替えて、道鏡法師を少僧都とする。
九月二一日　尾張・美濃・但馬・伯耆・出雲・石見六国が凶作。
九月二一日　河内国丹比郡の尋来津《ひろきつ》公関麻呂、母親殺害の罪で出羽国小勝柵に配される。
一二月二一日　摂津・播磨・備前三国飢饉、賑恤する。

七六四（天平宝字八）年（勝道上人三〇歳）

一月一六日　播磨・備前両国飢饉、賑恤する。
一月二〇日　外従七位下出雲臣益方を国造とする。
一月二八日　備中・備後両国飢饉、賑恤する。
二月二九日　石見国飢饉、賑恤する。
三月六日　志摩国飢饉、賑恤する。
三月一四日　摂津・播磨・備前・備中・備後五ヶ国飢饉、賑恤する。
三月一九日　淡路国、著しい旱魃のため播種するための種が無くなったため、紀伊国の都合のつく郡から苗を調達して充てる。
三月一九日　出雲国飢饉、賑恤する。
四月四日　美作国飢饉、淡路国に疫病、賑恤する。
四月一六日　幣帛を畿内の群神に奉納して雨乞いをする。
四月一六日　阿波・讃岐・伊予三国飢饉、賑恤する。
七月一三日　勅使をして詔し。紀寺の奴益人等七六人を良人とする。
七月一七日　東海道節度使を罷免する。
七月一九日　新羅の使い大奈麻金才伯等九一人が太宰の博多の港に到着する。
八月九日　山陽・南海二道、旱魃疫病。石見国疫病、賑恤する。
九月二日　太師正一位藤原恵美朝臣押勝を四畿内の都督使、三関・近江・丹波・播磨等の習兵事使に任命する。
九月一一日　太師藤原恵美朝臣押勝謀反する。天皇は少納言山村王を遣わして中宮院の鈴印を収めさせたが、押勝はこれを知って彼の息子の訓儒麻呂にこれを奪還させる。そのため天皇は授刀少尉坂上苅田麻呂・将曹牡鹿島足等を派遣して訓儒麻呂を射殺させる。押勝は再び甲冑を着け馬に乗った中衛将監谷田部老を差し向けてその奪還を試みるが、天皇は詔使授刀紀船守に射殺させる。押勝の一族の藤原の姓・官位・財産を没収する。
九月一一日　軍勢を派遣して三関を厳重に守らせる。
九月一一日夜　押勝は近江に逃走し、官軍追討する。
九月一八日　軍士石村の村主《すぐり》石楯が押勝を斬り、首を京師に送る。
九月二〇日　道鏡禅師、道鏡大臣禅師となる。
九月二九日　八幡の大神に二五戸を充てる。
九月二九日　陸奥守従四位下田中朝臣太多麻呂を兼鎮守将軍とする。
一〇月二日　放鷹司を廃して放生司を置く。

一〇月一六日　免租。水害や日照りによる不作続きのため今年の租を免ずる。
一〇月二八日　詔して東海・東山道などから騎女を貢がせる。
一二月　西方から音が聞こえる。雷鳴のような音であるが雷鳴ではない。時に大隅国と薩摩国の境に煙のような雲が発生し、雷光が走った。七日後に空が晴れると麑嶋《かごしま》信尓村の海に砂礫自ずから集まり三島になる。炎が見えて溶鉱炉のように見えた。その形は四阿《あずまや》の屋根のようであった。島の下に埋もれた民家は六二戸、八〇余人。
＊この年、旱害のため米一石の値一〇〇〇銭となる。朝廷は使いを派遣して、大和・河内・山城・近江・丹波・播磨・讃岐等の諸国に溜漑池を築かしめた。

七六五（天平神護元）年（勝道上人三一歳）

二月四日　和泉・山背・石見・美作・紀伊・讃岐・淡路・壱岐・種子島等の国々飢饉、賑恤する。
二月四日　押勝の乱で活躍した内裏に宿営していた檜前忌寸二三六人、北門を守衛した秦忌寸三一人にそれぞれ爵一級を賜う。
二月一五日　相模・下野・伊予・隠岐などの国々飢饉、賑給する。
二月二九日　左右京の籾二〇〇〇斛を一斗一〇〇銭で東西の市に売却する。
二月　京の米価が高騰したため西海道諸国の米をことごとく京に運ばせる。
三月二日　備前・備中・備後三国は、多年にわたる旱魃のため荒廃著しいことから天平宝字八年以前の未納の官稲を免除する。
三月二日　伯耆国飢饉、賑給する。
三月四日　三河・下総・常陸・上野・下野の五ヶ国旱魃のため、今年の調庸を一〇分の七～八とする。
三月九日　伊賀・出雲国飢饉、賑給する。
三月一〇日　京飢饉、賑給する。
三月一〇日　太宰大弐従四位下佐伯宿祢今毛人を怡土《いと》城を築く専知官に、少弐従五位下采女朝臣浄庭を水城を修理する専知官に任命する。
三月一三日　上野国飢饉、賑給する。
三月一六日　尾張・三河・播磨・石見・紀伊・阿波などの国々飢饉、賑給する。
四月四日　美濃・越中・能登飢饉、賑給する。
四月一三日　常陸・武蔵飢饉、賑給する。

四月一六日　米価が高騰したため、左右京の穀物一〇〇〇石を東西の市に売却する。
四月二二日　駿河国飢饉、賑給する。
四月二七日　丹後国飢饉、賑給する。
五月二六日　左右京の籾各一〇〇〇石を貧民に売却する。
六月一日　甲斐国飢饉、賑給する。
六月八日　備後国飢饉、賑給する。
六月一〇日　左右京の籾各一〇〇〇石、大膳職の塩一〇石を貧民に売却する。
六月一三日　諸国の郡司に勅する。米三〇〇石を売却したものには位一階を叙し、さらに二〇〇石増える毎に一階を叙すこととする。
七月二〇日　左右京の籾三三〇〇余石を役人達に売却する。
九月二一日　天皇が紀伊国に行幸するために大和・河内・和泉等の国々に行宮《かりみや》を造営させる。
九月下旬　勝道上人、薬師寺を出て大剣峰すなわち鶏鳴山に帰る。［補陀洛山建立修行日記］
一〇月一三日　天皇、紀伊国に行幸するため出発する。この日大和国高市郡小治田宮にいたる。
一〇月一四日　天皇、大原長岡を巡幸して明日香川を見て還る。
一〇月一五日　天皇、檀山（草壁）陵を経て宇智郡にいたる。
一〇月一七日　天皇、那賀郡鎌垣の行宮にいたる。夜通し雨が降る。
一〇月一八日晴天　天皇、玉津島にいたる。
一〇月一九日　天皇、南の浜の海の物見櫓に登る。
一〇月二一日　前名草郡の少領榎本連千島、天皇に稲二万束を献上する。
一〇月二五日　天皇、海部郡岸村の行宮にいたる。
一〇月二六日　天皇、和泉国日根郡深日の行宮にいたる。このとき西方から黒雲を覆って異常な風雨がある。
一〇月二七日　天皇、同郡新治の行宮にいたる。
一〇月二八日　天皇、河内国丹比郡にいたる。
一〇月三〇日　天皇、弓削寺に行幸し仏を拝む。
閏一〇月一日　天皇、弓削寺に二〇〇戸を、知識寺に五〇戸を喜捨する。
一一月五日　諸国の神社を修造させる。

七六六（天平神護二）年（勝道上人三二歳）
二月四日　外従八位下橘戸高志麻呂が銭一〇〇万を貢納

したので外従五位下を授ける。

二月二六日　近江国近郡の稲穀五万石を松原倉に運んで貯蔵させる。白丁が五〇〇石を運搬した場合は一階を叙し、三五〇石増える毎に位一階を進め、位がある者は三〇〇石毎に一階を叙し、正六位上を超えないこととする。

三月中旬　勝道上人は鶏鳴山頂に登って四方を見渡すと、北の方角に四色の雲がたなびいているところがあった。そこで上人は仏像を背負い着物を裂いて足に纏い北方を目指して進んだところ男体山の麓に到った。そこには両岸に険しい岩壁がそそり立ち激しい流れの大河があったために、対岸に渡ることが困難であった。そこで上人達は念仏を唱えるなどして神仏に祈り、苦心して橋を架けて対岸に渡ることができた。その橋の上には山菅が生い茂ったのでそれに因んで山菅橋と名付けたのである。さらに上人達は千手像を造るとともに堂を建てて四本龍寺と名付けたのである。［補陀洛山建立修行日記］

四月七日　大宰府からの報告。外敵に対する備えは東国の軍があたることになっており、筑紫の軍の役目ではなかった。現在は筑前など六ヶ国の兵士を割いて防人としているが彼らは勇敢ではないので、元のとおり東国の防人を配備してほしい。

四月一一日　八幡の比咩神《ひめのかみ》に六〇〇戸を奉る。

四月一一日　淡路・石見両国飢饉、賑給する。

四月一四日　和泉国飢饉、賑給する。

六月三日　日向・大隅・薩摩三国に大風が吹き桑麻に大きい損害が生じたので、柵戸の調庸を免除する。

六月五日　大隅国の神が造った島で地震動がやまないため多くの人々が流離っているので賑給する。

六月一一日　河内国飢饉、賑恤する。

六月一三日　丹波国の家部人足は、私財を投じて飢民五七人を養ったので爵二級を賜う。

六月二八日　刑部卿従三位百済王敬福（六九）没する。

七月二三日　丈六の仏像を伊勢大神宮司に造らせる。

七月二七日　種子島飢饉、賑給する。

九月一三日　伊予国の大直足山は、私稲七万八八〇〇束、鍬二四四〇口、墾田一〇町を同国の国分寺に献納したので、彼の息子外少初位下氏山に外従五位下を授ける。

九月一四日　従五位下佐伯宿祢家継を防人正に任命する。

九月一九日　摂津国武庫郡の大領従六位上日下部宿祢浄方は銭一〇〇万と相槫《すぎくれ》一〇〇〇枚を貢納したので、外従五位下を授ける。

九月二三日　従五位下紀朝臣広名を東海道巡察使に、正五位上淡海真人三船を東山道巡察使に任命する。
一一月七日　陸奥国磐城・宮城二郡の稲穀一万六四〇〇余石で貧民を賑給する。

七六七（神護景雲元）年（勝道上人三三歳）

一月二八日　尾張国飢饉、賑給する。
二月一一日　淡路国においてしばしば旱魃が生じたため、播種するための種籾に不足を来したので、播磨国加古・印南郡などから四万束の稲を集めて、淡路国の百姓に貸し付ける。
二月一七日　山背国飢饉、賑給する。
二月二二日　和泉国、五穀が稔らず民の播種するための種子が無いため、讃岐国の稲四万束を充てる。
二月二三日　左大臣・右大臣に近江国の穀をそれぞれ二〇〇〇斛を賜う。
二月二六日　淡路国飢饉、賑給する。
三月二日　天皇、元興寺に行幸し綿八〇〇〇屯、商布一〇〇〇段を喜捨するとともに、奴婢にも爵を賜う。
三月三日　天皇、西大寺の法院に行幸する。
三月九日　天皇、大安寺に行幸し、造寺大工正六位上軽間連鳥麻呂に従五位下を授ける。
三月一四日　天皇、薬師寺に行幸し綿一万屯、商布一〇〇〇段を喜捨し、奴婢等二六人に爵を賜う。また、奴の息麻呂を解放し殖栗連の姓を、婢の清売には押坂の姓を賜う。
三月二六日　常陸国新治郡の大領外従六位上新治直子公が銭二〇〇〇貫、商布一〇〇〇段を献納したので外正五位下を授ける。
四月一〇日　勝道上人は、男体山登頂を果たすため七日間念仏を唱えることに精進した後、山頂を目指して登ること四〇里、その中腹に大きな湖を発見する。その北岸に宿って念仏を唱えた後、山頂を目指し登攀を開始した。ところが雪が深くかつ大きな雷鳴が轟きわたり、それから先は登ることができなくなったため途中から引き返した。上人は湖畔に留まること二一日間。［補陀洛山建立修行日記］

四月二一日　鹿島の神の賤民男八〇人、女七五人を解放し良民とする。
四月二六日　天皇、飽浪宮に行幸し、法隆寺の奴婢二七人に爵を賜う。
四月二九日　長門国豊浦の団毅外正七位上額田部直塞守

が銭一〇〇万貫、稲一万束を献納したので外従五位上を授け、豊浦郡の大領に任命する。
五月四日　畿内の百姓の種籾が不足しているので摂津国の種籾を貸し付ける。
五月一三日　勝道上人、四本龍寺に還り、男体山再登頂を期して、さらに一四年間修行を重ねた。［補陀洛山建立修行日記］
九月一日　太陽の方向に五色の雲が現れる。右大臣従二位吉備朝臣真備が献納した対馬島の墾田三町一段、陸田五町二段、雑穀二万束を同島の儲けとする。
九月二日　天皇、西大寺の島院に行幸する。従五位下日置造蓑麻呂に従五位上を授ける。
一一月八日　出羽国雄勝城の俘囚四〇〇余人を狄塞に属させる。
一一月二〇日　私鋳銭の罪を犯した王清麻呂等四〇人に鋳銭部の姓を賜い出羽国に流す。
一二月八日　外従五位下武蔵宿祢不破麻呂を武蔵国の国造に、正四位上道島宿祢島足を陸奥国の大国造に、従五位上道島宿祢三山を国造にそれぞれ任命する。

七六八（神護景雲二）年（勝道上人三四歳）

二月二八日　筑前国の怡土城、完成する。
三月一〇日　左右京及び五畿内の天平神護二年の未納の税を免除する。
五月二三日　日照りのため畿内の群神に幣を奉り雨乞いをする。恵美仲麻呂の越前国の地二〇〇町は、旧は青海按察使従三位藤原朝臣御楯の地一〇〇町を含んでいたが、すべて西隆寺に捨入する。
閏六月七日　天皇、一五〇戸を西大寺に施す。
八月　毛野川（鬼怒川）の河川改修工事が完成する。
　一郡の面積に相当する水田二〇〇〇余町を、頻発する毛野川の洪水被害から護るために、下総国結城郡小塩郷小島村から常陸国新治郡川曲郷受津村までの区間の屈曲している流路に、一〇〇〇余丈の捷水路を開削したが国境は変更しないこととした。
　現地に鬼怒川の旧水路を見たところでは、旧鬼怒川の川幅は著しく狭く、鬼怒川が発生させる規模の洪水を安全に流すためには、十分ではなかったであろうと思われる。
　地元の言い伝えによれば、白鳳年間、鬼怒川左岸の真岡市砂ヶ原から筑西市嘉家佐和に至る水田地帯を潅漑する用水路は、鬼怒川から用水を取り入れて開発されたとの言い伝えがある。つまり鬼怒川は、古墳時代後期頃までは、真岡市砂ヶ原から筑西市の大谷川筋の水田地帯を経て小貝川筋に合流していたことを意味するものと考えられる。当時の人々は、小貝川筋を流れていた筑西市嘉家佐和から下流の鬼怒川の流域を開発するとともに鬼怒川の流れを真岡市砂ヶ原から南に導いた。広大な面積を

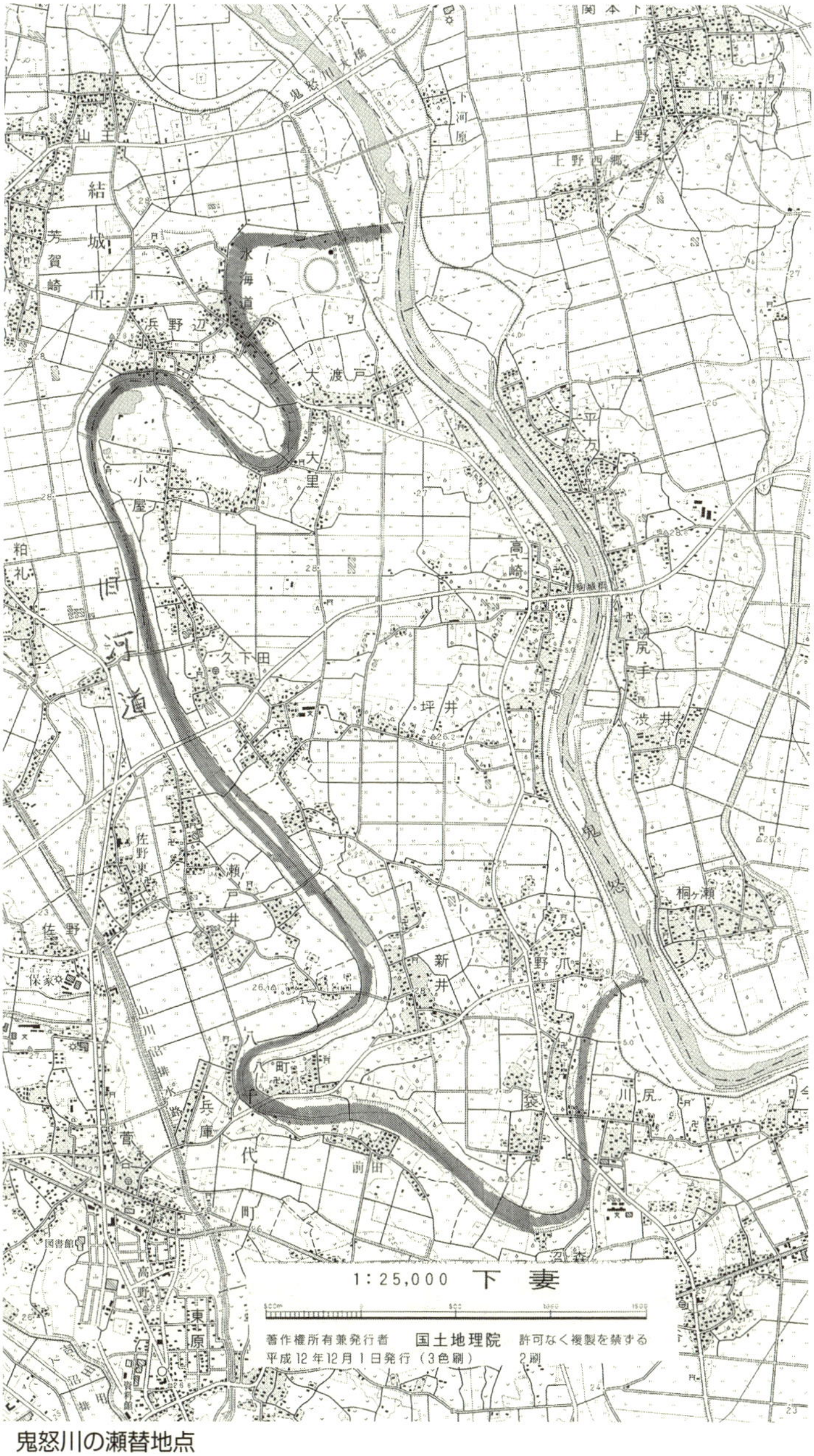

鬼怒川の瀬替地点

有しているが、用水が著しく不足していたため未開発であった現在の鬼怒川筋の地域に潅漑用水を供給して開発するため、同地域を開発するには著しく用水量の少ない田川に接続したのである。田川は現在、日光市野口に源を発し宇都宮市内を流れて結城市で鬼怒川に合流しているが、当時田川は、結城市を経てさらに下妻市の南を流れる糸繰川筋を経て、まだ小貝川筋を流れていた鬼怒川に合流していたのである。田川は、鬼怒川のように源流域に日光火山群等の土砂を大量に生産する荒廃地を持った河川ではなく、日光市野口の平地に水源を持つ比較的穏やかな河川である。流域が田川に比較して著しく広い鬼怒川を、流域が小さい故に河川の規模も小さい田川に継いだのであるから、その結果は明白である。新たに鬼怒川の洪水を承けることとなった旧田川の水路は洪水を受けきれずに、その部分が狭窄部となって洪水の流れを著しく阻害し、洪水のたび毎に氾濫を繰り返して下総国の人々を連年苦しめていたのである。この問題を解決するために実施された鬼怒川における捷水路工事であったのである。

一〇月一五日　坂上大忌寸苅田麻呂等に従四位上を授ける。

一〇月二〇日　天皇、長谷寺に行幸し田八町を施入する。

一〇月二四日　石上の神に封五〇戸、能登国の気多の神に二〇戸及び田二町を充てる。

一二月一六日　勅。陸奥国管内及び他国の百姓達で伊治城・桃生城の領域に住みたいと願う者は、住まわせてもよい。

七六九（神護景雲三）年（勝道上人三五歳）

一月二日　天皇、大極殿において礼服に着飾った文武百官及び陸奥の蝦夷の朝を受ける。

一月三日　法王道鏡、西宮の前殿にあり、大臣以下賀を拝す。道鏡は自ら寿詞を告げる。

一月一七日　天皇東院に行幸し、侍臣達に宴を賜う。文武百官主典以上及び陸奥の蝦夷とともに朝堂において饗する。蝦夷には身分に応じて爵及び物を賜う。

一月三〇日　陸奥国からの報告。

他国の鎮兵は三〇〇〇余人いたがそのうち二五〇〇人は解任した。残りの五〇〇余人で諸要塞を守備しているが、天平宝字三年に採用した諸国の浮浪人一〇〇〇人は桃生の柵戸に配置したが逃亡をくりかえし、頼りにならない兵達である。国司の所見ではこの国の三丁以上の二〇〇戸を城郭内に家族毎に住まわせて永く守備にあたらせることが得策であると考える。官において検討した結果、罪のない民にいたずらに辺境の護りを強制するのは、穏便な方法とは言えない。逃亡者がでるのも理解できる。二城に定住して農業を営みながら軍役を果たしたいと希望する者があれば、当国他国を問わず採用すべきである。

二月五日　叙任。従五位上道島宿祢三山を陸奥員外介に任命する。

二月一七日　勅。陸奥国の桃生・伊治の二城が完成した。そこは土壌が肥沃で豊饒の土地である。坂東八国から彼の地において農業を志す者を移住させるように。

三月一三日　姓を授ける。

所属国郡等	階位及び従前の姓等	新姓等
陸奥国白河郡	正七位上丈部子老	
賀美郡	正七位上丈部国益	
標葉郡	正六位上丈部賀例努等十人	阿倍陸奥臣
安積郡	外従七位下丈部直継足	阿倍安積臣
信夫郡	正六位上丈部大庭等	阿倍信夫臣
柴田郡	外正六位上丈部島足	安倍柴田臣
会津郡	外正八位下丈部庭虫等二人	阿倍会津臣
磐城郡	外正六位上丈部山際	於保磐城臣
牡鹿郡	外正八位下春日部奥麻呂等三人	武射臣
亘理郡	外従七位上宗何部池守等三人	湯坐亘理連
白河郡	外正七位下靭大伴部継人	
黒川郡	外従六位下靭大伴部弟虫等八人	靭大伴連
行方郡	外正六位下大伴部三田等四人	大伴行方連
苅田郡	外正六位上大伴部人足	大伴苅田臣
柴田郡	外従八位下大伴福麻呂	大伴柴田臣
磐瀬郡	外正六位上吉弥候部人上	磐瀬朝臣
宇多郡	外正六位下吉弥候部文知	上毛野陸奥公
名取郡	外正七位下吉弥候部老人	上毛野鍬山公
新田郡	外大初位上吉弥候部豊庭	上毛野中村公
信夫郡	外少初位上吉弥候部広庭	下毛野静戸公
玉造郡	外正七位上吉弥候部念凡等七人	下毛野俯見公

この人々は大国造の道島宿祢島足が願い出て姓が与えられた。

三月一九日　下総国飢饉、賑恤する。

三月二一日　志摩国飢饉、賑恤する。

三月二八日　大赦する。

四月二四日　天皇西大寺に行幸する。

五月一八日　左右大臣に稲一〇万束を賜う。

五月二五日　詔。不破内親王は、先帝によって親王の名を剥奪されたのであるが、その後も八虐に相当する不敬等の罪を重ねている。しかし、特別にその罪を許して厨真人厨女の姓名を授けて、京より追放することとする。また、氷上志計志麻呂は、父の石焼王がそむいたとき父に従ったのであるが、母方の関係上その罪に連座することを免れた。しかし今、母の悪行が露見したので彼を土佐国に流すこととする。
五月二九日　県犬養姉女、巫蠱《ふこ》の罪で流される。彼女は氷上志計志麻呂と交際し、彼を天皇の後継者にしたいとして逆心を抱いた。
六月一一日　浮宕の百姓二五〇〇余人を陸奥国伊治村に入植させる。
六月一〇日　厨真人厨女に封四二戸と田一〇町を賜い、このとき初めて法王宮の職印を用いる。
七月一五日　使いを遣わして五畿内の風の伯《かみ》に幣を奉る。
七月二二日　周防国の戸五〇烟を四天王寺に施入する。
八月九日　尾張国海部郡・中島郡の二郡に大水。貧しい人一名につき一斗を与えて賑恤する。
八月一三日　遠江・越前二国の各二〇戸、大和・山背両国の田各五町を龍淵寺に施入する。
八月一四日　下総国猿島郡に火災。穀六四〇〇余斛を焼失する。
九月八日　尾張国からの河川改修の伺い。
　尾張国と美濃国の境界を流れる鵜沼川（木曽川のことか）が、今年の大洪水でもとの流れが埋没し河筋が変わってしまった。そのため葉栗・中島・海部三郡の百姓の田や屋敷であった土地が河となって流れている。国府と国分二寺はその下流に位置するためいずれは流失することになる。工使を派遣し開削して河筋をもとに戻したい。この願いは認められた。
九月二五日　詔。従五位下因幡国員外介輔治真人清麻呂とその姉の法均は、大神の名を借りて天皇に忠誠を尽くしているように見せかけて天皇を誹謗した。したがって清麻呂に与えた姓を取り除いて「別部《わけべ》」とし名を「穢麻呂《きたなまろ》」に、法均の名を「廣虫賣《ひろむしめ》」と名を改める。
一〇月一〇日　太宰府からの史書の要望の上申。
　太宰府は都会のように賑わっております。身分のある人々の子弟や学者が学問をするために集まってきています。府の庫に五経が揃えられて彼らに読まれておりますが、三史の正本は揃えられておりません。太宰府においてより一層学問を盛んにするためには、書物を整えて置くことが必要ですので、列代の諸史の書を要望します。その結果、詔により、史書・漢書・後漢書・三国史・晋書がそれぞれ一部ずつ贈られた。
一〇月一五日　天皇、飽浪宮に行幸する。
一〇月一七日　天皇、由義宮に行幸する。
一〇月二八日　叙位。无位上村主刀自女に従五位下を授ける。彼女は九九歳の高齢者である。
一〇月三〇日　由義宮を西京とし、河内国を河内職とする。
一一月九日　天皇、宮に還る。
一一月一二日　新羅の使者一八七人等、対馬島に到着する。
一一月二五日　陸奥国牡鹿郡の俘囚少初位上勲七等大伴部押人からの請願。
押人の祖先は紀伊国名草郡片岡の里の出身である。昔祖先の大伴部直が蝦夷征伐に来たとき、彼は小田郡島田村に住み着いたと聞いている。その後子孫は蝦夷とされて虜とされてしまい、その後長いあいだ「俘」とされていたが、幸いに大和朝廷の征夷に際して虜庭（えびすの朝廷）から抜けて化民となることができたが、俘囚ではなく調庸の民になることを請願する。この願いは認められた。
＊この年、大杉神社（茨城県桜川市、祭神は大国主命・少彦名命）創建［同神社の社記］
＊神護景雲年間、白山《しらやま》神社（栃木県栃木市都賀町大字大柿二三三二）、加賀国白山神社から現在の字古内山に遷宮する。主祭神は伊佐奈岐命・伊佐奈美命。［栃木県神社誌］

七七〇（神護景雲四・宝亀元）年（勝道上人三六歳）

一月一二日　由義宮に編入された大県・若江・高安等の郡の百姓の宅地などの対価を支払う。
一月二一日　太宰府の管内において大風が吹き、官舎及び百姓の住宅一三〇〇余戸が損壊した。百姓を賑恤する。
二月一五日　叙任。陰陽頭正五位下紀朝臣益麻呂を兼伯耆介に任命する。
二月二三日　西大寺の東塔の心礎を破却する。
礎石の大きさは一丈四方、厚さ九尺、東大寺の東の飯盛山産の石である。石を動かすために数千人を動員して引いたが、日に動いた距離はわずかに数歩であった。そのためこれを小さく割って移動しようとしたが、男女の巫達がそのようなことをすれば祟りがあると言うので、石の上に柴を積んで火を焚き三〇余石の酒を注いで冷却して破砕し、道路に捨てた。その後天皇の体調が崩れ、その石の祟りであるということになり、再び石を集めて人馬に踏ませないようにした。寺の境内の東南の隅の数十片の破石がそれである。

二月二七日　天皇、由義宮に行幸する。

三月三日　天皇、博多川に遊宴する。この日、百官文人及び大学生等を曲水の詩の会に上らせる。

三月四日　この日初めて新羅の使者の来朝の理由を問う。

新羅の使者金初正の説明では、「在唐大使の藤原河清や学生の朝衡等は、宿衛の王子金隠居が帰郷するとき河清等の故郷に送る書を彼らに託した。新羅の王はこのため河清等の書を送り届けるために初正等を遣わし、貢ぎ物はつぎの便で送り届けられる」とのことであった。そこで再び質問が発せられた。「新羅からの貢ぎ物が最後に届けられてからずいぶん時間が経過しているが、つぎの便で貢ぎ物が届けられるということは真か」。初正は答える。「つぎの便で貢ぎ物をするつもりであるので、我々は調貢の使いとは称していません」。そこで左大史外従五位下堅部使主人主を遣わして「前の使者の貞巻が帰国して以来その後何も言ってこない。今回の来訪の目的は、私事であるから賓礼を持って遇することはしない。入貢の使者であれば正式に歓待しよう。このことは汝の国王に告げてほしい。しかし、唐国の情報と藤原朝臣河清等の書をもたらしてくれた働きはうれしく思うので、太宰府に言ってあなた達をそこで供応しましょう」。また、新羅国王には絹二五疋、綿二五〇屯等、大使金初正等にも褒美を与える。

四月一日　陸奥国黒川・賀美等一〇郡の俘囚三九二〇人からの請願。

彼らの祖先は、朝廷に属する民であった。むかし蝦夷征伐に従軍したときこの地に定住したものであるにもかかわらず、今は賎隷とされてしまっている。俘囚の名を除き調庸の貢を納入することができるようにしてほしいと願い出て、許された。

四月九日　対馬国飢饉、賑恤する。

四月二六日　天皇は宝字八年押勝の乱の平定後、世の中の平和を祈願して三重の小塔を一〇〇万基造らせた。その小塔は高さ四寸五分、底辺の一辺が三寸五分。露盤の下に根本・慈心・相輪・六度等の陀羅尼を置いた。今願いが叶えられたので諸寺に分置することとする。この仕事に携わった人々一五七人に爵を賜う。

五月四日　初めて諸国の国師が駅馬を使用して朝廷に集まる。
六月八日　志摩国に大風吹く。被害を受けた百姓を賑恤する。
六月一〇日　天皇、由義宮に行幸した後、不予となり長患いする。そこで左大臣に勅して近衛・外衛・左右兵衛の事を代行させ、右大臣には中衛・左右衛士の事を代行させる。
六月一四日　美濃国に長雨が降る。被害を被った人々を賑恤する。
六月二三日　京師の四隅及び畿内の一〇箇所の堺に疫神を祭らせる。
六月二四日　京に飢えと疫病が流行する。
七月九日　土佐国飢饉、賑恤する。
六～七月　彗星が北斗に入る。
八月一日　参議従四位下外衛大将兼越前守藤原朝臣継縄・左京少進正六位上中臣朝臣宿奈麻呂を伊勢大神宮に遣わして幣帛及び赤毛の馬二頭を奉納する。若狭国目従七位下伊勢朝臣諸人・内舎人大初位下佐伯宿祢老が若狭彦神及び八幡神宮に鹿毛の馬それぞれ一頭を奉納する。
八月四日　称徳天皇（五三）、西宮の寝殿に崩御する。

左大臣従一位藤原朝臣永手・右大臣従二位吉備朝臣真備・参議兵部卿従三位藤原朝臣宿奈麻呂・参議民部卿従三位藤原朝臣縄麻呂・参議式部卿従三位石上朝臣宅嗣・近衛大将従三位藤原朝臣蔵下麻呂等が禁中に相談して諱（光仁）を皇太子に立てる。
八月一〇日　蝦夷宇漢迷公宇屈波宇等が一族を率いて賊地に逃げ帰る。使いを派遣して呼び帰そうとしたが彼らは還らなかった。うわさでは、彼らは一族を率いて城柵を攻撃するであろうということであったので、正四位上近衛中将兼相模守勲二等道島宿祢島足等を遣わして事の真相を確かめさせる。
八月二一日　道鏡を造下野薬師寺別当に左遷する。
　先帝の陵墓の土がいまだ乾いていないにもかかわらず、道鏡法師が密かに企んでいたはかりごとが発覚したのは、神祇の護るところである。先帝の寵愛をうけていた道鏡であるから、法により刑罰を科することは免じて、造下野薬師寺別当に左遷する、と皇太子が令旨する。即日左大弁正四位下佐伯宿祢今毛人・従四位下藤原朝臣楓麻呂に命じて道鏡を旅立たせる。
八月二二日　道鏡の弟の弓削浄人と浄人の息子広方・広田・広津を土佐国に流す。

八月二三日　叙位。道鏡の企みを告発した従四位上坂上大忌寸苅田麻呂に正四位下を授ける。
一〇月一日　光仁天皇、即位する。
一〇月一日　改元「宝亀元年」。
一〇月二八日　僧徒の山林修道を許す。
天平宝字八年の勅により、逆党の僧などが山林寺院において私に集まり読経と称して謀議したので山林修道を禁じたが、僧達から山林修道の要望が多数出されるようになったので、これを認めることにした。
一一月二七日　勅し、逆党を赦免し、配流先に留まることも帰郷することも自由であるとする。帰郷する費用のない者には、路次の諸国が食糧を供給するよう命じる。
一二月二二日　太政大臣（藤原不比等）が賜った功封を、従前の通り子孫が賜る。
＊神護景雲年間、塩山神社（鹿沼市塩山町一六七七）創建。下野国日光山に鎮座する田心姫命・瑞津島姫命・市杵島姫命を遷座し、日光山女胎大権現と尊称する。［栃木県神社誌］
＊神護景雲年間、温泉神社（日光市湯元二五二一）創建。勝道上人が温泉を発見したとき社殿を創建した。［栃木県神社誌］
＊神護景雲年間、滝尾神社（今市市春日町二丁目五三一）創建。［栃木県神社誌］
＊神護景雲年間、高龗《たかお》神社（今市市瀬川一〇五六）創建。［栃木県神社誌］
＊神護景雲年間、大前《おおさき》神社（真岡市東郷九三七）再建される。古代の口碑に神代の霊跡と伝えられている。五行川小貝川芳賀沿岸一帯の部族が政教の中心として荘厳な社殿を営んでいた。［栃木県神社誌］

七七一（宝亀二）年（勝道上人三七歳）

一月四日　天平神護元年以来、僧尼の得度の儀式には道鏡の印を用いてきたが、従前の通り治部省の印を用いることとする。
二月一三日　天皇、交野に行幸する。
二月一四日　天皇、難波宮に至る。
二月二一日　天皇、龍田の道を取って帰途につき竹原井行宮に至る。このとき節幡の竿が突然折れる。人々は執政が亡くなる兆しであるとうわさする。
三月四日　つぎの者達は、窮民二〇人以上に私財を与えて救済したので、人毎に爵二級を授ける。
遠江国磐田郡の主帳无位若湯坐部龍麻呂、蓁原郡の主帳无位赤染造長浜、城飼郡の主帳无位玉作部広公、桧前の舎人部の諸国、讃岐国三野郡の凡部臣豊球。
三月五日　天下諸国に疫神を祭らせる。
三月二九日　叙位。和気公清麻呂を元の従五位下に復す。
潤三月一日　従四位下佐伯宿祢美濃を陸奥守兼鎮守将軍に叙する。
閏三月一五日　初めて陸奥の国司戸内の雑傭を免除する。
六月一〇日　日照りのため、黒毛の馬を丹生川上の神に奉り、雨乞いをする。
六月二七日　渤海国の使者青綬大夫壱万福等三五二人の船一七隻、出羽国の賊地野代湊に到着する。彼らを常陸国に配置して食糧などを供給する。
七月二日　故従四位上守部王の息子の笠王・何鹿王・為奈王・正三位原王の息子山口王・長津王・船王の息子葦田王とその孫の他田王・津守王・豊浦王・宮子王、彼らは天平宝字八年に三長真人の姓を賜り丹後国に流された。従四位下三島王の娘河辺王・葛王は伊豆国に流された。ここにいたりもとの籍に復す。
八月二六日　初めて僧綱に次の寺院に頒布するための寺の印を鋳造するよう命じる。大安・薬師・東大・興福・新薬師・元興・法隆・弘福・四天王・崇福・法華・西隆等の各寺。
九月一六日　叙任叙位。
従四位下桑原王　　上総守
従五位下巨勢朝臣馬主　上総介
従五位下石川朝臣豊人　下総介
一〇月二七日　武蔵国、東山道より東海道に属する。
　武蔵国は山道に属していたが、海道を利用する公使がきわめて多くなった。東山道の駅路は上野国新田駅から下野国足利駅に達する道筋であるが、この道は上野邑楽郡から武蔵国まで五駅を経て到着し、再び同じ道筋を下野国に向かうのである。しかし現在東海道は相模国夷参《いさま》駅から下総国までの間は四駅であり、武蔵国に近く往復に便利である。したがって、武蔵国を東山道から東海道に編入すれば、公私あるいは人馬ともに負担が軽減されると奏上して認められる。
一一月一日　勅使を遣わして入唐使の船四艘の建造を安芸国に命じる。
一一月一一日　陸奥国桃生郡の外従五位下牡鹿連猪手に道島宿祢の姓を授ける。
一一月二九日　都の西南の方向に星が隕ちる。雷のような音がした。

一一月三〇日　散位従四位下下毛野朝臣稲麻呂没する。

一二月二二日　太宰府からの上申。

日向・大隅・薩摩・壱伎等の博士医師は一所の任地に赴任すると終身そこに勤務することになっているので、向学心を失い知識や技術が向上しない。そこで八年毎に任地を替えて彼らの向学心に刺激を与えたい、と上申し認められる。

一二月二一日　渤海の使者壱万福等入京する。

七七二（宝亀三）年（勝道上人三八歳）

二月二日　五位以上及び渤海の蕃客を朝堂に招いて饗し、三種の楽を演奏する。万福は謝辞を述べる。叙位。

氏名及び従前の階位等	新階位等	備考
大使壱万福	従三位	
副使	正四位下	
大判官	正五位上	
少判官	正五位下	
録事	従五位下	
訳語	従五位下	

渤海国王には美濃の絹三〇疋、絹三〇疋、絲二〇〇束、調綿三〇〇屯を賜い、大使壱万福等にも、位にしたがって授ける。

二月二四日　日照りのため、黒毛の馬を丹生川上の神に奉納する。

二月二八日　渤海国王あてに親書を認める。

二月二九日　渤海国の使者帰国する。

三月一五日　初めて出羽の国の国司の戸傭を免除する。

四月七日　下野国からの報告。造薬師寺別当道鏡が死亡した。

道鏡の俗姓は弓削連といい、河内国出身である。梵文に優れ禅行をもって一般に知られた。このことから内道場に入って禅師に列せられた。宝字五年、天皇の保良行幸に従い、天皇の病気を看病し、それから天皇の寵を得た。宝字八年大師恵美仲麻呂の謀反を鎮圧した功により、道鏡は太政大臣の禅師になったが、その後法王と崇められるようになり、鸞輿をもちい衣服飲食は天皇の作法に倣い、ことの細大にかかわらず政を取り仕切った。彼の弟の浄人は八年の中に従二位大納言に昇進し、一門五位以上の男女は一〇人にも及んだ。時に太宰の主神習宜阿曽麻呂が八幡の神の教と道鏡をだまし、道鏡はだまされて神器を見せようとした。天皇の葬礼には山稜を護り奉るなど先帝の寵愛を得ていたので、法に従って処罰

ご購読者カード

今回のご購入書籍名

お名前　　　　　　　　　　　　　　歳(男・女)

ご住所(〒　　-　　)

お電話番号

ご職業または学部・学年

購入書店　　　郡・区 市　　　町　　　書店

本書の刊行を何によってお知りになりましたか。

書店店頭　広　告(　　)　書　評(　　)　推　薦　寄　贈　ホームページ

購入申込書

このはがきを当社刊行図書のご注文にご利用下されば、より早く、より確実にご入手できます。

(書名)	定価	(　　)冊
(書名)	定価	(　　)冊
(書名)	定価	(　　)冊

*どちらかにしるしをつけてください。

□**当社より直送**(早く届きますが、送料がかかります。振込用紙を同封しますので、商品到着後、最寄りの郵便局からお振込みください)

□**書店を通して注文します。**(日数がかかりますが、送料はかかりません)
下記に記入してください。

ご指定書店名		取次	(この欄は当社で記入します)
	書　店		
	県都府　郡・区 市　町		

郵便はがき

料金受取人払郵便

宇都宮
中央局承認

3111

差出有効期間
2026年5月31日
まで

320-8790

（受取人）
栃木県宇都宮市本町10-3
TSビル

随想舎 行

小社へのご意見、ご感想、希望される出版企画、その他自由にお書きください。

ご記入いただいた個人情報は、当社のDM以外に使用することはありません。

することはしのび得ず、造下野薬師寺別当として流したが、彼の死後は諸人として葬った。
四月　道鏡下野国の配所で没する　墓は、栃木県南河内町の道鏡塚がそれであると伝えられる。
四月二〇日　正四位下近衛員外中将兼安芸守勲二等坂上大忌寸苅田麻呂等、彼らの家系等について申告する。
彼らの先祖は桧前忌寸《いみき》として大和国高市の郡司に勤めていた。遠祖は応神天皇の時代十七県の人夫を率いて帰化し、高市の郡の桧前の村を賜り居住していた。高市郡内には桧前忌寸及び十七県の人々が大勢居住し、他の姓の家族は一〇ないし一二家族程度であった。天平元年一一月一五日、従五位上民忌寸袁志比等が家系を申告したところ、天平三年、内蔵従八位上蔵垣忌寸家麻呂が少領に任命され、天平一一年、家麻呂は大領に進み、外従八位下蚊屋忌寸子虫が少領になった。神護元年、外正七位上文山口忌寸公麻呂が大領に任命された。しかし、郡司は子孫に伝えられるとは限らない。現在既に四代にわたって朝廷に仕えているので、郡司職を踏襲できるように取り計らわれたい。彼の言い分通り、譜代の郡司に任じられる。
四月二八日　西大寺の西塔が揺れる。占いによると近江国滋賀郡小野の社の木を伐って塔を建築した祟りであるとのことである。同郡の戸二烟を施入する。
五月二六日　西北の方角から雷のような音が聞こえる。
五月二七日　皇太子他戸王《おさべのおおきみ》を廃止して、庶人とする。
六月一四日　讃岐国に病気流行する。賑恤する。
六月一五日　仁王会を宮中・京師の大小の寺・畿内七道の諸国金光明寺において催す。
六月一六日　虹が太陽を丸く囲んで見える。
六月一九日　京師に数日にわたって石が堕ちる。
六月二三日　日照りのため畿内の群神に幣帛を奉納する。
七月一七日　陸奥国安積郡の丈部継守等一三人に安倍安積臣の姓を授ける。
七月二二日　上総国が前足の蹄が牛に似ている馬を献上する。それが本当であれば瑞祥であるのだが、良く見ると人が細工をしたことが判った。国司介従五位下巨勢朝臣馬主等五人が責任を取らされて解任され、張本人の天羽郡の宗我部虫麻呂には杖八〇の罰が加えられた。
八月六日　天皇、難波内親王の第に行幸する。この日は雨風が非常に強く樹木が根こそぎ倒れて建物を破壊する。伊勢の月読神の祟りであるので、今後毎年荒祭神に準じて馬を奉納することにする。

八月一二日　新旧の銭の値を等価と定める。
　太政官から上申。去る天平宝字四年三月一六日、初めて新銭を造り旧銭とともに通用させていたが、新銭と旧銭の交換比率は一対一〇とした。しかし、新銭の価値が下落したのちにも、百姓の間では旧銭一〇貫を借用したのに新銭一貫を返済すればそれでよいことになるため、争いが絶えなくて困っている。そこで新旧の銭を等価とすれば問題は解決すると奏上して認められる。
八月　洪水。一日から雨が降り続き加えて大風が吹き荒れ、河内国の茨田堤が六ヶ所、渋川の堤が一一ヶ所、志紀郡の五ヶ所が決壊する。
九月二一日　尾張国飢饉、賑恤する。
九月二一日　送渤海客使の武生の鳥守等は出港直後、暴風に遭遇して命からがら能登国に漂着する。そこで彼らを福良の津に住まわせる。
九月二六日　地方に検察の使者を派遣する。

氏名及び階位等	派遣先の地方名	備考
従五位下藤原朝臣鷹取	東海道	
正五位下佐伯宿祢国益	東山道	
外従五位下日置造道形	北陸道	
外従五位下内蔵忌寸全成	山陰道	
正五位下大伴宿祢潔足	山陽道	
従五位上石上朝臣家成	南海道	

　西海道は太宰府に委ねる。
一〇月一〇日　太宰府からの報告。去年五月二三日、豊後国速見郡敵見郷の山が崩壊して川をせき止めた。一〇余日後に決壊して溺れ死んだ人が四七人、埋没した家が四三戸あったと。詔があり調庸が免除されて賑給が加えられる。
一〇月一一日　下野国からの報告。
　下野国の百姓が、多く陸奥国に逃げ入る。下野国から陸奥国に移住すると直ちに官符が与えられて定住が認められる。そのため課役を逃れようとする人々が、先を争って陸奥国に逃亡している。彼らの総数は八七〇人にのぼる。国司がこれを禁じたが、逃亡する者が跡を絶たない。彼の土地は夷に近く、民情が険悪であり逃亡した者は容易に帰国しようとしない。そこで官の判断により陸奥国司と下野国司が協力し説得して、故郷に帰らしめる。
一〇月一四日　諸国の郡司少領以上の嫡子が官職に就くことが認められる。
一〇月一四日　墾田の禁を解く。天平神護元年の墾田の禁を解除する。

一〇月二二日　左大舎人従六位下石川朝臣長継等は外印を偽造して用いる。法に従って配流される。

一一月一〇日　詔。近年風雨（気候）が不順であるため、頻繁に飢饉が生じている。この厄を避けるために毎年一月の七日間、諸国の国分寺において吉祥悔過のお祈りをするよう命じる。のちに恒例となる。

一一月一一日　去る八月の大風のため産業に大きい被害が生じたため、京畿七道の田租を免じる。

一二月六日　武蔵国入間郡の矢田部黒麻呂は両親に孝行を尽くし、両親がなくなってからは一六月間斎食した。これは子の両親に対する態度の模範であるので、彼の戸傭を免除して彼の行いを讃えることとする。また、壱岐島壱岐郡の直玉主売は一五歳にして夫を失ったが、自ら再婚をしないことを誓い三〇余年の間、生前の夫と暮らしているように夫の墓を守り続けてきた。彼女のこの行いを讃えて爵二級を賜い、終身田租を免除することにする。

一二月一三日　星が雨のように地上に降り注いだ。

一二月二三日　彗星が南方の空に現れる。楊梅宮に祭壇を設け僧百人をして厄除けの祈りを捧げる。

七七三（宝亀四）年（勝道上人三九歳）

一月一日　天皇、大極殿に文武百官及び陸奥出羽の夷俘の拝賀を受ける。五位以上は内裏において宴する。

一月一三日　大宮神社（栃木県日光市長畑御宮平二六九五）創建。二荒山を勧請し新宮本宮滝尾と呼ばれていた。［栃木県神社誌］

二月二日　中務卿四品（桓武）を皇太子とする。

二月六日　下野国において火災、正倉一四棟焼失し、穀糒二万三四〇〇余斛を失う。

二月七日　志摩・尾張二国飢饉、賑恤する。

二月八日　下総国猿島郡の従八位上日下部浄人に安倍猿島臣の姓を授ける。

二月一四日　陸奥出羽の蝦夷の俘囚に位と禄を与えて故郷に帰す。

二月一七日　地震。

二月二七日　造宮卿従三位高麗朝臣福信に建築を命じていた楊梅宮が完成し、彼の息子の石麻呂に従五位下を授ける。天皇、楊梅宮にわたる。

二月二八日　叙位。

氏名及び従前の階位等	新階位等	備考

外従五位下上毛野朝臣男島　従五位下
三月五日　近江・飛騨・出羽の三国に大風が吹き荒れ人々が飢える。賑恤する。
三月一三日　日照りのため丹生川上の神に黒毛の馬を奉納して雨乞いをする。
三月一四日　穀物騰貴のため人々が飢えている。これを賑恤するとともに常平法を定める。
三月一七日　左右京の飢えた人々を賑恤する。
三月一七日　三河国に大風が吹き荒れて人々が飢える。賑恤する。
四月九日　山背国の国分の二寺に便田各二〇町を喜捨する。
四月二三日　日照りのため黒毛の馬を丹生川上の神に奉納して雨乞いをする。
五月一日　日照りのため畿内の群神に幣帛を奉納して雨乞いをする。
五月二日　丹生川上の神に神戸四戸を充てる。雨を降らせてくれたためである。
五月一五日　伊賀国に病気が流行する。医者を派遣して治療にあたらせる。
五月二七日　星が南と北に一つずつ落下した。その大きさは砺のようであった。
六月二日　霖雨。
六月二日　常陸国の鹿島の神賤一〇五人は神護景雲元年に定められた制度により、一箇所に集められ、良民との婚姻が許されなかった。しかし、今彼らは居住することも同類と婚姻することも従前のようにすることが認められる。
六月八日　上野国緑野郡に火災が発生して正倉八間、穀等三四万四〇〇〇余束を焼失する。
六月一二日　能登国からの報告。
渤海国の使者烏須弗等が船一艘に乗り到着した。使者を遣わしてその事情を聞くに、渤海と日本は互いに往来し兄弟のような間柄である。近年では日本の使者の内雄等が渤海国に住んで言葉を修得し、本国に帰国したが、一〇年を経た現在消息が不明である。そこで大使壱万福等を日本に遣わしたのであるが、四年を経た現在、本国に帰国していないので、大使烏須弗等四〇人が彼らの安否を確かめに来たのである。進物と表書は船内にあります、とのことである。
六月二四日　太政官から渤海国の使者烏須弗につぎのように伝える。

前渤海国の使者壱万福が進ずるところの書の文章は驕慢であるので、その旨を伝えて引き取らせた。能登国司の報告によれば、今回渤海国の使者烏須弗が進める文書も、前例を無視した無礼なものであるから、朝廷に進めるわけにはいかないので、返却する。文書の問題は使者の落ち度にはあたらないので、海を渡って遠いところをやってきた労をねぎらい、帰路の食糧や褒美を与えて帰すこととする。また、渤海の使者は、今回やってきた道筋を来朝するのではなく、今後は旧例により筑紫道を経て来朝するように。

七月一〇日　疫病の神を諸国に祭らせる。

八月八日　霖雨。

八月二九日　地震。

一〇月一日　地震。

一〇月四日　地震。

一〇月一三日　壱万福を送って行った我国からの使者正六位上武生連鳥守が高麗に到着する。

一一月二〇日　勅。故大僧正行基法師は智徳を兼備した高僧である。法師が修行した寺院は全部で四〇余ヶ所あるが、それらの大部分は先帝の時代に田等が施入されて、法師に対する供養が済まされている。しかし、残りの六寺院が放置されたまま荒廃している状態である。そこで大和国菩提・登美・生馬・河内国石凝・和泉国高渚の五院に寺院が存在するところの田三町を、河内国山埼の院には二町を喜捨することとする。これにより天候が順調にめぐり、稔り豊かであることを祈るものである。

一二月二五日　大赦する。

七七四（宝亀五）年（勝道上人四〇歳）

一月二〇日　蝦夷の俘囚が入朝することを止める。

一月二五日　山背国からの報告。去年一二月、管内の乙訓郡乙訓社付近には狼・鹿等が沢山出現し、野狐は一〇〇尾ほどもいた。それらが毎夜七日間も吠え鳴いていた。

二月三日　疫病予防のため、諸国に七日間の読経を命じる。

二月一三日　京師飢饉、賑恤する。

二月三〇日　尾張国飢饉、賑恤する。

三月四日　讃岐飢饉、賑恤する。

三月四日　この日新羅の国使礼府卿沙喰金三玄以下二三五人が太宰府に到着する。河内守従五位上紀朝臣広純・大外記外従五位下内蔵忌寸《いみき》全成等を派遣して来朝の理由を尋ねたところ、三玄が言うにはつぎの通りであった。

「貢調ではなく、対等の国同士の立場で国信の物を持ってきた」とのことであった。
これに対して我国の使者は、「調」を「信物」と称し、「朝」を「修好」と昔の慣習に反して無礼であるとして、帰りの航海に必要な食糧などを与えて、速やかに放還すべきであるとの結論に達した。

三月五日　叙任。

氏名及び従前の階位等	新階位等	備考
刑部卿正四位下藤原朝臣浜成	兼武蔵守	
従五位下布勢朝臣清直	武蔵介	
従五位下藤原朝臣黒麻呂	上総介	
騨正尹従四位下藤原朝臣乙縄	兼下総守	
従五位下賀茂朝臣人麻呂	上野介	
従五位下大中朝臣宿奈麻呂	下野守	
従五位上上毛野朝臣稲人	陸奥介	
従五位下百済王武鏡	出羽守	
外従五位下下毛野朝臣根麻呂	出羽介	

三月一八日　勅。簡素化に努力しているにもかかわらず、近年員外国司の数が過剰になってしまったので、任期が五年を超えている者は任を解き、五年に満たない者については五年になった時点で解任し員外国司の符の返却を求めよ。

三月二二日　能登国飢饉、賑恤する。

四月一一日　流行病の終息と国の安全を願って、摩訶般若波羅蜜を唱えるよう勅する。

四月二一日　美濃国飢饉、賑恤する。

四月二二日　日照りのため黒毛の馬を丹生川上の神に奉納して雨乞いをする。

四月二六日　近江国飢饉、賑恤する。

五月四日　河内国飢饉、賑恤する。

五月一七日　漂着者の処置について太宰府に対する勅。
今年は新羅から多くの人々がやってきたが、その理由を尋ねると帰化の意志を持ってやってきたのではなく、多くは風に流されて漂着した人々が、帰国することができないために、やむを得ず我国に住み着いている。帰国したい者で舟が壊れている場合は修理し、食糧などが尽きている者には食糧を与えて、帰国させよ。

六月五日　日照りのため丹生川上の神に黒毛の馬を奉納する。

六月一四日　志摩国飢饉、賑恤する。

六月一八日　伊予国飢饉、賑恤する。

六月二〇日　飛騨国飢饉、賑恤する。

七月四日　若狭・土佐二国飢饉、賑恤する。

七月一一日　大納言従二位文室真人大市に杖を授ける。彼は老齢になり出勤することに困難を感じるようになったが、なお、出勤したいと懇願する。そこで天皇は、「年老いて引退することは恥ずかしいことではない。出勤を続けたいならば身体の調子の良いときに出勤すれば良い」と言って彼に杖を授ける。

七月二〇日　陸奥国行方郡に火災が発生して、穀等二万五四〇〇余斛焼失する。

七月二一日　尾張国飢饉、賑恤する。

七月二三日　鎮守大将軍大伴駿河麻呂らに蝦狄を討たせる。

　河内守従五位上紀朝臣広純を兼鎮守副将軍に任命し、陸奥国按察使兼鎮守将軍正四位下大伴宿祢駿河麻呂等に勅して、野心を改めず不穏な動きをして辺境を犯し、王命を拒んでいる蝦狄を、軍を発して速やかに討伐するよう命ずる。

七月二五日　陸奥国の蝦夷が反乱し桃生城に迫ることを奏上する。

　海道の蝦夷が大勢集まり、橋を焼き、道を塞いで交通を遮断し、桃生城を攻めてその西の郭を犯し守備兵が支えきれないと見て援軍を差し向け、これを援護する。しかし、彼らは未だ相戦って殺生することを知らない。

八月二日　坂東八国に勅する。陸奥国が緊急事態であるので国の大小に従い援兵二〇〇〇人以下五〇〇人以上を派遣せよと命ずる。

八月二四日　天皇、蝦夷征伐について将軍を譴責する。

　これより先、天皇は鎮守将軍らの要請により蝦賊を征伐するよう命じたところである。しかし、今になって鎮守将軍から、賊が時々侵掠するといっても、その行いは狗盗鼠竊のすることと同じであるから、全力を上げて賊を討伐しなくても重大な問題にはならないといってきた。そこで天皇は軍を興こすにあたって軽々しく結論を出し、おまけにその考えが首尾一貫を欠いていることは問題である、と将軍を譴責する。

九月六日　諸国の溝池を修造させる。

九月二五日　畿内に使者を派遣して溜池を修造する。また三位以上の者一名を派遣して国毎に検校する。

一一月一〇日　陸奥国に勅使を派遣して漏刻を置く。

一二月四日　従五位下山辺真人笠をもとの戸籍に復する。

＊この年、諸国の堰溝を修繕させる

七七五（宝亀六）年（勝道上人四一歳）

二月一一日　讃岐国飢饉、賑恤する。

二月一三日　使者を伊勢に派遣して渡会郡の堰溝を修繕し、多気・渡会二郡の作付けに適した土地の選定をさせる。

三月二日　始めてつぎの吏員を諸国に置く。

伊勢に少目二名、三河に大少目各一名、遠江に少目二名、駿河に大少目各一名、武蔵下総に少目二名、常陸に少掾二名・少目二名、美濃に少目二名、下野に大少目各一名、陸奥越前に少目二名、越中・但馬・因幡・伯耆に大少目各一名、播磨に少目二名、美作・備中・阿波・伊予・土佐に大少目各一名、肥後に少目二名、豊前に大少目各一名。

三月二三日　陸奥国の蝦夷が夏から秋にかけて騒動し、このために水田が荒廃したので、詔して本年の課役田租を免じる。

四月七日　河内・摂津の両国に鼠が大発生して五穀及び草木を喰い荒らす。このため諸国の群神に幣を捧げて祈祷する。

四月一〇日　叙位。

氏名及び従前の階位等	新階位等	備考
川部酒麻呂	外従五位下	

酒麻呂は肥前国松浦郡の人である。勝宝四年、入唐使第四船の船頭であった。帰りの航海は順風に恵まれていたが、船尾に火災が発生し風にあおられた炎が船を覆った。人々がおそれ慌てて混乱していたとき、酒麻呂は舵を廻して船を風上に立てて、手に火傷を負いながら繰船してそこを離れなかった。その結果、火災を鎮火することができた。その功により彼は十階を授けられ、同郡の員外の主帳に任命されて位を授けられたのである。

五月四日　地震。

五月一一日　備前国飢饉、賑恤する。

五月一四日　白い虹が天に架かる。

五月二七日　京庫の綿一万屯、甲斐・相模両国の綿五〇〇〇屯を充てて襖を陸奥国に造らせる。

六月一九日　遣唐使を任命する。大使には正四位下佐伯宿祢今毛人、副使には正五位上大伴宿祢益立・従五位下藤原朝臣鷹取、判官録事各四人を任命し、安芸国に船四隻の建造を命じる。

六月二二日　畿内諸国の流行病の平癒を祈願して疫神を祭らせる。

六月二五日　日照りのため丹生川上の神に黒毛の馬を奉納して雨乞いをする。畿内諸国の国の堺の神社は雨雲をよく発生させるので、使者を派遣して幣を奉納する。
七月一日　参議太宰帥従三位勲二等藤原朝臣蔵下麻呂（四二）没する。
彼は平城朝の参議正三位式部卿太宰帥馬養の第九子である。内舎人から出雲介になり宝字七年、従五位下を授けられ、小納言に任命された。八年の乱に際しては賊が近江に走ったとき、官軍として追討した。蔵下麻呂は兵を率いて力戦し賊を撃ち破った。その功により、従三位勲二等を授けられ、近衛大将兼左京大夫、伊予・土佐等の国々の按察使を歴任し、宝亀五年、兵部卿から太宰帥になった。
七月五日　三河・信濃・丹後三国飢饉、賑恤する。
七月一一日　叙任。
氏名及び従前の階位等　　新階位等　　備考
従四位下石川朝臣名足　　太宰大弐
従五位下多治比真人豊浜　太宰少弐
七月一六日　下野国からの報告。都賀郡に黒鼠が数百ばかり発生して、数十里の範囲の草木の根を喰い荒らしている。
七月一九日　雹が降る。大きい物は碁石くらいの大きさがあった。
八月五日　和泉国飢饉、賑恤する。
八月二二日　伊勢・尾張・美濃三国からの報告。
異常な風雨のために百姓三〇〇余人、牛馬一〇〇〇余が流されて死亡した。国分寺やそのほかの寺の塔が一九基倒壊した。壊れた住宅は無数で数えることができない。使者を派遣して伊勢の斎宮を修理させ、責任者が手分けして諸国の百姓の被害を調査している。
八月三〇日　伊勢美濃などの諸国に風雨による災害があったので、大祓をする。
九月一一日　天長節を定める。勅。一〇月一三日は天皇の誕生日である。毎年この日には諸寺の僧尼を集めて読経し行を行わせることにしよう。国内の諸国においては屠殺を断ち、内外の百官には酺宴を賜い、この日を名付けて「天長節」として祝うこととする。
九月二〇日　長雨のため晴天を祈願して、丹生川上の神及び畿内の群神に白馬及び幣を奉る。
一〇月二日　前右大臣正二位勲二等吉備真備（八三）没する。
彼は右衛士少尉下道朝臣国勝の息子である。霊亀二年、二二歳にして入唐使に従って唐に留学し経史等の学問に励み、日本からの留学生の朝衡とともに、唐において彼らの名を広く知られたところである。天平七年帰朝し正六位下を授けられ、大学助に任命された。高野天皇は彼を師とし、礼記及び漢書を学び、彼に対する恩寵は極めて篤く、吉備朝臣の姓を授けた。七歳には従四位上右京大夫兼右衛士督に昇進し、一一年、式部少輔従五位下藤原朝臣広嗣と玄昉法師が対立しているとき、真備は太宰少弐になり太宰府に赴任し、そこで玄昉と真備は兵を起こして反抗して敗れ、名を知られるところとなった。彼は敗れたといえども逆魂未だ止まないために、勝宝二年、筑前守に左遷されその後突然肥前守に遷された。勝宝四年、彼は入唐副使となり、その後正四位下を授けられ、太宰大弐に任命され筑前国怡土《いと》城の設計施工に携わり、宝字七年、その功により造東大寺長官になり、同八年、仲満の謀反に際しては仲満等が動き出さざるを得ないよう計を謀るとともに、その動きに応じて兵を配備して遮り、彼の指揮は極めて知略に富んでいるために、賊は彼の計略に陥り、一〇日を経ずして平定された。この功により従三位勲二等が授けられ、参議中衛大将に任命され、神護二年に中納言、その直後大納言になり右大臣に任命され、従二位を賜った。また、大学の釈奠が備えられていなかったとき、大臣の努力により整えられ、また、大蔵省の双倉が火災にあったとき、大臣が私財を投じて再建した。宝亀元年、老齢をもって勇退を願い出たが中衛大将職の外は許されず、同二年、重ねて引退を願い出て認められた。天皇は、弔使を遣わして弔う。

一〇月六日　地震。

一〇月一三日　出羽国からの報告。

蝦夷の反乱は未だに平定されていない。今後三年間に鎮兵九八六人を動員して、敵の要害を鎮圧するとともに、国府を安全な場所に移転したい。勅して相模・武蔵・上野・下野四国の兵士を派遣する。

一〇月一三日　天長節。群臣は酒食を献上し宴し、禄を賜る。

一〇月一九日　内裏及び朝堂において僧二〇〇人に大般若経を読ませる。

一〇月二四日　風雨及び地震の害を免れるために大祓する。

一一月六日　畿内に使者を遣わして溝池を修造する。

一一月七日　太宰府からの報告。日向・薩摩両国は風雨のために桑や麻などの農作物が甚大な損害を被った。詔して寺神の戸を問わず今年の調庸を免除することとする。

一一月一五日　陸奥国に使者を派遣して詔を伝える。

夷俘等は逆心をおこして桃生城を攻撃したので、鎮守将軍大伴宿祢駿河麻呂等は天皇の命を受けて身命を顧みず、反乱軍の討治懐柔帰服に務め、その働きは熱心であり嬉しく思う。そこで駿河麻呂以下一七九〇余人にはその功勲にしたがって階位を授けることとする。正四位下大伴宿祢駿河麻呂には正四位上勲三等、従五位上紀朝臣広純には正五位下勲五等、従六位上百済朝臣俊哲には勲六等を授ける。そのほか叙勲にあずからなかった者達にも、物を賜る。

＊この年、北越の蝦夷反乱、会津の恵隆寺が焼失する。金塔山恵隆寺資料「立木千手観音」

＊この年、屋久杉に宇宙変動の跡　超新星爆発か　年輪を分析

鹿児島県・屋久島で伐採された樹齢一九〇〇年の屋久杉の年輪を分析した結果、奈良時代後期の七七五年に宇宙で何らかの変動があったことが分かったと、名古屋大太陽地球環境研究所の増田公明准教授等のグループが発表した。超新星爆発か、太陽表面で巨大な爆発が起きた可能性があるという。研究成果は三日付けの英科学誌ネイチャー電子版に掲載された。

研究グループは一九五六年に伐採された屋久杉を入手。七五〇～八二〇年に該当する年輪を切りだし、年代測定の手掛かりに使われる炭素一四を抽出した。

炭素一四の量は、超新星爆発や恒星表面の爆発（フレア）で発生する宇宙線の量によって変化する。年輪の炭素一四は、太陽の一一年ごとの活動周期に応じて増減していたが、七七五年は二〇倍多く変化していた。

この急激な増加の原因を、超新星爆発と仮定すると、地球の比較的近くで爆発が起きたことになる。太陽のフレアが原因とすると、通常の一〇〇〇倍のエネルギーを放つ巨大な爆発（スーパーフレア）が起きた計算になるという。［時事通信二〇一二年六月四日］

七七六（宝亀七）年（勝道上人四二歳）

一月一九日　叙任。各地方の検税使を任命する。

氏名及び階位等	地方名	備考
正五位下大伴宿祢潔足	東海道	
正五位下石上朝臣家成	東山道	
従五位下吉備朝臣真事	北陸道	

従五位上当麻真人永嗣　山陰道
正五位下石川朝臣真永　山陽道
従五位下多治比真人三上　南海道
従五位下多朝臣犬養　西海道
　地方毎に判官主典一名を付ける。［続日本紀各］
二月六日　陸奥国から、来る四月上旬、軍二万人を動員して山海二道の賊を討伐する計画であると報告してきた。そこで、出羽国に勅して、軍四〇〇〇人を動員して雄勝から発進してその西辺を討伐するよう命じる。
二月六日夜　盆のように大きい流星が堕ちる。
四月一二日　勅。最近、災害が多発し人畜が損なわれていることは神祇の祭祀が十分ではないからであるとして、祭祇は国の大典であるとして諸国においても熱心に祭祀を行うよう、命令する。
四月一五日　天皇、前殿において遣唐使に節刀を授け、前入唐大使の藤原河清に対して同使節とともに帰国するよう書面で促す。河清の帰国の旅費としての絹一〇〇疋、細布一〇〇端、砂金大一〇〇両を届ける。
五月二日　出羽国志波郡の賊が反逆して国と戦っているが、官軍が不利であるので下総・下野・常陸等の国から騎兵を援軍として送り討伐させることとする。
五月一二日　叙任。近江介従五位上佐伯宿祢久良麻呂を兼陸奥鎮守権副将軍に任命する。
五月二九日　災害防除のため、大秡する。
五月三〇日　僧六〇〇人をして宮中及び朝堂に大般若経を読ませる。
六月四日　太白（金星？）が昼に見える。超新星の爆発か。
六月七日　播磨国の五〇戸を招提寺に喜捨する。
六月一八日　日照りのため京師及び畿内諸国において大秡し、丹生川上の神に黒毛の馬を奉る。
七月七日　参議正四位上陸奥按察使兼鎮守将軍勲三等大伴宿祢駿河麻呂没する。従三位及び絹三〇疋・布一〇〇端を贈る。
七月一四日　陸奥国の不慮に備え置くために、安房・上総・下総・常陸四国に船五〇隻の建造を命じる。
七月一五日　叙任。検税使を任命する。
氏名及び階位官職　任命された国名　備考
従五位下石川朝臣人麻呂　大和検税使
従五位下多治比真人乙安　河内和泉検税使
従五位下息長真人道足　摂津山背検税使
七月一九日　西大寺の西塔が揺れる。

八月一日　使者を派遣して天下の群神に幣を奉る。神社を祭るにあたり、その清掃を怠り荒廃させたまま放置して置かれる神社は、位を記した書面を取り上げて替わりを与える。

八月八日　山背国乙訓郡の外従五位下羽栗翼に臣の姓を授ける。

八月一三日　大風が吹く。

八月一五日　天下諸国に蝗が大発生する。畿内には使者を派遣して巡視させ、その他の国々は国司にその役目を行わせる。

閏八月六日　これより先に遣唐使船は肥前国松浦郡の合蚕田浦に、渡航に都合の良い風待ちをしていたが、ついに秋になり逆風になってしまった。そこで博多の大津に引き返し朝廷に伺いを立てたところ、渡航を来年に延期してよい。その使者と水夫達は、そこに留まり待機するようにと勅がある。

閏八月二〇日　叙位。

氏名及び従前の階位等	新官職等	備考
右大舎人頭従四位下神王	兼下総守	
騨正尹従四位下藤原朝臣弟縄	兼美作守	

閏八月二八日　丹後国与謝郡の采女部宅刀自女が一度に三人の息子を出産したので、一家の食糧と乳母の食糧を賜う。

閏八月二八日　壱伎島に大風が吹き苗を損ずる。当年の調を免除する。

九月一三日　陸奥国の俘囚三九五人を太宰府管内の諸国に分けて移住させる。

九月　毎夜、内堅曹司や京中の家々の屋根から瓦石や塊が自然に落下する。二〇余日して止む。

一〇月八日　美濃国菅田駅と飛騨国大野郡伴有駅との間の距離は、七四里もあり険しい谷であるので困難な行程である。そこで中間に一駅を設置して下留と名付ける。

一〇月八日　地震。

一〇月一一日　陸奥国にたびたび遠征している百姓兵士達の家庭が疲弊する。そこで当年の田租を免除することとする。

一一月二日　地震。

一一月一五日　遣唐大使佐伯宿祢今毛人が太宰府から帰還し、節刀を返納する。副使大伴宿祢益立、判官海上真人三狩等はつぎの渡航の機会を待って待機する。時の人はこの判断は適切であると評価した。

一一月二六日　陸奥の軍三〇〇〇人を動員して胆沢の賊

を討伐させる。
一一月二九日　出羽国の俘囚三五八人を太宰管内及び讃岐国に配す。その内七八人は諸司及び参議以上に分け与えて賎とする。
一二月一四日　叙任。遣唐の副使の交替。

氏名及び従前の階位等	新官職等	備考
遣唐副使大伴宿祢益立		解任
左中弁兼中衛中将鋳銭長官従五位上小野朝臣石根		副使
備中守従五位下大神朝臣末足	副使	

一二月一四日　陸奥国の諸郡から武器を持って辺境を護る百姓を募集する。任期は三年を繰り返すこととする。
一二月二二日　天皇の即位の賀のため等の目的で渤海国が派遣した献可大夫司賓少令開国男史都蒙等一八七人が、我国接岸寸前で強い風のため舵が折れ帆が落ちて、乗船者の内海中に転落した者が多数あった。生存者は僅かに四六人であった。彼らを越前加賀郡に安置して衣料食糧などを与える。

七七七（宝亀八）年（勝道上人四三歳）

一月五日　左京の従七位上田辺史広本等五四人に上毛野公の姓を授ける。
一月二〇日　渤海の使者の史都蒙等に使者を派遣して問いただす。「去る宝亀四年、烏須弗が本国に帰るとき、太政官から渤海の使者が今後入朝するときは、北路をとらないで、太宰府経由で来るようにと指示したところであるが、今回再び約束を破ったのは如何なる理由からか」。渤海の使者はそれに答えて、「烏須弗が帰国するときに、そのことを承り、今回都蒙等は渤海国の南海府吐号浦を出港し対馬島竹室之津を目指したのですが、途中、大風が吹いて禁境に漂着してしまいました。約束を破った罪は避けられないと思います」。
一月二一日　従三位飯高宿祢諸高、八〇歳になる。天皇はそれを祝って絹八〇疋、糸八〇束、調布八〇端、庸布八〇段を賜う。
二月六日　遣唐使が春日山のもとに天神地祇を礼拝する。昨年、風と潮が不調のため渡航できなかったこと、使者が交替したことから、副使小野朝臣石根が祭祀を修めるものである。
二月二〇日　渤海からの使者、都蒙等三〇人を入朝させる。このとき都蒙が言うことには、「都蒙等一六〇余人は天皇に賀を述べるために海をわたって来朝をし、途中暴風に遭遇し一二〇人を失いました。しかし、激浪のなかから幸いにも万死に一生を得た四六人が助かりました。したがって都蒙等四〇余人は一心同体であり苦楽をともにしたいと望んでいますが、一六人が海岸に止め置かれているため、私達は身を割かれるような思いです。どうか彼らの入朝も許してください」と。その結果彼らの願いは認められた。

二月二一日　讃岐国飢饉、賑恤する。

二月二八日　使者を派遣して畿内に疫神を祭らせる。

三月一九日　宮中に頻繁に妖怪が出没するとのうわさがあるため、大祓する。

三月二一日　宮中において僧六〇〇人、沙弥一〇〇人に大般若経を唱えさせる。

三月　陸奥の夷俘が多数投降する。

四月五日　雹が降る。

四月九日　渤海使史都蒙等入京する。

四月一〇日　太政官が使者を派遣して史都蒙等を慰問する。

四月一三日　氷が烈しく降る。

四月一七日　遣唐大使の佐伯宿祢今毛人等、面会を辞退する。大使今毛人は羅城門に到着していたが、病気と称してそこに留まった。

四月二二日　渤海使史都蒙等、方物を献上して口上を申し述べる。「渤海国王遠世以来絶えていた前の使者壱万福が帰国して報告したところによると、大和国は新天皇が治めることになったとのことであり、まことにめでたいことです。ここに貢ぎ物と国書を携えた献可大夫司賓少令開国男史都蒙を入朝させるものです」。

四月二二日　遣唐大使佐伯今毛人は病気にかかり日にちを経ても回復せず。副使石根に先に行って大使の職務を代行するよう勅する。

四月二七日　天皇が臨席して叙位する。

氏名及び階位等	新官職等	備考
渤海大使献可大夫司賓少令開国男史都蒙	正三位	
大判官高禄思	正五位上	
少判官高鬱琳	正五位上	
大録事史遒仙	正五位下	
少録事高珪宣	従五位下	

国王には禄を賜い、国王宛の書面に記入する。

五月七日　天皇、重閣門に出御し渤海の使者達と射騎を見る。五位以上には飾り馬及び走馬で出場させ、舞台には田舞を演じさせる。蕃客は本国の舞を演じ大いに賑わう。そこで天皇は大使都蒙以下に褒美として綵帛を賜う。
五月一〇日　来朝の際遭難死した渤海使を叙位する。
氏名及び階位等　　新官職等　　備考
淑源　　正五位上
少録事　　従五位下
規則に従って香典を与える。
五月一三日　長雨のため丹生川上の神に白馬を奉る。
五月一九日　宝字八年の乱以後、太政官の印は使用後必ず内裏に保管していたが、この日以後太政官において保管することとする。
五月二三日　渤海使史都蒙等帰国する。大学少允正六位上高麗朝臣殿継が送使となり、天皇が渤海王に宛てた書を賜う。
五月二五日　出羽国の鎮軍に相模・下総・下野・越後の国から甲二〇〇領を送らせる。
五月二七日　叙任。
氏名及び従前の階位等　　新官職等　　備考
陸奥守正五位下紀朝臣広純　　兼按察使
五月二八日　典侍従三位飯高宿祢諸高（八〇）没する。
　彼は伊勢国飯高郡の出身。彼の性格は謹厳貞潔であったところから奈保山に葬られた。元正天皇の時代内教坊に勤めその後本郡の采女に任ぜられた。飯高氏が采女を献上するのはここに始まったのである。彼は歴代四代の天皇に仕え、落ち度がなかった。
六月一日　遣唐副使従五位上小野朝臣石根・従五位下大神朝臣末足等に勅する。
　大使今毛人は病が重く職責を行うことが困難であるので、この書状の指示するように処理せよ。大使の職務は皆で分担して処理するように。石根は紫の衣を着用して大使とは名乗らず副使と称するように。そのほかの事柄は前の勅で指示したように取り計らえ。
六月五日　叙位。武蔵国入間郡の大伴部直赤男は神護景雲三年に、西大寺に商布一五〇〇段、稲七万四〇〇〇束、墾田四〇町、林六〇町を献じ、ここに亡くなった。そこで彼には外従五位下を追贈する。
六月一八日　楊梅宮の南池に生える蓮の一本の茎に二個の花が咲く。
六月二三日　隠岐国飢饉、賑恤する。
七月五日　伯耆国飢饉、賑恤する。
七月一四日　但馬国の国分寺の塔が揺れる。
七月一四日　駿河国大雨、河川氾濫する。

七月一六日　内大臣従二位藤原朝臣良継発病する。彼の回復を願って神社を叙位する。

氏名階位等	新官職等	備考
彼の氏神鹿島社	正三位	
同じく香取神	正四位上	

八月八日　長雨のため天候の回復を願って、丹生川上の神に白馬を奉る。

八月一五日　上野国群馬郡の五〇戸・美作国勝田郡五〇戸を妙見寺に喜捨する。

九月一五日　陸奥国からの請願。

今年四月、陸奥国は全軍を動員して山海両賊の討伐を実施した。このため国の百姓は農作業に従事できなかったために、収穫が減少して困っている。そこで当年の調庸及び田租を免除してもらいたい、と願い出て許される。

九月一八日　内大臣従二位勲四等藤原朝臣良継（六二）没する。

彼は平城朝の参議正三位式部卿太宰帥馬養の第二子である。兄広嗣の謀反に連座して罰せられ、伊豆に流された。同一四年、罪を免ぜられて少判事に任命され、同一八年従五位を授けられた。太師押勝が楊梅宮の南に彼の館を建築し、東西に楼を構えて、押勝に館から内裏を覗き込める状態であった。押勝の館の南門は櫓と称され、その構えは楊梅宮と競いあうようであった。人々はこのような押勝の態度を見て、眉をそばめたのである。押勝の三人の息子達はみな参議に列せられ、良継は彼らの下で働いており、押勝一族のこれらの振る舞いを快く思っていなかった。そこで従四位下佐伯宿祢今毛人・従五位上石上朝臣宅嗣・大伴宿祢家持等とともに、太師を殺害することを相談していた。しかし右大舎人弓削宿祢男広がこの計略を察知して太師に告げたため、太師は彼らを捕らえ尋問した。良継は「私一人の企みで、他の全ての人は関係ない」と言い張った。そのため、彼は姓を剥奪され、位を失うこととなったのである。二歳、仲満が謀反を起こして近江に走ったとき、彼は兵数百を率いて追撃してこれを討ち、従四位下勲四等を授けられ、ついで参議に任ぜられて従三位を授けられた。宝亀二年、中納言から内臣を拝し職封一〇〇〇戸を賜り、政に関与するようになり、彼の誠意が認められて宮中への出入りは自由であった。八年には内大臣に進んだ。死亡したとき彼は六二歳。従一位を贈られ、中納言従三位物部朝臣宅嗣と従四位下壱師濃王が弔問の勅使として派遣された。

一一月一日　天皇、発病する。

一二月一四日　陸奥国鎮守将軍紀朝臣広純からの報告。「志波村の賊と出羽国の軍が戦い、出羽国の軍が敗れたので近江介従五位上佐伯宿祢久良麻呂を鎮守権副将軍に任命し出羽国の賊を平定した」。そこで朝廷は、功労者を叙位する。

氏名及び従前の階位等	新官職等	備考
正五位下勲五等紀朝臣広純	従四位下勲四等	
従五位上勲七等佐伯宿祢久良麻呂	正五位下勲五等	
外正六位上吉弥候伊西古	外従五位下勲六等	
外正六位上伊治公呰麻呂	外従五位下勲六等	
百済王俊哲	勲五等	

一二月二〇日　叙任。

氏名及び従前の階位等	新官職等	備考
中衛中将正四位下坂上大忌寸苅田麻呂	兼丹波守	

一二月二五日　皇太子病気、使者を派遣して畿内の諸社に幣を奉る。

一二月二六日　出羽国の蝦夷が反逆する。官軍が苦戦を強いられ武器を奪われる。

＊この冬、雨が降らないため井戸水が全部涸れる。出水宇治等の流れも涸れる。

七七八（宝亀九）年（勝道上人四四歳）

一月一日　皇太子の気分が優れないため朝を取りやめる。

三月三日　土佐国からの報告。昨年七月、烈しい雨風のため四郡の百姓、産業に大きい被害が生じた。人畜が流されて命を失い、住宅などの建物が損壊した。これに対して詔して賑恤する。

三月二〇日　皇太子の病が癒えないため、東大寺・西大寺・法隆寺の三寺に経を読ませる。

三月二三日　勅して淡路親王の墓を山陵と呼ばせ、当麻氏の墓を御墓と呼ばせ、付近の百姓一戸を充てて墓守とする。

三月二四日　大赦の勅する。皇太子が病を患ってから数ヶ月を経過し、医療を尽くしたが回復しない。彼を病から救うには徳政を施す必要があるとのことで、大赦する。

三月二四日　皇太子の病気の回復を祈って三〇人を出家させる。

三月二七日　大秡。使者を派遣して、皇太子の病気の回復を祈って伊勢大神宮及び天下の諸社に幣を奉り大秡する。

三月二七日　畿内の諸界において疫神を祭らせる。
四月三〇日　これより先、宝亀七年、高麗からの使者三〇人が溺死体となって越前国江沼加賀二郡に漂着した。越前国に命じて彼らを篤く埋葬する。
五月二一日　寅の時、地震。
五月二五日　地震。
五月二七日　三品坂合部内親王没する。従四位下壱志濃王を遣わして喪を執り行わせ、その費用は官から支給する。天皇はこのために三日間、朝を取りやめる。内親王は光仁天皇の異母姉である。
六月二五日　陸奥出羽の国司以下、征戦に功労のあった二二六七人に爵を賜う。

氏名及び従前の階位等	新官職等	備考
按察使正五位下勲五等紀朝臣広純	従四位下勲四等	
鎮守権副将軍従五位上勲七等佐伯宿祢久良麻呂	正五位下勲五等	
外正六位上吉弥候伊佐西古	外従五位下	
第二等伊治公呰麻呂	外従五位下	
勲六等百済王俊哲	勲五等	

爵に予からない者は物を賜り、戦死者の子は例によって叙せられた。

六月二六日　特別に詔して、参議正四位上左大弁藤原朝臣是公と肥後守従五位下藤原朝臣是人を派遣し、今年の雨風が調和して、秋の収穫が豊稔であるよう、広瀬・龍田の二神に幣帛を奉る。
九月二一日　送高麗の使者正六位上高麗朝臣殿嗣等が越前国坂井郡三国湊に到着する。勅して高麗国に派遣した使者と高麗からの使者を丁重に到着したところにとどめ置き、殿嗣だけが急ぎ入京するよう命じる。
一〇月二三日　遣唐使の第三船が肥前国松浦郡橘浦に帰港する。
判官勅旨大丞正六位上兼下総権介小野朝臣滋野から報告。滋野等は、さる宝亀八年六月二四日、風を得て出帆した。同七月三日、第一船とともに揚州の海陵県に到着。八月二九日、揚州大都督府に到着、きまりによりそこにとどめられて食糧などが支給された。彼の国の観察使兼長史陳少遊の話では、禄山の乱のため宮殿が傷み破れているので、入京する使者の数を六〇人に制限されるかも知れないとのことであった。滋野等八五人は一〇月一五日に入京する予定で揚州を出発する。一〇〇余里歩いて中書門の入り口で使者の数を二〇人に制限するとのことであったが、滋野等が請願して二三人を加えて副使小野朝臣石根・副使大神朝臣末足・准判官羽栗臣翼・録事上毛野公大川・韓国連源等四三人が認められた。正月一三日、長安城に到着、外宅に安置供給され、接待役の使者が絶えず訪れもてなしてくれた。同一五日、宣政殿に挨拶に行ったが、天子の姿は見えず、国信及び貢物等の物を差し出したところ、天子は非常に喜んで彼の群臣達に披露したとのことであった。三月二二日、延英殿において、天子に拝謁し願い事をし、内裏において宴が催された。四月一九日、監使揚光耀が天子からの伝言を口頭で述べて言うには、「中使趙宝英等を遣わして答礼の物を授け日本に帰国させよう。帰国する使者達が乗る船は、揚州に命じて建造させているので、心配しないように」とのことであった。四月二四日、天子にお礼を申し述べて辞する。「日本への行程は遥か遠く、風まかせであるため、万一、波涛に難破すれば天子の御心を本国に伝えることができなくなります」と述べたところ天子は、「本国への贈り物を宝英等に持たせて送らせよう。道義のあるところには労をもって報いなければなるまい」と酒を賜いて別れを惜しんだ。六月二四日、揚州に到着する。慈野等は乗船地に向けて出発する。第一・第二の船は揚子塘頭に、第四船は楚州塩城県において建造中であった。九月九日、西南の風を得て出港し三日目に逆風のため砂浜に座礁し、船が破損したが、力を合わせて修理した。一〇月一六日、潮を待って船が離礁するのを待って再び出発し、一〇月二六日、肥前国松浦郡橘浦に到着した。唐から慈野に伴ってきた使者に対しては彼の国の例により丁重にもてなすように。唐の天子は広平王、名を迪といい五三歳である。年号の大暦一三年は我国の宝亀九年に該当する。

一〇月二五日　皇太子、病の回復を祈願するために伊勢に向かう。

一〇月二八日　太宰府に対して勅。

遣唐使判官慈野等の船が到着したとの報告を受けた。その船に同乗してきた唐国の使者を太宰府において十分ねぎらい、判官慈野は速やかに入京して報告するように。

一一月一〇日　遣唐使第四船が薩摩国曽島郡に到着する。報告によれば判官海上真人三狩等は甑羅島に漂着したが、島人に強制的にとどめ置かれてしまった。しかし、録事韓国連源等は島人を巧みに騙して一行の内四十余人とともに脱出して帰還した、とのことである。

一一月一三日　遣唐使船第二船が薩摩国出水郡に到着する。また、第一船は航海中に舳《へさき》と艫《とも》に分断し、主神津守宿祢国麻呂と唐の判官等五六人は分断した船の艫に乗って曽島郡に漂着し、判官大伴宿祢継人・前遣唐使藤原朝臣河清の娘の喜娘等四一人は舳にのって肥後国天草郡に漂着する。

継人等は去年六月二四日、四隻の船で出港し、七月三日揚州海陵県に入港し、八月二九日、揚州大都督府に到着した。節度使陳少遊の案内で六五人が入京することとなった。一〇月一六日上都に赴くためにそこを出発し、高武県に到着し、中書門の下で指示を待っていたところ、車馬の数が少ないために、使者の人数を二〇人と制限され、正月一三日、長安に到着した。唐の朝廷は我々に趙宝英を使者に遣わし、馬と外宅を提供した。三月二四日、唐の皇帝に拝謁し、四月二二日、皇帝に帰国するために別れの挨拶をし、内使揚光耀に送られて留学生とともに京を出発した。また、内使趙宝英・判官四人に唐の宝貨を持参させ一緒に帰国することとなった。六月二五日、惟楊に到着し、九月三日、揚子江の河口から蘇州の常耽県に至った。帰国の船の第三船は海陵県にあり、第四船は楚州塩城県にあったが、それらの出港した日時はわからない。第一船と第二船は追い風を受けて同時に出港した。八日には風が強くなり海が荒れて両舷の柵が壊れ船中に海水が満ち溢れ、甲板の覆い板は流され、人や物が流失した。副使小野朝臣石根等三八人、唐使趙宝英等二五人がこのとき海中に没したが救助することができなかった。一一日には帆柱が船底に倒れ、船が二つに分断され、舳と艫にわかれて別々に漂流を始めた。我々四〇余人は舳につかまって、飲まず喰わずで六日間を過ごし、一三日に肥後国天草郡西仲島に漂着した。

一一月一八日　唐国の使者を送り返すための船二艘の建造を、安芸国に命じる。

一一月一九日　左少弁従五位上藤原朝臣鷹取・勅旨員外少輔従五位下健部朝臣人上に唐の使者の接待を命じる。

一二月一二日　神護年間に大隅国の海の神が島を造った。その神の名を大穴持神という。その神を祭る神社を官社とすることとする。

一二月一五日　唐国の客が入朝するときの衛兵とするために、左右京の六位以下の子弟で騎兵として仕える者八〇〇人を募集する。

一二月一七日　従五位下布勢朝臣清直を送唐客使に、正六位上甘南備真人清野・従六位下多治比真人浜成を判官として、正六位上大網公広道を送高麗客使に任命する。

一二月一七日　唐使趙宝英に絹八〇匹、綿二〇〇屯を贈呈する。
一二月一八日　玄蕃頭従五位上袁晋卿に清村宿祢の姓を授ける。晋卿は唐人である。天平七年に我国からの遣唐使に従って来朝した。そのとき彼は一八～一九歳であった。文選爾雅の音を学んで大学の音博士に任命され、のちに大学頭・安房守をを歴任した。
一二月二六日　唐客の拝朝の儀衛に参加させるため、陸奥出羽に命じて蝦夷二〇人を召し出させる。

七七九（宝亀一〇）年（勝道上人四五歳）

一月一日　天皇、大極殿において朝を受ける。渤海国の使者献可大夫司賓少令張仙寿等の朝賀を受ける。
一月五日　渤海国からの使者張仙寿等が方物を献上し、渤海国王の言葉を伝達する。「貴朝の使者である高麗朝臣殿嗣等が進路を見失い遠夷の境に漂着しました。船は大破して帰国できない状態でしたので、船二隻を新たに建造し、仙寿等を殿嗣に従わせて、献上する品物の荷を積み込んで、入朝させることにしました」。
一月七日　五位以上及び渤海使仙寿等を朝堂に招いて宴し、禄を賜う。渤海国の使者に詔して、「渤海王の使者仙寿達が来朝したことをうれしく思います。そこであなた達に位階を授け、禄物を与えることとします」。
一月一六日　五位以上及び渤海使者を朝堂に招いて宴し、禄を賜う。
一月一八日　宮中において射的する。渤海の使者も参加する。
二月二日　渤海の使者が帰国するにあたって、その国王に宛てた璽書を授け、信物を託す。
二月四日　叙位。

氏名及び従前の階位等	新官職等	備考
故入唐大使従三位藤原朝臣清河	従二位	
副使従五位上小野朝臣石根	従四位下	

清河は贈太政大臣房前の第四子である。勝宝五年、大使となって入唐する。航海中暴風に遭遇して唐国南辺驩州に漂着し、土人に捕らわれていたが、清河はそこを逃れて唐国に到着し、住んでいたが帰国することができなかった。その後一〇余年を経て彼は唐国に没した。

石根は太宰大弐従四位下老の子である。宝亀八年、副使として入唐した。その帰途、航海中に船が二つに折れ、石根と唐送使趙宝英等六三人が海に沈んだ。彼らの功を称えて位を贈るものである。

二月一三日　叙任。遣唐の判官海上・三狩等を迎えるために、太宰少監正六位上下道朝臣長人を遣新羅大使に任命する。
三月一〇日　遣唐副使従五位下大神朝臣末足、唐国から帰国する。
四月一九日夜　暴風雨。樹木が折れ、建物が破損する。
四月二一日　領唐客使から遣唐使の相手国への入国の行列の作法及び外国からの使者を迎えるときの作法について提言がある。
四月二一日　叙位。

氏名及び従前の階位等	新官職等	備考
遣唐副使従五位下大神朝臣末足	正五位下	
判官正六位上小野朝臣滋野	従五位下	
従六位上大伴宿祢継人	従五位下	
録事正六位上上毛野公大川	外従五位下	

四月三〇日　唐の使者が入京する。将軍が騎兵二〇〇騎・蝦夷二〇人を率いて京城門外の三橋に出迎える。
五月三日　唐の使者孫興進等が朝見し、唐の国書を差し出し、信物を献上する。
五月一七日　唐の使者を朝堂においてもてなす。勅して唐客の旅の慰めに宴饗を設け、彼らに階位を授け、あわせて禄を与えるよう命じる。
五月二〇日　右大臣が彼の第において唐客のために饗する。勅があって綿三〇〇〇屯を賜る。
五月二五日　唐使孫興進が天皇に帰国の挨拶をする。我国は彼らの帰国にあたって船二隻を建造して、我国から唐の天子に宛てた信物を積む。
五月二六日　前の留学生の阿倍朝臣仲麻呂が唐に客死する。彼の留守家族が貧しく、葬儀の費用にも事欠いているので、天皇は東絹一〇〇疋・白綿三〇〇屯を与えるよう命じる。
五月二七日　唐使孫興進等、国に帰る。
閏五月二七日　国博士及び医師を旧によって国毎に置く。国の大小にかかわらず、国毎に史生三人・博士医師各一人を置くこととする。
七月九日　参議中衛大将兼式部卿従三位藤原朝臣百川（四八）没する。大和守従四位下石川朝臣豊人・治部少輔従五位下阿倍朝臣謂奈麻呂等を派遣して故人の第において詔を伝え、従二位を贈る。葬儀に要する費用は官が支給し、左右京のそれを充てて葬儀を執り行わせる。
　百川は平城朝の参議正三位式部卿兼太宰帥宇合の第八子である。彼は若いときから仕事ができて、要職を歴任し宝亀九年、従三位中衛大将兼式部卿になった。天皇は、彼の的確に処理した職務をみていて、篤く彼を信任しており、重要な内外の政務に関して彼が携わらない案件はなく、彼を東宮に住まわせていた。しかし、百川は病にかかり月日をかさね、百川の病は重くなるばかりであった。医薬祈祷等を尽くし回復を試みたが、ついにこの日、病没した。生前の彼の功績に対して右大臣の称号が贈られた。

七月一〇日　新羅に派遣した下道朝臣長人等が、遣唐の判官海上真人三狩等を率いて帰国したと、太宰府からの報告がある。

七月二三日　駿河国飢饉、賑恤する。

八月二日　因幡国から六月二九日の暴雨の惨状被害について報告がある。同国では山が崩れ川があふれて、人畜が流され百姓三〇〇〇余人が飢えています。使者を派遣して、飢饉に瀕する百姓を賑恤する。

八月一五日　宝亀三年八月一二日の太政官布告の結果、旧銭の価値を新銭の一〇分の一にしたところ、百姓達は旧銭をいたずらに蓄えて、用いる者がいなくなってしまった。そこで新旧の銭の値を同価として平行して流通させることとする。

八月一九日　大赦し、困窮者の今年の田租を免除する。

九月一七日　勅。僧尼の生活が乱れている。それらは死者を冒涜したり心に奸偽を含んでいたり、社会規範を犯し乱している。特に頭のよい輩に顕著である。もしこのような状態を真剣に改革しないならば、僧侶達自身の恥になるであろう。公験（僧侶の公認証明書）を与えるときに、十分審査するように。

九月二七日　渤海使に禄を与え、出国の延期願いを認める。

陸奥・出羽国に命じて、渤海の使者鉄利等に常陸国の調絹・相模国の庸綿・陸奥国の税布を禄として与えるよう命じる。また、出羽国に滞在している彼ら三五九人から、これから厳寒期に入り海が荒れるため海路帰国することが困難であるから、来春まで滞在の延期を認めてほしいとの要請があり、これを認める。

九月二八日　銭財出挙の利息一〇割以上を禁じる。

近ごろの百姓達は競って利潤を追求している。少ない元手で多くの利益を得ようとして大幅な利息を取り立てているため、窮民はその返済に追われ、なお一層生活が苦しくなり、倒産する者も出ている状態である。今後は一〇割以上の利息を取ることを禁じる。もしこの定めに違反した者があればその財産を没収し、告発した者にそれを与えることとしよう。

一〇月九日　太宰府に対して入朝する外国の使者の取扱いについて勅する。

新羅の使者金蘭孫等が、遠く海を渡って調を貢ぎ年賀の挨拶をするために、我国を訪れたところであるが、外国からの使者達の取扱いについては、例外なくつぎのように処理するように。たとえ通状を持参していても、来朝の用件をよく確かめ、国書に遺漏がないかどうか確認するようにすること。その審査に問題がなければ渤海国の使者の例に倣い取り扱うようにする。国書は写しを進上し、正本は当該使者に返却して持参させるように。彼らに関する全ての情報は駅伝により奏上せよ。

一〇月一三日　天長節にあたり群臣と宴をして禄を賜う。

一〇月一六日　高毅法師に封三〇戸を施入する。彼は宿徳（人格）が優れてあるとのことである。

一〇月一七日　太宰府に、唐客高鶴林等五人と新羅の貢朝使を一緒に入京させるよう命じる。

一一月三日　勅旨少輔正五位下内蔵忌寸全成を太宰府に派遣して、新羅国使金蘭孫に来朝の用件を確かめさせる。

一一月九日　渤海国からの使者押領高洋粥等が持参した国書が無礼であるので入朝を認めることはできないと、渤海の使者を検校した使いの者を通じて勅する。

一一月一〇日　渤海の使者を検校した使いの者からの報告。

「鉄利の官人達は争って説昌の座の上に位置しようとしている。いつも我々は彼らに凌侮されているように思えてならない」。これに対して太政官は、渤海通事従五位下高説昌は数度にわたって海路を入朝している。彼の言葉及び考えは忠勤そのものであり篤く信頼している。したがって、彼を鉄利の次の位に置いて用いているのは、彼の働きを評価してのことであって、彼を優寵しているということではない。列位を乱すことのないようにすべきであると、伝える。

一一月一五日　駿河国からの報告。

去る七月一四日大雨が降り河川が大氾濫し、二郡の堤防が決壊し、百姓の住宅を破壊し、多くの水田が土砂に埋没した。そこで六万三二〇〇余人を使役し、食糧を供給し災害復旧工事を実施した。

一一月一九日　太政官から、宝亀六年八月一九日の通達にもかかわらず、在京の官人の禄は薄く飢寒の苦を免れない状態であるのに、国司には利に厚く衣食が豊かである。そのため諸国の公廨を割いて在京者の俸禄に加えるようにというのが同通達の主旨であったが、年月を経てもこの制度は実行されていない。その訳は手数ばかりかかる割に実益が伴わないので、従前の例にもどしてほしいと、申請があって認められる。

一一月二九日　国司らの規定以上の官稲出挙を禁じる。

七八〇（宝亀一一）年（勝道上人四六歳）

一月一日　雨のため朝賀をとりやめる。五位以上を内裏に招いて宴をする。

一月二日　天皇、大極殿において朝を受ける。唐の使者判官高鶴林・新羅の使者金蘭孫等、拝賀する。

一月五日　新羅の使者が方物を献上して新羅国王の言葉を伝える。「新羅は開国以来天皇の恩恵を受けており、そのために舟楫を乾かさないよう、調を貢納してまいりましたが、近年国内に奸冦があって入朝することができませんでした。ここにいたり謹んで金蘭孫・金巌を遣わして調を貢ぎ、年賀を申し上げます」。また、彼は遣唐判官海上三狩等を訪れて挨拶をし、いつものように語学生を預ける。参議左大弁正四位下大伴宿祢伯麻呂が勅を伝えて「新羅国は昔から舟楫を連ねて我国に供奉してきた国である。しかし、泰廉等が帰国してからは貢ぎが絶え、礼を欠く状態であった。そのために先に訪れた使者には接遇を加えることなく帰ってもらった訳である。しかし、私の時代になり使節が遣わされて改めて貢ぎ物が贈られ併せて年賀が述べられた。また、海上三狩を捜し求めているこの勤労を私は嬉しく思う。今後もこのような供奉が行われるならば、厚く恩遇を加えて国交を続けたいと思う。このことを貴方の国王によろしくお伝えください」。

一月五日　唐及び新羅の使節を朝堂に招き宴する。

一月六日　叙位。

氏名及び従前の階位等	新官職等	備考
新羅使金蘭孫	正五品上	
副使金巌	正五品下	
大判官韓奈麻薩仲業	従五品下	
少判官奈麻金貞楽	従五品下	
大通事韓奈麻金蘇忠	従五品下	

一月七日　五位以上及び唐・新羅の使節を朝堂に招待し宴し、禄を賜う。

一月一四日　大雷があり、京中の数寺に火災が発生し、新薬師寺の西塔・葛城寺の塔と金堂などが焼失する。

一月一六日　唐及び新羅の使節に弓矢の競技と踏歌を披

露する。

一月一九日　大赦し、天下の百姓の今年の田租を免除し、宝亀一〇年以前凶作のために未納となっている正税も免除する。神寺の稲についても同じ扱いとする。

＊奈良時代のカレンダー発見

九州歴史資料館（福岡県太宰府市）は一日、同市にある奈良時代創建の観世音寺の発掘調査で出土した紙が、奈良時代後期の七八〇（宝亀一一）年一月の暦だったと発表した。九州地方で見つかった暦では最古という。

暦は、中国・唐から伝わった大衍暦《だいえんれき》で、日本では七六四年から八五八年まで使われたカレンダー。入浴、爪切り、引っ越しなどその日にやってよいこと、運勢がよい方角など、現在の易学や風水につながる吉凶が記されていた。[日本経済新聞二〇〇七（平成一九）年八月二日]

二月一日　神祇官が言うことには、祟りがあるということで先に遷した伊勢大神宮寺の位置が神郡に近いためにその祟りが止まらないので、飯野郡を除く土地に遷す必要があると進言して認められる。

二月二日　陸奥国からの上申。

船で蝦夷の残党を討伐しようと計画していたが、今年は寒さのために河川が凍結し船の通航が不能となった。そのため絶えず賊が来襲して困っている。賊の通り道を塞ぐために軍士三〇〇〇人を動員し、三月か四月頃、雪が消え雨が降って河の水が豊かになったとき、賊地に侵攻して、そこに覚鱉城《かくごうじょう》を築造したい。勅して、海道は遠いために賊は攻めてくることはないだろう。山賊は近いところの隙を伺って攻めてきている。対策を講じなければ、彼らはさらに勢いを増すであろう。覚鱉城を築いて胆沢の地の守りとすれば、士気は高まることになるであろう。

二月一一日　陸奥国から上申。去る一月二六日、賊が長岡に侵入して百姓の家を焼き払ったので、官軍が追討して双方に死者が出た。もし早急に彼らを攻伐しなければ、彼らは再び侵入を繰り返すであろう。したがって、三月中旬には兵を発して賊を討伐し、覚鱉城を築いて兵を置き守りを固めたい。勅して、彼らは恩義を顧みず辺境を侵犯している。兵は凶器であるがこのような事態においては止むを得ない。兵三〇〇〇人を発して残敵を掃討せよ。作戦は現地の状況に応じて臨機に対応せよと、命じる。

二月一五日　新羅の使節が帰国するにあたり、璽書を与える。

二月二九日　去る天平宝字元年殺人の罪で陸奥国に流されていた伊刀王の罪を免除して、帰京することを許す。
三月三日　出雲国の海浜に金銅製の像一体と白銅製の香炉一口及び様々な器物が漂着した。
三月一五日　豊かな百姓の弓馬に堪えるものを兵士とし、他は農に就かせる。
三月二〇日　駿河国飢饉、賑恤する。
三月二二日　陸奥国上治郡大領外従五位下伊治公呰麻呂が反乱し、按察使参議従四位下紀朝臣広純を伊治城に殺す。

広純は大納言兼中務卿正三位麻呂の孫で、左衛士督従四位下宇美の子である。宝亀中に陸奥守に任命されてのち按察使に転じた。伊治の呰麻呂は夷俘の混血である。彼は大和を恨んでいたが偽って媚びて朝廷に仕えていた。そのため広純は彼を甚だ信用し彼が混血であることを問題にしなかった。しかし、牡鹿郡の大領道島大楯はことある毎に呰麻呂を侮辱し夷俘としてしか接することをしなかった。時に広純は覚鱉柵を築くために大楯と呰麻呂を従え、俘軍を率いて覚鱉柵に入った。呰麻呂は俘軍に内応しまず大楯を殺害し、つぎに按察使広純を取り囲みこれも殺害した。陸奥介大伴宿祢真綱だけは囲みの一角を開き、多賀城に脱出したのであるが、城下の百姓達は狼狽して競って城中に逃げ込み城中は大混乱を来した。このため介真綱と掾石川浄足は、密かに後門より逃れ出てしまったために、城中には指導者がいなくなり百姓達は頼る人がいないため、皆一斉にちりぢりに逃れ去ってしまい、数日後、賊徒達は城中の物を奪い去り、放火して焼いてしまった。

三月二八日　叙任。

氏名及び従前の階位等	新官職等	備考
中納言従三位藤原朝臣継縄	征東大使	
正五位上大伴宿祢益立	同副使	
従五位上紀朝臣古佐美	同副使	
判官主典各四人		

三月二九日　叙任。

氏名及び従前の階位等	新官職等	備考
従五位下大伴宿祢真綱	陸奥鎮守副将軍	
従五位上安倍朝臣家麻呂	出羽鎮狄将軍	
征東副使正五位上大伴宿祢益立	兼陸奥守	

四月四日　叙位。

氏名及び従前の階位等	新官職等	備考
征東副使大伴宿祢益立	従四位下	

四月七日　勅して、右大臣正二位大中臣朝臣清麻呂に備前国邑久郡の荒廃田一〇〇余町を賜う。

四月一八日　左京の椋小屋女が三つ子を出産したので、乳母一人と稲を賜う。

五月八日　京庫及び諸国の甲六〇〇領を鎮狄将軍のもとに送る。

五月一一日　出羽国に勅する。

　渡島の蝦狄は早いうちから心を開いて来朝して貢ぎ物をしていたのであるが、今は俘に帰属して反乱し、辺境の民を侵犯している。将軍・国司達は天皇から饗を賜ったときの心をくみ取り、宜しく彼らを説得せよ。

五月一二日　伊豆国飢饉、賑恤する。

五月一四日　緊急事態に備えて、坂東諸国及び能登・越中・越後に糒《ほしいい》三万斛を製造して備蓄するよう命じる。

五月一六日　勅。叛徒が辺境の平穏な生活を脅かし、警戒を怠ることができない状態である。そのため征東使及び鎮狄将軍を二道に分けて派遣して賊徒を征伐することとするので、期日を定めて軍勢を集め、文武の謀り事をめぐらし、力を尽くして叛徒を誅伐せよ。軍勢を至急集めて前線に赴け。戦場で忠勇な働きをした者は、その名前を記録して報告せよ。賊を平定した後に抜擢することとする。

五月二九日　伊勢大神宮の封一〇二三戸及び大安寺の封一〇〇戸を従前の通りに戻す。

六月二八日　陸奥持節副将軍大伴宿祢益麻呂等に勅する。将軍等が去る五月八日書面で報告してきたことによれば、兵糧を蓄え、賊の動静を伺い、今月下旬に国府に入り、チャンスを見つけて賊に天誅を行う予定であるとのことであったので、蝦夷の捕虜がいつ送り届けられるか、佇んで待っているのに、既に二ヶ月を経過した。賊を討伐することは国家の安全上重要なことであるにもかかわらず、数十日を経過しても、その後の動静についての報告がない。現地の状況を詳細にいたるまで報告するように。書面に著しきれないのであれば、軍監以下の者で状況をよく把握している者一名を、早馬で上京させて報告させせよ。

七月一五日　勅。国家の平穏なときにも危機に対する備えを忘れてはならない。これは古今の常識である。したがって、辺海の諸国は厳重な警備体制をしいて守りを固めよ。因幡・伯耆・出雲・安芸・周防・長門等の国々は、天平四年の節度使従三位多治比真人県守が実施した警備体制に従え。また太宰府については同年の節度使従三位藤原朝臣宇合の実施した例に従え。

七月二一日　征東使から甲一〇〇〇領の要請があったので、尾張・三河等五ヶ国に対して、軍所に運搬を命じる。

七月二三日　征東使から襖四〇〇〇領の要請があったので、東海、東山の諸国にこれを造り送り届けるよう命じる。また勅して、謀反の蝦夷を討伐するため坂東の軍士を徴発し、来る九月五日までに陸奥国の多賀城に赴くよう命じたところである。このために必要となる軍粮（糒）を、運搬などに条件のよい下総国の六〇〇〇斛、常陸国の一万斛を来る八月二〇日までに軍所に搬入するよう命じる。

七月二三日　伊予国越智郡の越智直静養女は、私財を投じて窮弊している百姓一五八人を養ったことにより、天平宝字八年三月二二日の勅書により、爵二級を賜う。

七月二六日　勅。筑紫の太宰は西海に面しているため、諸外国からの朝貢の使者が来航するところである。士馬や鎧をおびた兵士を訓練し精鋭として、武威を示して非常時の備えを怠ることのないようにせよ。最近北陸道にも外国からの使者がやってくるが、軍兵は訓練不足のため有事のときに役に立ちそうもない。平和なときにも危機に備えるべきである。次の通り太宰府の例にならって警備せよ。

其の一　海辺の村々は、不審な外国船を発見したときは速やかに国の長官に報告せよ。長官は至急国衙に出向いて警備を強化し現地の状況を把握して報告するとともに、状況に応じて官吏を集めて対策を考えよ。

其の二　不審な外国船が突然上陸したときは、付近の百姓などからなる兵を率いて要所に赴き、援軍が来るまで守備し、彼らを追い払うよう努力せよ。

其の三　地勢を考えて軍所を設け、標識を立てて置け。兵士は百姓等の内から採用し、弓や馬の上手な者達で隊を結成して、彼らに備えて配置するよう。戦闘などがおきたとき、敵味方の区別がつかないような状態にならないよう、十分気をつけよ。

其の四　戦士以上は、侵入者の報告を受けたときは、部下達とともに本軍に赴き、そのことを報告し、隊伍をととのえて出撃の命令を待て。

其の五　機に応じて軍に赴く国司以上の者は、皆私馬に乗って参加せよ。馬を持たない者には駅伝の馬を充てよ。

其の六　戦に赴く兵士白丁には、従軍したときから公粮を支給せよ。家を発った日から五日分ずつを戦場以外では米を、戦場では糒を支給せよ。

八月一八日　叙位。

氏名及び従前の階位等　　　　　新官職等　　　　備考

越前国の従六位上大荒木臣忍山　外従五位下

彼は軍粮を運搬した功を評価された結果である。

八月一八日　鉄甲を革甲に替える。

勅。諸国が保管している甲冑は、古くなって使用できない状態になってしまうので、三年に一度修繕することとしているが、修繕してもすぐ破れて、そのために費用がかさんでしまう。最近造られる革の甲は堅牢で長期間の使用に耐え、身体によく合って軽くて、矢が当たっても貫通しにくく、製造し易いために、非常に便利である。今後、諸国が年料として製造する甲冑は、革を用いて製造し、従前の通り納入せよ。ただし、既に製造されている鉄甲を粗末にしてはならない。従前のように三年毎に補修して大切に保管せよ。

八月二八日　太宰府勤務の任期を四年から五年に変更する。

太政官から天皇へ請願。筑紫の太宰府は辺境を守る要衝であり、緊急事態に備えている必要があり、外国からの使節を接待するところでもある。したがって、取り扱う仕事も諸道の役所とは大いに異なるところである。そこに勤務する役人は四年毎に交替することになっていて、交替に要する費用も莫大である。また、外国からの使節を迎えるためなど、施設や品物を維持するための費用が多くかかっている。したがって、役人の任期を五年とすれば、仕事もはかどり交替の費用も節約できて、百姓達の税負担も軽減されることになる。このように天裁を仰いで認められる。

一〇月二六日　伊勢国からの報告によれば、同国の民の多くが逃げ隠れして庸夫の数が著しく少ないので、詳しく調査したら約一〇〇〇人もの人が戸籍から漏れていたとのことである。七道諸国も同じような事情であるところから、伊勢国に倣って調査するよう指示する。

一〇月二六日　流離の百姓を帰郷させる。

天下の百姓達が、課役を避けて他の郷に流離している。しかし、彼らは故郷に帰りたいのであるが、法に従って罰せられることをおそれて、帰りたくても帰れないでいたのである。

一〇月二九日　蝦夷征伐の督促。

征東使に勅する。今月二二日の報告書により、征東使の遅れにより蝦夷征伐の時期を失していることが解った。遅れた理由として、将軍が赴任して歩騎数万余人が集合するのに長い日月がかかってしまった。それだけではなく、今になっては今年の征伐はできない。夏は草が繁茂していて、冬は襖が乏しいと言葉を左右にして、ついに軍を動かさなかった。糧を蓄え兵を整えておくことは将軍の役目であるにもかかわらず、いまだに城中の粮の蓄えが足りない等と言っている。いつになったら賊を誅して城を回復するのか。将軍は賊に欺かれているだけなのである。怠慢のために軍を動かさないだけなのである。軍を動かせばそれで足りることではないか。勅旨に背いていたずらに人馬を疲労させるだけであり、どうやって敵にあたろうとしているのか、とても良将の策とは思えない。意を決して征伐を実行せよ。もし今月中に賊地に侵攻できないのであれば多賀玉造等の城にとどまりそこの防衛にあたり、来年の戦術を練っておくようにと命じる。

一一月二日　私鋳銭（偽金造り）の刑罰を改めて検討する。

一二月四日　唐人の従五位下沈惟岳に清海宿祢の姓を賜い左京に籍を編ずる。

一二月四日　勅。左右京の墳墓を破壊して石材を盗むことを禁じる。

一二月四日　越前国丹生郡の小虫神を幣社とする。

一二月一〇日　征東使からの報告。蝦夷の虜達がしきりに宴を張りあるいは言葉巧みに罰を逃れ、あるいは勝手気ままに他人に害を与えているので、二〇〇〇の兵士を派遣して、鷲座・楯座・石沢・大菅の屋・柳沢等五道の木を切り倒して道を塞ぎ、溝を深くして険を作り、蝦夷の攻撃を防止した。

これを聞いて勅する。出羽国の大室の塞もまた蝦夷の要害であるとのことである。防備の間隙を伺っては、しきりに略奪などを行っているとのことである。将軍及び国司に命じて地形を利用して厳重に防御を固めるよう。

一二月一四日　左右京の巫覡淫祀を禁じる。

一二月二三日　常陸国からの報告で、脱漏のため神賎となっていた七七四人を神戸として戸籍を編纂したいとのことであったので、これを許す。しかし、神司はみだりに職権を行使して良民を神賎として登録するようなことをしてはならない。

一二月二七日　陸奥鎮守副将軍従五位上百済王俊哲の報告では、俊哲等は賊に包囲されて兵は疲れ、矢が尽きてしまったが、桃生白河等の神一一社に祈って賊の包囲を破ることができた。神の加護があって軍士達が無事であったのである。これらの神を幣社として認めてほしいとことであったので、これを認める。

＊万葉集成る。

＊八世紀の大食堂跡　奈良・西大寺旧境内に

奈良市の西大寺旧境内（八世紀）を調査中の奈良文化財研究所は五日、僧が調理や食事をした食堂院《じきどういん》とみられる大型建物群を見つけたと発表した。「古代寺院で食堂院の全容を確認したのは初めて」（奈文研）という。

発見したのは炊事をした「大炊殿《おおいどの》」跡や盛りつけをした「檜皮殿《ひわだどの》」跡、貯蔵庫「甲双倉《こうならびくら》」跡など。大炊殿は東西二七メートル、南北一五メートル、檜皮殿は三〇メートル、一二メートルとみられ、「資財流記帳」（七八〇年）の記録と合致した。

同寺は称徳天皇（在位七六四～七七〇年）が恵美押勝の乱の翌年（七六五年）に創建。東大寺に並ぶ大寺院だったが早くに衰退した。［日本経済新聞二〇〇六（平成一八）年一〇月六日］

七八一（天応元）年（勝道上人四七歳）

一月一日　社会のあるべき状態について勅し、大赦する。また、斎宮寮の主典以上・大神宮の司及び祢宜・大物忌・内人・多気度会二郡の司には位二級を進め、そのほかの者及び内外文武の官主典以上には一級を授ける。ただし、正六位以上の者には本人に代えて一子にそれに見合う位を授けることとし、子供の無い者にはそれに見合う物を賜う。五位以上の者の子孫で二〇歳以上の者には、当陰之階に叙することとする。蝦夷から逃れて亡命してきた百姓には三年間食糧を支給する。従軍して陸奥出羽に遠征している百姓達は兵役に疲れ、多くの家庭は破産状態にあるので、該当する家庭の今年の田租を免除し、種子がないのであれば所司は必要な量を貸し与えるようにと命じる。あわせて一〇〇歳以上の老人には籾三斛、九〇歳以上には二斛・八〇歳以上には一斛、一人暮らしの寡婦で生活に困っている者にも同様に量り与えて救済し、親孝行な子供・義夫節婦のいる家の門には終身旗を立てて顕彰するよう命じる。

一月一〇日　叙位叙任。

氏名及び従前の階位等	新官職等	備考
女儒无位県犬養宿祢勇耳	従五位下	
参議正四位下藤原朝臣小黒麻呂	兼陸奥按察使	右衛士督常陸守はもとのまま

一月一九日　下総国飢饉、賑恤する。

一月二〇日　叙位。

氏名及び従前の階位等　新官職等　備考
播磨国の大初位下佐伯直諸成　外従五位下
彼は造船所に稲を自から進んで納めたことを評価されたのである。

二月三〇日　穀一〇万斛を相模・武蔵・安房・上総・下総・常陸などの国に命じて、陸奥の軍所に漕送させる。

三月六日　地震。

三月二五日　天皇の病が重く、平癒を願って大赦する。

三月二六日　美作国からの報告。今月一二日未の三点に苫田郡の兵庫が鳴動した。また、四点鐘にもさき程と同様に鳴動した。その響きは雷鳴のように周囲を揺るがすようであった。

三月二六日　伊勢国からの報告。今月一六日午の時、鈴鹿の関の西中城門の大鼓がひとりでに三度自然に鳴り響いた。

四月一日　左右の兵庫の兵器が自然に鳴り響く。その音は大石を地面に投げ落としたような音であった。

四月一日　天皇が重態に陥ったため、散位従五位下多治比真人三上を伊勢に、伯耆守従五位下大伴宿祢継人を美濃に、兵部少輔従五位下藤原朝臣菅継を越前に派遣して、関の防備を固めさせる。

四月三日　天皇、皇位継承者として山部親王（桓武天皇）を指名する。

四月三日　山部親王が即位する。

四月四日　新帝の弟早良《さわらの》親王を皇太子とする。

四月一一日　伊勢大神宮に使者を派遣して、皇太子が即位したことを報告する。

叙位。
氏名及び従前の階位等　新官職等　備考
伊勢大神宮祢宜正六位上神主礒守　外従五位下

四月一五日　大神宮をはじめ諸社の祢宜祝等に位一階を授け、僧綱をはじめ諸寺の智行人及び八〇歳以上の僧尼に物を賜い、高齢者・貧乏人・孝義において社会の模範となるような人達にも生活補助を行い、天下の今年の田租を免除することとする。

四月中旬　勝道上人は、再び男体山登頂を試みたが、長雨と濃霧に阻まれて断念した。［補陀洛山建立修行日記］

四月一七日　叙任。
氏名及び従前の階位等新官職等　備考
従三位藤原朝臣浜成　太宰帥

五月四日　地震。

五月一三日　地震。
五月一六日　伊勢国からの報告。鈴鹿関の城門と守屋四間が、一四日から一五日まで自ら響いて止まらず、それは木をもって衝くような音であった。
五月二九日　尾張国中島郡の外正八位上裳咋《もくいの》臣船主の申し立て。船主らは伊賀国の敢臣と同じ祖先をもつものである。すなわち曽祖宇奈以前は皆敢臣を名乗っていたのであるが、祖父得麻呂の時代、庚午年籍編纂のとき誤って母の姓に従って裳咋臣と記録されてしまったのである。したがって、今誤りをただしてもらいたい。この申請は認められ、敢臣の姓が授けられた。
六月一日　参議持節征東大使兵部卿正四位下兼陸奥按察使常陸守藤原朝臣小黒麻呂等に勅する。去る五月二五日の報告で夷俘の性質を知ることができた。彼らは蜂や蟻のように群がり集まって、攻撃すれば山藪に逃走し、放置すれば城塞を侵略する。伊佐西古・諸絞・八十島・乙代等が賊の指導者で一騎当千の強者である。彼らは山野に潜んで機を窺い、チャンスを狙ってはいるが、我軍の力を恐れて、まだ害悪をほしいままにするようなことはない。しかし、現在まで将軍達は指導者達の一人の首も斬っていないのに、軍を縮小したいとのことであるが、これまでの報告書を検討すると、賊衆は四〇〇〇余人とみられるが斬った数は僅かに七〇余人である。まだ大勢の賊がいるのに京に凱旋したいなどとんでもない話である。前例があると言っても、朕は承認できない。副使内蔵忌寸《いみき》全成・多朝臣犬養等誰か一人を駅の馬で入京させ戦の詳細な状況を報告せよ。その結果を見て再度命令を下す。
六月一六日　叙任。
　太宰帥藤原朝臣浜成を員外帥に降格する。大弐正四位上佐伯宿祢今毛人等に勅する。能力のない者を退けて能力のある者を認め、悪を懲らし善を奨励することは、当然のことである。帥参議従三位兼侍従藤原朝臣浜成の政には善政があるとは認められない。今ここで人事を正さずこのままにしていたのでは、政は適正に行われるようにはならない。そこで、彼を員外帥に降格して、彼の公廨は帥の三分の一とし、太宰府の業務は今毛人が代行せよ。
六月一八日　河内国若江郡の弓削浄人広方・広田・広津等は、去る宝亀元年に土佐国に流されていたが、故郷に帰ることを許される。しかし、京に入ることは禁じられた。

六月二二日　地震。

六月二三日　右大臣正二位大中朝臣清麻呂、書面で引退を願い出る。引退を許すとの詔があり杖が授けられる。

六月二四日　送唐使従五位下布勢朝臣清直等、唐国に到着し使者であることを証明する節刀を提出する。

六月二五日　遠江介従五位下土師宿祢古人、散位外従五位下土師宿祢道長等一五人に、彼らの願いにより菅原の姓を授ける。

彼らの主張によれば、彼らの祖先は天穂日命に由来し、その一四世が野見宿祢である。昔纏向珠城宮《まきむくたまきのみや》にいて天下を治めていた垂仁天皇の時代、古風な習慣が残っていてまことに野蛮であった。凶事がある毎に多くの人々が生きたまま埋められて殉死した。皇后が没したとき、天皇は梓宮の朝廷にあり、天皇は葬礼について群臣にたずねたところ、群臣は倭彦皇子の故事に倣うべきであると答えたが、彼らの祖先である野見宿祢は進み出て、殉埋の風習は仁政に背くものである。国に利益をもたらし人を幸せにする方法ではないと、土部三〇〇余人を率いて、彼も自ら埴と呼ばれる粘土を採って様々な物の形を作り、これを進上した。天皇は大いに喜び、殉人に代えてこれらの物を墓に供えることとした。これらの物を埴輪と名付けた理由はこの故事によるものである。このようなことから、彼らの祖先は吉事・凶事にかかわって、その儀式を執り行い、その割合は吉事凶事相半ばしていたのである。しかし現在では、専ら凶事にのみかかわることになっており、このことは彼らが本意とするところではないのである。彼らは住んでいた地名によって「土師」と改められてしまったのであるが、これを改めて「菅原」としたいとのことである。彼らの申し出は認められることになった。

七月五日　大赦する。

七月六日　富士山の麓に灰の雨が降る。灰の雨が及んだ地域の木の葉が萎れた。

七月一〇日　叙任。

氏名及び従前の階位等	新官職等　備考
正四位藤原朝臣継縄	民部卿　陸奥按察使はもとのまま
正四位上藤原朝臣家依	兵部卿　侍従下総守はもとのまま
中納言従三位藤原朝臣継縄	兼左京大夫
従四位上藤原朝臣種継	左衛士督　近江守はもとのまま

造宮卿従四位上藤原朝臣鷹取　　兼左兵衛督
左中弁従五位上紀朝臣家守　　兼右兵衛督
近衛員外中将従四位上紀朝臣船守　兼内厩頭

七月　富士山が噴火し、麓に雨に混じって火山灰が降り注ぎそれらの地域の木の葉が枯れた。

八月四日　富士山噴火（最古の記録）［富士の歴史・静岡］［日本砂防史］

八月二五日　叙位。陸奥按察使正四位下藤原朝臣小黒麻呂は、征伐の状況を報告するために入朝する。特別に正三位を授ける。

九月八日　左京の正七位下善麻呂等三人に吉永連の姓を授け、従七位下三野麻呂等三人には吉永造の姓を授ける。

九月二二日　叙位叙勲。

氏名及び従前の階位等	新官職等	備考
従五位上紀朝臣古佐美	従四位下勲四等	
従五位上百済王俊哲	正五位上勲四等	
正五位下内蔵忌寸全成	正五位上勲五等	
従五位下多朝臣犬養	従五位上勲五等	
従五位下多治比真人海	従五位上	
正六位上紀朝臣木津魚	従五位下	
正六位上日下部宿祢雄道	従五位下	
正六位上百済王英孫	従五位下	
正六位上阿倍猿島朝臣墨縄	外従五位下勲五等	
正六位上入間宿祢広成	外従五位下	

以上の人達は、征夷の功労が認められて賞された。

送唐使従五位下布勢朝臣清直　正五位下
判官正六位上多治比真人浜成　従五位下
判官正六位上甘南備真人浄野　従五位下

九月二六日　征東副使大伴宿祢益立から階位従四位下を剥奪する。

彼は征東副使として出発する際、従四位下が授けられたのであるが、軍を率いるようになってからも出征の時期を引き延ばし、逗留するばかりでいたずらに軍粮を消費し、日月をついやした。このため大使藤原朝臣小黒麻呂が軍を率いて、失った要塞を回復することになったためである。

九月　安倍猿島朝臣墨縄、征夷の労を賞し、下従五下、勲五等を授けられる。

一〇月一〇日　地震。

一〇月一六日　叙位叙勲。尾張・相模・越後・甲斐・常陸国の一二人は、私費を投じて軍粮を陸奥に運搬した。したがって、彼らの運搬した軍粮の多少により階位を授ける。また、軍功があった勲六等の者には一等を、勲八等には二等、勲九等には三等、勲十等には四等をそれぞれ加える。
一〇月二五日　下総国葛飾郡の孔王部美努久羊は三つ子を出産したので、乳母一人と粮を賜う。
一一月三日　地震。
一一月一三日　太政官の院において大嘗の事を執り行う。越前国を由機となし、備前国を須機となして両国の様々な産物を献げて、それらの地方の歌や踊りを朝廷において上演する。五位以上の者達には禄を賜う。
一一月一五日　五位以上を招いて宴する。雅楽寮の演奏や大歌を朝廷内で上演する。
一一月二七日　地震。
一二月一日　叙任。

氏名及び従前の階位等	新官職等	備考
陸奥守正五位上内蔵忌寸全成	兼鎮守副将軍	

一二月七日　叙位。

氏名及び従前の階位等	新官職等	備考
従五位下紀朝臣宮人	正五位下	

一二月一二日　地震。
一二月二〇日　大赦する。
一二月二三日　太上天皇（七三）崩御する。
一二月二三日　使者を三関に派遣して守りを固める。
一二月二四日　地震。
一二月二六日　兵庫南院の倉が音を立てる。
一二月二九日　太行天皇の初七日なので七大寺において経を読ませる。これより後、七日毎に京師の諸寺において読経させる。

*官職名・位階記した木簡　奈良時代の官僚　石上宅嗣

奈良市の西大寺旧境内を調査中の市教育委員会と奈良県立橿原考古学研究所は三日、奈良時代の文人官僚として知られる石上宅嗣《いそのかみやかつぐ》（七二九〜七八一）の名前や位階、兼務する官職を記した木簡が出土したと発表した。公文書を作成する担当者の参考資料だったと見られ、市教委は「高官の名前や役職を書いた木簡は珍しい」としている。

木簡は縦二九・七センチ、幅二・七五センチ「参議従三位式部卿常陸守中衛中将造東内長官石上朝臣」と書かれていた。「式部卿《しきぶきょう》」「常陸守《ひたちのかみ》」などの官職名の脇には、重要度に従って、一〜四の番号が振ってあった。「造東内長官《ぞうとうないちょうかん》」は平城宮にある東院の造営責任者を指す。市教委は「当時の造東内長官はこれまで不明だったが、宅嗣が任命されていたことを示す初めての史料」としている。

　宅嗣は当時の貴族で政府高官。自宅を寺とし、書庫を芸亭《うんてい》と名付けて希望者に公開した。［日本経済新聞二〇〇九（平成二一）年一二月四日］

七八二（天応二・延暦元）年（勝道上人四八歳）

一月六日　位藤原朝臣小黒麻呂が誄人《るい》を率いて太行天皇の生前の功績を褒め称える。
一月七日　天皇を広岡の山陵に葬る。
一月三〇日　大祓する。
閏一月一日　因幡守従五位下氷上真人川継の謀反が発覚して、彼は逃走する。使者を派遣して三関の護りを固める。全国に通達して川継の捕縛を命じる。
閏一月一三日　氷上川継を大和国葛上郡で捕らえる。
　氷上川継が企てていた謀反は、法に従えば極刑に値する罪である。彼の母不破内親王は反逆者の近親者であるから連座することになる。しかし、太行天皇の山陵の土が未だ乾いておらずまた、哀感の情のため刑を論ずることは忍び難いので、川継は、死刑を免じて遠流とし、不破内親王とその姉妹は淡路国に配することとする。川継は塩焼王の子である。川継の従者の大和乙人は、兵仗を帯びて宮中に闌入したので、これを捕らえて尋問したところ、乙人は川継の陰謀であると話した。川継は今月一〇日夜、人々を集めて北門から宮中に乱入して、朝廷を転覆しようとしていた。彼は宇治王に乙人を遣わして仲間にしようとしていた。これを知った朝廷は、捕縛の使者を川継宅に向かわせたが、川継は勅使の到着を聞いて裏門から逃走したものである。彼は捕らえられて死一等を減じられて伊豆国三島に流され、妻の藤原法壱もまた彼と共に流されたのである。
閏一月一五日　地震。
閏一月一八日　勅。太宰府に川継の謀反に関与している者がいる可能性がある。員外帥藤原朝臣浜成の娘は、川継の妻であるから、浜成が任命されている参議と侍従の職を解任することとし、員外帥だけとする。また、川継の仲間である正五位上山上朝臣船主は隠岐介に、従四位下三方王は日向介に左遷することとする。
閏一月一九日　川継の謀反に連座して、左大弁従三位大伴宿祢家持・右衛士督坂上大忌寸苅田麻呂・散位正四位下伊勢朝臣老人・従五位下大原真人美気・従五位下藤原朝臣継彦等五人は、彼らの職を解任される。伊勢朝臣老人は、京外に住まいを移された。また川継に与した者三五人、川継の姻戚・平生の友人達は、京を追放される。
二月一八日　空中に雷のような音が聞こえる。
二月一九日　大地が動く。
三月九日　太陽の周囲に虹がかかる。
三月一三日　武蔵・淡路・土佐等の国飢饉、賑恤する。
三月二六日　従四位下三方王・正五位下山上朝臣船主・正五位上弓削女王等三人は、天皇に背いた罪により死刑になるところ、詔により罪一等を減じられて三方・弓削は日向国に、船主は隠岐国に流される。なお、三方と弓削は夫婦である。

三月　勝道上人　男体山初登頂
　彼は、弟子の道珍・勝尊・教旻・仁朝等を率いて中禅寺湖畔の宿で七日間精勤修行の後に登頂し、そこで祈りを捧げて三日間とどまり、再び湖畔に戻り庵を結び、礼懺修行二一日の後に下山した。［補陀洛山建立修行日記］

四月一一日　詔。朝廷の財政再建のため造宮勅旨の二省と法花（華）鋳銭の両司を廃止する。造宮勅旨の技術者達は木工内蔵等に配置替えする。
四月一六日　畿内に勅使を派遣して雨乞いをする。
四月二七日　山背国からの上申。現在諸国の兵士の庸が免除されて調を輸することになっている。しかし、京においては調も免除されている。畿内においては差があってはならないのではないか。京と同じように調を免除してもらいたい、と上申して、勅により畿内の兵士達の調も免除される。
五月三日　軍粮を献納したつぎの人々を叙位する。

氏名及び従前の階位等	新官職等	備考
従五位下海上真人三狩	従五位上	
下野国安蘇郡の主帳外正六位下若麻続部牛養	外従五位下	
陸奥国の外大初位下安倍信夫臣東麻呂	外従五位下	

五月八日　諸司の直丁の勤続二四年以上の者達八人に爵一級を賜う。
五月一二日　陸奥国の兵乱のため奥郡の百姓が集まらないので、勅して再び三年間食糧などを給付することとする。
五月一六日　叙任。

氏名及び従前の階位等	新官職等	備考
正四位上坂上大忌寸苅田麻呂	右衛士督	

五月二〇日　陸奥国からの請願により鹿島神に勲五等及び封二戸を授ける。

　鹿島神に祈りを捧げて凶賊を討伐した。神験は虚しい事ではない。位と封を与えてもらいたいとの請願による。

六月一四日　左大臣正二位兼太宰帥藤原朝臣魚名は事に坐させられたために大臣を罷免し、その息子の正四位下鷹取は石見介に、従五位下末茂は土佐介に左遷し、従五位下真鷲は彼の父に従わせることとする。

六月一四日　完人《ししひと》建麻呂の子供達の神野真人浄主・真依女等一四人は、弟宇智真人豊公に真人の姓を本姓であると偽っていた。初めは父の建麻呂が仲江王であると詐称していたが、これが発覚したことにより子供達の真人の詐称も明るみに出たものである。

六月一四日　和泉国飢饉、賑恤する。

六月一四日　地震。

六月一七日　春宮大夫従三位大伴宿祢家持を兼陸奥按察使鎮守将軍に、外従五位下入間宿根広成を同介に、外従五位下安倍猿島朝臣墨縄を陸奥鎮守府権副将軍にそれぞれ任命する。

六月二八日　太宰帥藤原朝臣魚名は、赴任途上、摂津国において発病する。病が癒えた後に出発するようにとの勅がある。

七月三日　雷雨。大蔵の東の長蔵に火災が発生して、内蔵寮の馬二頭がショックで死亡する。

七月一一日　勅により年配の雑色五四人を解雇し、餅戸・散楽戸を廃止する。

七月二一日　叙位。松尾寺の寺僧尊鏡は一〇一歳になった。内裏に招いて「大法師」の位に叙す。

七月二五日　大赦し、未亡人・孤独な人・貧しくて生活に困っている人・老人・病人の生活保護をする。

七月二五日　地震。

七月二九日　右大臣以下参議以上が相談して上奏する。最近災異が多く発生しているので、伊勢大神や諸神社に祈りを捧げて凶を除かなければ、重大なことになる。詔があって、国内を潔めて飲酒・音楽・彩りのある服を着ること等を禁ずる。

八月九日　治部卿従四位上壱志濃王・左中弁従四位下紀朝臣古佐美・治部大輔従五位上藤原朝臣黒麻呂・主税頭従五位下栄井宿祢道形・陰陽頭従五位下紀朝臣本・大外記外従五位下朝原忌寸道永等、六位以下陰陽を理解する者達一三人を大和国に派遣して、天宗高紹（光仁）天皇を改葬するために、山陵の地の下見をさせる。

八月一九日　改元「延暦元年」。
一一月一三日　光が太陽を囲む。その形は円く色は虹のようであった。太陽の上にもう一つの光があり、太陽を囲んでいた。その長さは二丈程あった。
一二月四日　勅。今月の二三日は、太上天皇の周忌にあたるので、天下諸国の国分二寺は、僧尼をして経を唱えさせるよう指示する。
一二月四日　役所が備えて置くべき穀物等の数量を、まず確保してから国において備えて置くべき数量を確保し、最後に残った物を処分するように。諸国の役所では、きまりを守らずに、税の収納状況を報告するにあたって、偽って未納と報告したり、役人の交替に際して引継書を作成しないため、後任者が困ることになっている例が多くみられる。これは道理に甚だ背くものである。特に四位以上のものは人柄が貴いものとしてその地位が授けられ、給料も十分授けられているのであるから、役所の費用をむさぼることのないよう、善政を行うことを期待する。今後は国司の交替にあたっては、一二〇日以内に引継書（解由）を提出するように。もし期限内に引継書の提出がない場合には、位禄食封を奪うこととすると、勅する。
一二月二三日　太上天皇の一周忌にあたり、大安寺に斎場を設けて百官が参会し、法要を営む。
一二月二四日　先帝の忌中を理由に、元旦の賀礼の中止を決める。
＊加蘇山神社（鹿沼市上久我一六九七）勝道上人が開山する。主祭神は磐裂命・根裂命・武甕槌男命。［栃木県神社誌］
＊天応二年　瀧尾神社（栃木県日光市）、勝道上人によって、同上人が日光二荒山（男体山）上に二荒山大神を祭ると同時に、当所の琵琶ヶ窪笄《こうがい》の森に創建される。同神社の祭神　田心姫命及び味耜高彦根命［同神社の由来書］

七八三（延暦二）年（勝道上人四九歳）

一月一日　身分に応じた衣服を着用するよう、勅する。
一月四日　陰陽頭正五位下栄井宿祢蓑麻呂は、今年で八〇歳になったので、天皇は彼に絹・布・米・塩を賜う。彼は常に明るく、修業を積んで、高潔であるところから、後進の者達から推されて、授賞することとなった。
一月八日　正四位上道島宿祢島足、没する。島足の本姓は牡鹿連といい、陸奥国牡鹿郡の人である。容姿は勇壮にして、志気に富み、馬上からの射撃が巧かった。彼は、宝字中に授刀将曹に任ぜられ、同八年恵美押勝の乱に際して、将監坂上苅田麻呂とともに馬で駆けつけて、押勝を弓で射殺した。その功により従四位下勲二等が授けられ、「宿祢」の姓を賜ったのである。その後授刀少将兼相模守に任ぜられ、中将に進んだが、改めて「道島宿祢」の姓を賜り、正四位上を授けられ、内厩頭下総播磨等の守を歴任した。

一月二〇日　紀朝臣木津魚、吉弥候横刀等八人は、勤務成績が優れているので叙位昇進させる。

氏名及び従前の階位等	新官職等	備考
従五位下紀朝臣木津魚	従五位上	
外従五位下吉弥候横刀	従五位下	
正六位上橘朝臣入居	従五位下	
正六位上三島真人名継	従五位下	
正六位上出雲臣島成	外従五位下	
正六位上島田臣宮成	外従五位下	
正六位上筑紫史広島	外従五位下	
正六位上津連真道	外従五位下	

一月二三日　地震。

三月一九日　右大臣従二位兼行近衛大将皇太子傅藤原朝臣田麻呂（六二）没する。

彼は参議式部卿兼太宰帥正三位宇合の第三子である。彼は謙虚で物を奪い合うような性格ではなかった。しかし天平一二年、兄広嗣の事件に連座したとして、隠岐に流されたが同一四年、罪を許されて、帰った後は蜷淵山中に隠居して、政治にかかわることなく、志をたてて釈典に没頭して修行に務めた。宝字中に従五位下を授けられ、南海節度使の副となり、美濃守・陸奥按察使を歴任、神護の初めに京に帰り、従四位下を授けられ参議を拝命し、外衛大将・太宰大弐・兵部卿を経て、宝亀の初め従三位を授けられ中納言を拝命した後、大納言兼近衛大将になった。延暦元年、右大臣に進んで従二位を授けられさらに正二位が加えられたのである。

三月二一日　従五位下吉弥候横刀及び正八位下吉弥候夜須麻呂に下毛野朝臣の姓を授け、外正八位上吉弥候間人・外正八位上吉弥候総麻呂には下毛野公の姓を授ける。

四月一五日　坂東八国の陸奥の鎮所に運搬すべき穀を、将吏等は換金して、京に送って恥じることのない状況である。

また、将吏等は鎮兵を私に使役して、多くの者達が私田を営んでいる。そのため、鎮兵は疲弊し非常時に備えることができない。これは法律に照らして罪罰を科すべきであるが、今回は大目にみて、今後このような違反があった場合には、軍法をもって処罰する。綱紀を正せ、と勅する。
四月一八日　正三位藤原夫人（乙牟漏）を皇后とする。
四月一九日　坂東諸国に対して勅する。蛮夷は、昔から夏になると反乱をおこしている。彼らの反乱を鎮めるには武器による方法以外に道はない。前天皇がとった作戦の通り、陸奥国の南部の兵士達を派遣して、北部の蝦夷を討て。最近の蝦夷は、大変凶暴になっており国境の防備が手薄になっている。しきりに軍隊を動員して坂東の国境を防備したり、物資の輸送に従事しているために、兵士は大変疲労していることと思う。朕は彼らの労苦に感謝する。そこで使者を遣わして倉を開き褒美を与えることとしよう。これは朕が人々を愛していることの表れである。東国の人々に朕の心を知らせるよう。
四月二〇日　越智池を築造した功により叙位する。
氏名及び従前の階位等　新官職等　備考
正六位上贄田物部首年足　外従五位下
四月二八日　天平一三年二月の勅についての通達。同通達では、国において寺院を造営した場合には、精進練行の人物二〇人を僧として採用せよ。必ず数年間僧職に適しているかどうかを観察の後、入道することを認めるよう、とのことであった。しかし、実際は国司などが欠員が生じると試験をすることなく得度させていた。そこでこれよりは、欠員の補充は、現地の僧職に適した人物を法師として補充するよう、その旨を書面により申請し、許可を得た後に得度させるようにせよ。ただし尼僧については従前の通りでよい。
五月一一日　太宰帥正二位藤原朝臣魚名、老齢のため旅の途中に発病する。
六月一日　出羽国からの請願。宝亀一一年雄勝平鹿二郡の百姓達は、賊のために住んでいたところを奪い取られて失業し、疲弊している。散ってしまっている彼らを集めて郡府をたてて口田を支給しようにもそれができず、調庸を納めさせることができない。このような現状を救済する必要がある。勅により三年間の食糧の支給を決める。
六月六日　陸奥などの反乱鎮圧のあたる兵士達の弱体化を憂慮して、徴兵の在り方について勅する。
六月一〇日　私に仏寺を造り、また寺有とするための田宅寄進売買を禁じる。違反者には杖八〇、黙認した官司に対しても同罪とする。

七月二五日　太宰帥正二位藤原朝臣魚名（六三）没する。魚名は贈正一位太政大臣房前の第五子である。天平の末に従五位下を授けられ宝字中に従四位宮内卿、神護二年に従三位を授けられ参議となり、宝亀初めに正三位大納言兼中務卿、同八年従二位、長老として政務を補佐するにあたり内臣を拝命した。勅命により号を忠臣と改め、同一〇年に内大臣となり天応元年に正二位を授けられ左大臣兼太宰帥に任命された。延暦元年事件に連座して大臣を罷免されて、任地に赴く途上摂津国において発病しそこに留まっていたが、召されて京に帰った。詔により葬儀には絹布米塩及び役夫を賜った。

七月三〇日　故太宰帥正二位藤原朝臣魚名は、彼と彼の祖先の功により、彼の罪過を赦されて、彼に関する延暦元年六月一四日に下した詔勅官符等の類を全て焼却することとする。

九月二日　近江国からの照会。王の姓を除く。槻村・井上・大岡・大魚・動神の五人を戸主とする五戸の一〇一人は、山村王の子孫である。養老五年、山村王は、現在の部に編入され、彼の子孫は七世あるいは八世にわたり数戸に殖えている。格によれば六世以下は嫡を承ける者を除いて課役を科すこととされている。したがって承嫡の戸は京戸に編入し、その他については姓を与えて課を科すこととしたい、とのことであった。所司に下して皇親の籍を調査したところ山村王の名が見あたらなかったので、百姓の例に従わせることとする。また彼らには真人の姓を与える必要もないと判断した。

一〇月一日　治部省からの申請。宝亀元年以降、国師の定員が増加している。ある国では四人、またある国では三人と定員に定めがない。したがって前例により大上国には大国師一人・少国師一人を任命し、中下国には国師一人を任命をすることとしたいと申請して、認められる。

一〇月一六日　詔し、当郡の今年の田租を免除し、国郡司及び行宮側近の高齢者ならびに諸司で陪従する者達に物を賜う。また百済王等を叙位し、百済寺に近江播磨二国の正税五〇〇〇束を施入する。

氏名及び従前の階位等	新官職等	備考
正五位上百済王利善	従四位下	
従五位上百済王武鏡	正五位下	
従五位下百済王元徳	従五位上	
従五位下百済王玄鏡	従五位上	
従四位上百済王明信	正四位下	

正六位上百済王真善　　従五位下

一二月二日　叙任。

氏名及び従前の階位等　　新官職等　備考

阿波国の正六位上粟凡直豊穂　　国造

飛騨国の従七位上飛騨国造祖門　国造

一二月六日　京内諸寺の銭財出挙を抑制し一〇割を超える利息を禁じる。

＊この年、正六位上贄田年足は、大和国に越智池を築いた。

＊この年、日枝神社（鹿沼市板荷三〇三三）創建。坂上田村麻呂が東征したとき、諸神の擁護によって東国平定を成し遂げたので東国に山王権現七社を勧請した。本社はその一社である。［栃木県神社誌］

七八四（延暦三）年（勝道上人五〇歳）

三月四日　軍粮を献上した次の者を叙位する。

氏名及び従前の階位等　　新官職等　　備考

外正六位上凡子連石虫　　外従五位下

三月一一日　勝道上人等は中禅寺に詣でた後、道珍等と相談して船を造り湖を遊覧し、湖の南や北側において、香花を供えて修行する。［補陀洛山建立修行日記］

三月二五日　伊予の国守の吉備朝臣泉は、同僚と協調できず告訴される。朝廷は使者を派遣して事実関係を調査する。この日勅して、伊予国守従四位下吉備朝臣に対して判定を下す。泉は政に関して無能であり、訴えられていることは事実である。彼は父故右大臣（真徳）の功績により罪を許されるが、懲らしめのため現在の職を解任することとする。

四月四日　勝道上人、湖の南の歌が浜に至る。［補陀洛山建立修行日記］

四月二〇日　勝道上人、湖の西に遊覧した。［補陀洛山建立修行日記］

五月一日　国師の交替は六年を限って必ず交替するようにとの勅をする。

五月二日　勝道上人、道珍等と相談して、現在の二荒山神社境内に、神宮精舎を建ててこれを「中禅寺」と号するとともに、その側らに社殿を造り立木千手霊像を建立し、権現を奉ったのである。［補陀洛山建立修行日記］

五月一〇日　左京大夫正四位下藤原朝臣鷹取没する。

五月七日卯時　蝦蟇二万匹あまり（その大きさは四寸程度、色は黒く斑）が、難波の市の南道から南に向かって池まで三町ばかり列をなし、道に従って南に四天王寺の境内まで連なっていた。午時になって蝦蟇の列は散って行った。
五月一六日　遷都しようと、つぎの人々を山背国乙訓郡長岡村の地に派遣して、下見をさせる。
中納言正三位藤原朝臣小黒麻呂
従三位藤原朝臣種継
左大弁従三位佐伯宿祢今毛人
参議近衛中将正四位上紀朝臣船守
参議神祇伯従四位上大中臣朝臣子老
右衛士督正四位上坂上大忌寸苅田麻呂
衛門督従四位上佐伯宿祢久良麻呂
陰陽助外従五位下船連田口
六月九日　叙任。
氏名及び従前の階位等　新官職等　備考
賢璋法師　大僧都
行賀法師　少僧都
善上法師　律師
玄憐法師　律師
六月一〇日　つぎの人々を造長岡宮使に任命して、都城宮殿の造営を開始する。
中納言従三位藤原朝臣種継
左大弁従三位佐伯宿祢今毛人
参議近衛中将正四位上紀朝臣船守
散位従四位下石川朝臣垣守
右中弁従五位上海上真人三狩
兵部大輔従五位上大中朝臣諸魚
造東大寺次官従五位下文室真人忍坂麻呂
散位従五位下日下部宿祢雄道
従五位下丈部大麻呂
外従五位下丹比宿祢真浄　外六位の官人八人
六月一三日　参議近衛中将正四位上紀朝臣船守を賀茂大神社に派遣して、幣を奉り、遷都の理由を報告する。また、今年の調庸及び諸国に調達を命じた宮造営に必要な用度の物を、長岡の宮に納めさせる。
六月二三日　新しい京に邸宅を新築するための費用として、右大臣（是公）以下参議以上及び内親王・夫人・尚侍等に、諸国の正税六八万束を賜う。
六月二八日　新しい京の用地にかかる百姓の土地は、五七町である。当国の正税四万三〇〇〇余束を、その補償として彼らに賜う。
九月五日　京に大雨が降って百姓の家が壊れる。左右京に使いを遣わして賑恤する。
閏九月一〇日　河内国茨田郡の堤一五ヶ所が決壊する。六万四〇〇〇人を使役し、食糧を供給して、復旧する。
一〇月三日　備前国児島郡小豆島に放牧している国有の牛が、一般農民の作物を荒らしているので、長島に遷せ。小豆島には農民を定住させて耕作させよ、と勅する。
一〇月五日　天皇が長岡宮に移る準備として、御装束司並びに前後の次第司を任命する。
一〇月二一日　越後国からの叙位に関する報告。
蒲原郡の三宅連笠麻呂は、稲一〇万束を蓄えており、長年、寺院に施入している。また、凍える者がいれば衣を与え飢える者がいれば食を与え、険しい所の道や橋の修造にも力を注いでいる。彼の行いを認めて従八位上を授けた。
一〇月二六日　叙任。天皇が、長岡京に移るための人事を行う。

氏名及び従前の階位等	新官職等	備考
従五位下石川朝臣公足	主計頭	
従五位下大伴宿祢永主	右京亮	

左右鎮京使として五位の者二人、六位の者二人を任命する。
一〇月三〇日　京中に盗賊が出没して、職司では粛清できないので、隣保を作って非違を検察させる。遊食賭博をした者には決杖一〇〇、放火強盗の類は、捕らえたならば死罪にせよ。
一一月一日　一一月一日の冬至は、希なことであり極めてめでたいとして、当年の京畿の田租を免除する。
一一月三日　国司らが私に水田陸田を営み百姓の農桑地を犯すことを禁じる。
一一月一一日　天皇、長岡京に移る。
一一月一七日　皇后は、これより先母の不幸のために天皇の遷都には従わず平城の中宮に留まっていた。この日出雲守従四位下石川朝臣豊人・摂津大夫従四位下和気朝臣清麻呂等を派遣して、皇后を迎え奉る。
一一月二〇日　叙位。
遷都を祝って、近衛中将正四位上紀朝臣船守を遣わして賀茂上下社を従二位、兵部大輔従五位上大中臣朝臣諸魚を派遣して松尾乙訓二神を従五位下に叙する。
一一月二一日　武蔵介従五位上建部朝臣人上に阿保朝臣の姓を、健部君黒麻呂等には阿保公の姓を賜る。
人上の言うには、「彼らの始祖は息速別皇子であり、伊賀国阿保村に住んでいた。明日香（允恭）朝廷の時代、同皇子の四世の孫須弥都斗王が、地名にちなんで阿保君の姓を賜った。そしてその子意保賀斯は、武芸倫理に卓越しているため後の世の鑑とすべきであるとして、長谷《はつせ》旦倉《あさくら》（雄略天皇）朝廷から健部君の姓を賜ったのである。しかし、我々は始祖の名を名乗りたい」と願い出て、彼らの願いは認められた。

一一月二四日　中宮・皇后、平城を発って長岡京に到着する。

一二月二日　新京造営の功労者に爵を賜う。また、役夫を出役させた国には、今年の田租を免除することとする。

一二月六日　畿内及び七道に使者を派遣して、大祓し、天神地祇に幣を奉る。

一二月一三日　山川藪沢の入り会い権は、公私が共有するところのものである。しかるに最近では王臣や諸司寺の家柄が山林を囲い込んで、その利益を独占しているとのことである。これを放置しておくならば、百姓の生活が成り立たなくなるので、禁止することとする。もしこれに違反する者があるならば、勅命違反の罪で処罰する。それを助ける役人も同罪である。諸氏の塚墓の区域は、従前の通りに保障される。

一二月二九日　長岡宮造営に関与した主典以上及び諸司の雑色人等の功労に従って、階を進め禄を賜う。

＊長岡京にミニ内裏　桓武天皇が住んだ「東院」か

京都府日向市鶏冠井町の長岡京（七八四〜七九四年）跡を発掘調査していた日向市埋蔵文化財センターは一二日、「宮域から東に約三〇〇メートル離れた場所で、天皇の日常生活の場に似て『内裏』に似た構造の建物群跡が見つかった」と発表した。建物群は、配置からみて長岡京の内裏と同様、単なる生活空間だけではなく執務機関の性格も強く、桓武天皇が平安遷都前の一年半以上の間住んだミニ内裏の「東院」ではないかと見られている。

宮域の外に内裏が見つかったのははじめて。親政体制強化をめざして平城京から新天地を求めて遷都した桓武天皇の並々ならぬ意気込みを示しており、短命だったゆえ「仮の都」と見られがちだった長岡京時代に光が当てられる第一級の発見として注目される。

建物群跡は南から、格式の高い門とされる八脚門や、正殿（東西二一メートル、南北一八メートル）、後殿と整然と続き正殿の東側には脇殿、その東をさく列が南北に走っている。

門と正殿の間には南北約二〇メートルにわたって空き地が広がり、全体の配置は長岡京の内裏そっくり。天皇に会うために正殿前に臣下が並んだ場面を彷彿とさせる。

全体の敷地は南北二六〇メートル、東西一三〇メートル以上の広大なものだったと推定され、遷都当初から、内裏の出張所として企画されていたと見られる。

遺物は、天皇に捧げる食器を意味する「供御《くご》」と墨書きされた土器などが出土している。

東院は「日本紀略」によると、長岡京を壊すために桓武天皇が平安遷都前の一年半の間、移り住んだ。皇太弟早良《さわら》親王の死とその怨霊問題、藤原種継暗殺事件など様々な事件の相次いだ長岡京時代の最後に、桓武天皇が平安造営の指揮を執り、新体制の礎を築いた場所である。［日本経済新聞一九九一（平成三）年七月一三日］

＊佐伯今毛人邸か　長岡京の大邸宅跡　京都市南区の長岡京跡

京都市南区の長岡京跡で昨秋、約一万四〇〇〇平方メートルもの大邸宅跡が出土、その邸宅の主についての研究を進めていた京都府埋蔵文化財調査研究センターの平良泰久・調査第二課長補佐は三日まで、奈良・東大寺建立の責任者「造東大寺長官《ぞうとうだいじのかみ》」を務めた佐伯今毛人《さえきのいまえみし》とする説を打ち出した。今月中旬発行の「京都府埋蔵文化財論集第三集」に発表する。今毛人は「続日本紀」などの文献に登場するが、住居は特定されていなかった。長岡京解明の手がかりになりそうだ。

調査は名神高速道路の建設に伴って行われ、長岡京東側一町四方（約一万四〇〇〇平方メートル）を発掘。昨年一〇月に、全体が一戸の宅地で、敷地内に掘立柱建物が九棟あり、礫と木炭を敷いた井戸や酒造施設が出土した。周囲に築地塀を巡らせ、南に門を設けていた。

当時、一町四方の邸宅は三位以上の役人にしか許されず、平良課長補佐は、長岡京遷都の七八四（延暦三）年に三位だった今毛人や、歌人として知られる大伴家持、藤原種継ら一三人をピックアップした。

種継は翌七八五年に暗殺され、家持も同年死去。「南家」と呼ばれ、平城宮南側に住んでいた役人等は長岡京でも同様と考えて除外、今毛人と紀船守《きのふなもり》が残った。

一方、邸宅内からは仏堂跡も出土し、建物の柱の間隔は八尺（約二・七メートル）ひさしは九尺に統一されるなど、宗教心と高度な建築技術がうかがえた。

船守は近衛少将を務めた武官だったのに対し、今毛人は平城京内に自らの名を冠した寺「佐伯院」を建立するなど仏心に厚く、東大寺のほか造西大寺長官、造長岡京使を務め、建築に精通していたことから、邸宅の主と結論づけた。

平良課長補佐は「佐伯院の金堂の間口は、この邸宅の仏堂と同じ規模。名前を書いた木簡などは出ていないが、断片的な史料と遺跡の状況から可能性は極めて高い」と話している。

井上満郎・京都産業大教授（日本古代史）の話「最も妥当な結論だろう。短命の都で、平安京のように絵図もなく、どこにどんな人が住み、どう生活していたかがわかりづらい長岡京の具体的な姿に迫る研究だ」［読売新聞夕刊一九九六（平成八）年九月三日］

＊歴代天皇のよろい部品か　京都・長岡京　短冊状の「小札」約三〇点

桓武天皇「正当」の象徴？

京都府向日市などに広がる長岡京（七八四～七九四年）跡で、桓武天皇が造った内裏である「東宮《ひがしみや》」の遺構から、天皇が所有したと見られる鉄よろいの部品が見つかり、向日市埋蔵文化センターが一八日、発表した。

製造時期は古墳時代後期の六世紀末から八世紀末までの約二〇〇年間にわたり、最大で二十数個のよろいに使われたと見られる。母親が渡来系氏族とされる桓武天皇が、正統な王権の象徴として歴代天皇に献上された優れたよろいを保有し、伝えていたことをうかがわせる貴重な発見といえそうだ。

文献には、平安京で内裏の一部に天皇の甲冑《かっちゅう》を納めていたとの記述があるが、実際に内裏で出土したのは初めて。脇殿を「武器庫」として使っていたことも裏付けられた。

見つかったのは「小札《こざね》」と呼ばれる短冊状の板で約三〇点。平安遷都に伴い東宮を解体した際、建物の周囲を飾る石を抜き取った穴跡に埋められていた。

同センターの梅本康広主任は「戦闘で使ったよろいにとりついた邪悪なものを封じ込め、次の平安京に持って行かないよう（穴に）埋めた可能性がある」としている。

小札には組紐が残ったものもあり、東大寺の正倉院（奈良市）の所蔵品と同じ最上級品のよろいに使われたと見られる。また鹿の子遺跡（茨城県石岡市）、秋田城跡（秋田市）の出土品と形が似ているものもあり、地方から献納されたよろいもあったらしい。

長岡京は遷都後、二度にわたり内裏を移動。出土場所の遺構は二度目の内裏にあたる東宮の正殿東側。内裏を移す際に捨てた瓦なども見つかっている。

王権の連続性示す

吉川真司京都大教授（日本古代史）の話　約二〇〇年

間に作られた小札が同時に確認されたことは、古墳時代からの王権の連続性を強くうかがわせる。よろいは弓や刀などに比べ製作に労力を要し、特別扱いされる。王権を守る武具が伝えられていたことを物語るものが見つかった意義は大きい。近衛兵が警護や儀礼に使ったのかも知れない。長岡京の内裏は二回造り替えられており、二つ目の内裏である東宮から三つ目の東院によろいを移動するときに、落ちるなどして残った小札が見つかった可能性もある。[日本経済新聞二〇一〇（平成二二）年二月一九日]

七八五（延暦四）年（勝道上人五一歳）

一月一四日　勅使を派遣して摂津国の神下・梓江・鯵生野に三国川を開削する。

一月二二日　安房国からの報告。今月一九日、部内の海辺に大魚五〇〇余（大きさは一丈五尺から一丈三尺）が漂着した。年寄りがいうには、それは諸泊魚であるとのことである。

二月七日　征戦の功労者を叙位する。

氏名及び従前の階位等	新官職等	備考
陸奥国大領正六位上凡子部勝《かち》麻呂	外従五位下	

二月一二日　叙任叙位。

氏名及び従前の階位等	新官職等	備考
従五位上多治比真人宇美	陸奥按察使兼鎮守副将軍	国守はもとのまま
正四位上坂上大忌寸苅田麻呂	従三位	

四月七日　中納言従三位兼春宮大夫陸奥按察使鎮守将軍大伴宿祢家持からの上申。

名取より南の一四郡は海山に隔てられて、要塞から遠く離れたところにある。兵士などを徴発すべき地域ではあるが危急の場合には間に合わない。そこで真郡を建て官員を置いて、朝廷の支配下に置かれたことを住民に知らしめるべきである。そうすれば反乱の元を断つことができると申請して、認められる。

五月三日　先帝と現帝の名前をまねないよう、白髪部の姓は真髪部に、山部は山に改めるよう詔する。

五月　茨城県の真壁郡は、もとは白壁郡と称した。しかし、この年詔によって光仁天皇の名前である白壁王を避けて改称した（現地の伝承）。

五月二四日　勅。貢納する調庸は、定めに従って、取り扱われているところである。しかしながら、遠江国が納めた調庸は粗悪であって、官用に耐えない。最近、諸国の貢物も粗悪な物が多くみられるようになった。したがって、粗悪な調庸を貢ぐ者は、法に従って罰することとする。その国司郡司等の役人は解任して、以後採用しないこととする。

五月二六日　勅使を五畿内に派遣して雨ごいをする。

五月二七日　地震。

五月二七日　周防国飢饉、病気流行し、賑恤する。

六月二日　出羽・丹波国凶作のため百姓飢饉。賑恤する。

六月一〇日　坂上大忌寸苅田麻呂等、宿祢の姓を賜る。

　苅田麻呂等が書面をもって彼らの来歴を語るには、次の通りである。

　彼らは後漢の霊帝の曽孫阿智王の後裔である。漢から魏にかわったとき、阿智王は、神牛の教えに従って帯方に移住し、そこに集団で住んでいた。そこで阿智王は、次のようなことを聞いた。東国に聖主が存在するので、その国に移住すべきである。もし、ここに留まるならば一族は滅亡するであろうとのことであったので、母弟等七姓の民を率いて誉田（応神）天皇の時代に帰化した。阿智王は、同天皇に、阿智王がもと住んでいた帯方には様々な技術をもった彼に縁のある人々が、百済にも高麗にも帰属しないで生活している。彼らの帰化を認めてほしいと、同天皇に願い出て認められ、勅により阿智王の使者が帯方に派遣され、彼らは我国に帰化したのである。そして我々は公民として、年を重ね代を重ねて諸国に住んでいる。漢人《あやひと》と呼ばれる人々が、阿智王の子孫である。しかし、苅田麻呂等は先祖の王族を失ってしまったために下人の卑姓である「忌寸《いみき》」を名乗っているのであるが、天皇の情けにより「宿祢《すくね》」の姓を賜れるならば、冷たくなってしまった灰が再び暖かくなり、枯れ木が再び繁茂するように、我々はこのうえない幸せです、と願い出たところ、許されたのである。

六月一〇日　坂上・内蔵・平田・大蔵・文・調・文部・谷・民・佐太・山口等忌寸一一姓一六人に「宿祢」の姓が授けられた。

七月二〇日　勅して、仏教を広め、国の安寧をはかるために有徳の僧尼を褒賞することとし、その候補者の氏名を報告させる。

七月二〇日　勅。造宮の務はやむを得ないことであるから、役夫には功に応じて対価を支払うべきであるとして、諸国の百姓三一万四〇〇〇人を和雇する。

七月二四日　勅。正税は水旱に備えるべき国家の資産である。正税をむさぼり横領してはならない。国司の罪は彼の部下の罪でもあり、罪を犯す者は免職して以後採用しない。横領した物を返還すれば、死刑だけは免除することとする。
七月二八日　土佐国の貢ぎ物の調が、昨年に引き続き粗悪であるので、国司・目《さかん》以上の職を解くこととする。
八月二四日　天皇、平城宮に行幸する。これより先、朝原内親王は平城に斎居していたが、斎期がおわりに近づいたので伊勢神宮に出発することになる同親王を見送るために、天皇は行幸した。
八月二八日　中納言従三位大伴宿祢家持没する。彼の祖父は大納言贈従二位安麻呂で、父は大納言従二位旅人である。家持は天平一七年、従五位下宮内少輔に任命され、内外の職を歴任の後、宝亀の初め従四位下左中弁兼式部員外大輔になった。同一一年参議、左右大弁を歴任して従三位を授けられた。しかし、氷上川継の謀反に連座して京外に追放されたが、後に罪を許されて、参議春宮大夫として復職、陸奥按察使に任命され、まもなく中納言に昇進した。彼の屍は死後二〇余日を経過しても葬られなかった。大伴継人・竹良等の種継を殺害する計画が発覚して下獄した。この事件に家持等が関係していたので、彼を除名して彼の息子の永主を流罪とした。
九月三日　地震。
九月一〇日　河内国大洪水。百姓は船に乗ったり泳いだりして漂流、あるいは堤防上に避難したが、食糧がまったくなく、大変困っているとの同国からの報告であった。使者を派遣して調査させ、救済策を建てさせる。
九月二三日　中納言正三位兼式部卿藤原朝臣種継（四九）、賊に射殺される。
　種継は参議式部卿兼太宰帥正三位宇合の孫である。神護二年従五位下美作守に任命され、宝亀の末年、左京大夫兼下総守になり、従四位下左衛士督兼近江按察使になって、延暦の初めに従三位中納言兼式部卿に、同三年に正三位になった。彼は天皇の信任が篤く、内外のまつりごとを任されていた。長岡遷都の議の総指揮を執り、天皇が新都に移ってからも造営工事は日夜続けられていた。天皇が平城に行幸することとなり、皇太子・右大臣藤原朝臣是公・中納言種継等が留守番を兼ねて夜中に照明のもと、工事の監督をしていたところ傷を負って、翌日、第において死亡した。天皇は彼の死を悼み、正一位左大臣を贈る。
九月二四日　天皇、平城に行って大伴継人・同竹良等の仲間数十人を捕縛する。捕らえられた者達は、法に従って裁かれ、斬罪や流罪に処す。
一〇月四日　班田。田を検して班《わか》ち授けるために、五畿内に使者を派遣する。
一〇月八日　山陵に使者を派遣して、皇太子（早良）の廃位の理由を報告する。

山陵名	使者名
山科（天智）山陵	中納言正三位藤原朝臣小黒麻呂
	大膳大夫従五位上笠王
田原（光仁）山陵	治部卿従四位上壱志濃王
	散位従五位下紀朝臣馬守
佐保（聖武）山陵	中務大輔正五位上当麻王
	中衛中将従四位下紀朝臣古佐美

一〇月一〇日　災害。遠江・下総・常陸・能登などの国に去る七、八月と大風が吹いて、五穀に大きい被害を生じ、百姓飢饉する。使者を派遣して賑恤する。
一〇月二七日　河内国の堤防が三〇ヶ所にわたって決壊する。三〇万七〇〇〇余人を動員して、食糧を与えて修築する。
一一月八日　能登守従五位下三国真人広見は謀反の罪に連座して斬罪が決定していたが、死一等を免ぜられて、佐渡国に配流される。
一一月二五日　安殿（平城）親王を皇太子に立て、大赦し、孝行な人、礼儀正しい人を顕彰し、未亡人等の生活を援助する。
一二月一〇日　叙位。

氏名及び従前の階位等	新官職等	備考
近江国の従七位下勝首益麻呂	外従五位下	

彼は、去る二月から一〇月までの間に、私財を投じて役夫三万六〇〇〇余人の労働力を官に提供した功により、外従五位下を授けられたが、その位を父真公に譲りたいと願い出て、勅許を得る。
一二月二三日　故遠江介従五位下菅原宿祢古人の息子達四人には、衣食を支給し学業に務めさせることとする。これは彼らの父の侍読の労によるところである。

七八六（延暦五）年（勝道上人五二歳）

一月七日　左京大夫従三位兼右衛士督下総守坂上刈田麻呂（五九）没する。彼は正四位上犬養の子供である。宝字中に授刀少尉に任じられ、同八年、恵美仲麻呂の反乱に際して、仲麻呂が息子の訓儒麻呂を派遣して鈴印を奪わせたとき、苅田麻呂と将曹牡鹿島足が共に詔を奉り現地に急行し、訓儒麻呂を弓で射殺した。彼はその功により従四位下勲二等を授けられ、大忌寸の姓を賜り、中衛少将兼甲斐守に任命された。宝亀の初め、正四位下となり陸奥鎮守将軍となりいくばくもなく近衛員外中将丹波守伊予などの国守を歴任して、天応元年、右衛士督に遷った。苅田麻呂の家は弓馬を事として馬上からの射撃が巧い者が多く出た。彼は数代の天皇に仕え、天皇の寵愛と厚遇をうけ、別に封五〇戸を賜り、延暦四年、従三位を授けられ、右衛士督下総守のまま左京大夫を拝命した。

一月一七日　天皇、従三位藤原朝臣旅子を夫人とする。

一月二一日　近江国滋賀郡に初めて梵釈寺を造る。

一月二八日　地震。

四月一一日　庸調の未納が多いことなどについて、国郡司を戒める。

四月一一日　叙任叙位。

氏名及び従前の階位等	新官職等	備考
正三位藤原朝臣継縄	従二位	
従四位上石川朝臣豊人	中宮大夫	
中納言左大弁従三位石川朝臣名足	兼皇后大夫	播磨守はもとのまま
大納言従二位藤原朝臣継縄	兼民部卿	東宮伝はもとのまま
参議正三位佐伯宿祢今毛人	太宰帥	

四月一六日　左京の正七位下維敬宗等に長井忌寸の姓を授ける。

四月一六日　播磨国からの申請。四天王寺の飾磨郡の水田八〇町は、元は百姓の口分であったが、太政官符により寺に帰属することになった。そのために百姓は大変困っている。一方、印南郡は戸数が少ない割には田の面積が大変大きい。したがって飾磨郡を印南郡に移し置きたいと申請して、認められる。

五月三日　新京に遷して全ての営みが初めから始められることになったので、百姓達も移転にともない多くを出費した。左右京・東西市の人々に物を賜うこととする。

六月一日　これより先、去る宝亀三年にだされた制度では、諸国の公廨（役所）が保有する出挙の処分について、前任者が得た出挙を後任者が収納することは、収納の努力をしない者が全てを得ることになり、合理的ではないので、前後任者が折半するということであった。しかし、勅によって今後は、次の通り決めることとする。出挙収納はその労は同じではないので、前例を改めて天平宝字元年一〇月一一日の定めに従うこととする。すなわち、収納前においては公廨の後任者に帰属し、既に収納していれば前任者に帰属することとする。また勅して、百姓を撫育する義務を負う国郡の官司の職掌に何ら変わるところはない。国郡の功績と過ちは官司達が共にすべき所であるのに、近年、正倉を焼いて郡司だけが罪に問われ、国司は何ら罪を問われないような事態が生じているとのことである。これは理に反することであるから、今後は、国司等の公廨を奪って焼失した官物に充当することとする。しかし、その郡司は罪を許されるとは限らないこととする。

六月二九日　尚縫従三位藤原朝臣諸姉没する。彼女は内大臣従一位良継の娘である。贈右大臣百川に嫁いで娘を産んだ。これが妃（旅子）である。

八月八日　叙任。

氏名及び従前の階位等	新官職等	備考
従四位下巨勢朝臣苗麻呂	左中弁	河内守はもとのまま
従四位上和気朝臣清麻呂	民部大輔	摂津大夫はもとのまま
従五位下中臣朝臣必登	三河介	
従五位上阿保朝臣人上	武蔵守	
従五位下紀朝臣揖人	武蔵介	
従五位下文室真人大原	下総介	
中宮大進従五位下物部多芸宿祢国足		兼常陸大掾
正五位下粟田朝臣鷹守	上野守	

八月八日　蝦夷を征伐するための軍の装備を点検するために、従五位下佐伯宿祢葛城を東海道に、従五位下紀朝臣揖長を東山道にそれぞれ判官一名、主典一名を付けて派遣する。

八月八日　国郡司等が正倉に放火して官物を失うことを戒めて、神火・人火にかかわらず担当する国郡司が補填することを定める。

九月一八日　出羽国からの報告。出羽国に渤海国の大使李元泰以下六五人が、船一隻に乗って漂着した。その内蝦夷に誘拐された者は一二人、現在保護している者は四一人である。

九月二一日　畿内の調が免除される。

　摂津国からの申請。諸国の駅戸は庸を免除されて調だけであるとのことである。畿内ではもともと庸は科されてはいなかった。畿内の人々は畿外の人々と比べて様々な負担が多いにもかかわらず、畿外畿内負担が異なることは公平ではない。したがって、畿内においても調も免除すべきである。このように申請して認められた。
九月二九日　叙任。畿内の班田長官等を任命する。

氏名及び従前の階位等	新官職等	備考
正四位上神王	大和国班田左長官	
従五位下石川朝臣魚麻呂	同次官	
従四位上佐伯宿祢久良麻呂	大和国班田右長官	
外従五位下島田臣宮城	同次官	
従四位下巨勢朝臣苗麻呂	河内和泉長官	
従五位上紀朝臣作良	同次官	
従四位上和気朝臣清麻呂	摂津長官	
従五位下藤原朝臣葛野麻呂	同次官	
正四位下壱志濃王	山背長官	
従五位下多治比真人継兄	同次官	

長官毎に判官二名、主典二名を付ける。
一〇月二一日　叙任。

氏名及び従前の階位等	新官職等	備考
常陸国信太郡の大領外正六位上物部志太連大成	外従五位下	

彼は私財を投じて百姓を救済した功により、叙任された。
一〇月二八日　太上天皇を大和国田原陵に改葬する。
＊この年、比叡山延暦寺建立のため、信楽地方の大伐採開始。［善水寺縁起・滋賀］［日本砂防史］

七八七（延暦六）年（勝道上人五三歳）

二月一九日　渤海の使者李元泰等が言うには、彼らが入朝するときに賊に繰船技術を持った部下を殺されて帰国する方法を失ってしまったということであるので、越後国に命じて船一隻と繰船技術者を与えて出発させる。
二月二五日　叙任。

氏名及び従前の階位等	新官職等	備考
従五位上大伴宿祢弟麻呂	右中弁	
従五位上文室真人久賀麻呂	摂津亮	
従五位下和朝臣国守	三河守	
従五位上多治比真人浜成	常陸介	
従五位下佐伯宿祢葛城	下野守	
従五位下藤原朝臣葛野麻呂	陸奥介	
従五位下石川朝臣魚麻呂	丹後守	
従五位下池田朝臣真枚	鎮守副将軍	

三月二〇日　左右京五畿内七道諸国の一〇〇歳以上には穀二斛、九〇歳以上には一斛、八〇歳以上には五斗、未亡人・身寄りのない者・病人には、その年齢に応じて三

斗以下一斗以上を与えることとする。本国の長官は、自ら地方に出向いて彼らを力づけるよう命じる。

五月六日　皇太子に剣を帯びさせる。しかし皇太子は元服はまだである。

五月一五日　典薬寮では、新しい薬草辞典を採用することとする。蘇敬の著した新修本草は陶隠居の集注本草と比較して、一〇〇余条多い事柄が掲載されている。また、現在朝廷が採用している薬草も敬の説のとおりであるので、蘇敬の新集本草を使用することとしたいと願い出て認められる。

閏五月五日　陸奥鎮守将軍正五位上百済王俊哲は事に坐せられて日向権介に左遷される。

七月二五日　宝亀一〇年に、国郡司の息子達が用事で上京し、そのまま病気などと称して留まり、役所に就職することのないよう禁止し、違反した国司からは料を奪い、郡司は解任することと定め、これを許容した司も同罪としたところである。しかし、現在この決まりは守られていない。したがって、諸国はこの状態を改めるべきである。もし定めに違反したならば勅命に違反した罪で罰することとする。

一〇月八日　豊作を祝って、天下の高齢者一〇〇歳以上に穀三斛、九〇歳以上に二斛、八〇歳以上に一斛を与え、未亡人・身寄りのない者・自活できない者には役人がその状態を見て救済せよ。また本国の次官以上の者が、自ら地方を巡回せよと命じる。また、遷都した村の人々の協力に対して、延暦三年の出挙の未納分を免除し、その郡司主帳以上に爵一級を賜う。

一〇月一七日　天皇、交野《かたの》に行幸して、鷹狩りをする。大納言従二位藤原朝臣継縄の別荘に行宮とする。

一〇月二〇日　継縄は百済王等を率いて様々な音楽を演奏する。叙位。

氏名及び従前の階位等	新官職等	備考
従五位上百済王玄鏡	正五位下	
従五位上藤原朝臣乙〇	正五位下	
正六位下百済王元真	従五位下	
正六位下百済王善貞	従五位下	
正六位下百済王忠信	従五位下	
正五位下藤原朝臣明子	正五位上	
従五位下藤原朝臣家野	従五位上	
无位百済王明本	従五位下	

天皇、この日還宮する。

一〇月二四日　叙任。

氏名及び従前の階位等　新官職等　備考
従五位下佐伯宿祢葛城　民部少輔　下野守はもとのまま
一一月五日　天神を交野に祀る。
一二月一日　軍粮を陸奥に運搬納入した功により叙位する。
氏名及び従前の階位等　新官職等　備考
外正七位下朝倉公家長　外従五位下

七八八（延暦七）年（勝道上人五四歳）

一月一五日　皇太子、元服する。その儀式はつぎの通りである。

天皇と皇后が前殿に並んで臨席し、大納言従二位兼皇太子傅藤原朝臣継縄と中納言従三位紀朝臣船守の両人が冠を皇太子の頭に載せたのち、笏を執りて拝み、天皇の指示で皇太子は中宮に進んだ。

皇太子の元服を祝って、大赦し、京の諸司・高齢の僧尼及び神主などに禄を賜う。また、一〇〇歳以上の者に穀五斛、九〇歳以上に三斛、八〇歳以上に一斛を賜い、親孝行な子供孫・義夫節婦のいる家の門にはその旨を表示し、未亡人・身寄りのない者・自活が困難な病人には救済の手をさしのべる。

二月三日　皇太子の乳母を叙位する。
氏名及び従前の階位等　新官職等　備考
従五位下錦部連姉継　従五位上
无位安倍小殿朝臣堺　従五位下
无位武生連朔　従五位下
二月六日　叙任。
氏名及び従前の階位等　新官職等　備考
中納言兵部卿従三位石川朝臣名足　兼大和守
従五位下高倉朝臣殿嗣　大和介
従五位下大伴宿祢蓑麻呂　河内守
従五位下百済王善貞　河内介
正四位下伊勢朝臣老人　遠江守
従五位下県犬養宿祢継麻呂　伊豆守
従五位下紀朝臣真人　相模守
従五位下藤原朝臣縵麻呂　相模介
中宮大夫従四位上石川朝臣豊人　兼武蔵守
中衛少将正五位下藤原朝臣乙〇　兼下総守
従五位下中臣凡朝臣馬主　上野介
従五位下浅井王　丹波守
従五位上大中臣朝臣継麻呂　但馬守
式部大輔左兵衛督従四位下　大中臣朝臣諸魚　兼

播磨守
従五位下笠朝臣江人　　　　　播磨介
外従五位下忍海原連魚養　　　播磨大掾
正五位上当麻王　　　　　　　備前守
少納言従五位下藤原朝臣縄主　兼備前介　右衛士佐は
もとのまま
従五位下下毛野朝臣年継　　　備中介
外従五位下忌部宿祢人上　　　安芸介
東宮学士左兵衛佐従五位下　　津連真道　兼伊予介
従五位上紀朝臣伯麻呂　　　　太宰少弐
従五位下石川朝臣多弥　　　　肥前守
二月一四日　叙任。
氏名及び従前の階位等　　　　新官職等　　　備考
外従五位下入間宿祢広成　　　近衛将監
二月二二日　叙位。
氏名及び従前の階位等　　　　新官職等　　　備考
正六位上紀朝臣永名　　　　　従五位下
二月二八日　叙任。
氏名及び従前の階位等　　　　新官職等　　　備考
陸奥按察使守正五位下　　　　多治比真人宇美　兼鎮守将
軍

外従五位下安倍猿島臣墨縄　鎮守副将軍
三月二日　来年に計画している蝦夷征伐に備えて、陸奥国に命じて、軍粮三万五〇〇〇余斛を多賀城に搬入させ、また、東海・東山・北陸等の国々に命じて、糒二万三〇〇〇余斛と塩を、七月までに陸奥国に輸送するよう命じる。
三月三日　来年三月までに東海・東山・坂東諸国の歩兵・騎兵五万二八〇〇余人を陸奥国多賀城に集結させるよう命じる。その選考は、まず戦の経験があって戦功のある者及び常陸国の神賤、次に弓馬が上手な者の順に選抜するよう命じる。
三月四日戌時（午後八時頃）　大隅国贈於乃峯が噴火する。
三月一六日　中宮大夫従四位上兼民部大輔摂津大夫和気朝臣清麻呂から、河内摂津両国の堺に川を掘り堤を築き、荒陵の南から河内川に導いて、西の海に注げば、開墾可能な肥沃な土地が得られるとの進言を受けてこの日、清麻呂を派遣して二三万余人に食糧を供給して、この事業にあたらせることとする。
三月二一日　叙位叙任。
氏名及び従前の階位等　　　　新官職等　　　備考

従五位上多治比真人浜成　　征東副使
従五位下紀朝臣真人　　征東副使
従五位下佐伯宿祢葛城　　征東副使
外従五位下入間宿祢広成　　征東副使

四月三日　畿内に使者を遣わして雨乞いをする。

四月一〇日　丹生川上の神に黒馬を奉り、雨乞いをする。

四月一一日　日照りのために、種蒔きの時期を慎重にはかるよう勅する。

五畿内においては月をかさねて日照りが続いているために用水路やため池の水が不足している。そのため百姓は水田を耕し種を蒔くことができない状態であった。そこで所司に命じて、王臣を問わず彼らが所有する田に水があるところには百姓に種を蒔かせて、種蒔きの時期を失わせないようと命じる。

四月一六日　昨年の冬より雨が降らず既に五ヶ月になり、漑用水は枯渇し、今年の収穫は絶望的になっている。この日早朝、天皇は沐浴して庭に出て自ら神に祈りを捧げた。やがて、空が黒い雲で覆われ雨が降ってきた。群臣は万歳と称し舞い踊った。五位以上に御衾と衣を賜る。

四月　勝道上人、日光中禅寺湖北崖で修行する。［補陀洛山建立修行日記］

五月上旬　勝道上人、中禅寺湖南崖に移り庵を結ぶとともに同湖上の小島に住して、垂仁天皇を遠祖とする上人は、そこで皇室の安寧をひたすらに祈ったのである。この上人の行いは朝廷に伝えられ天皇は大いに感じるところがあったのであるとのことであった。［補陀洛山建立修行日記］

五月二日　群臣に、使者を遣わして伊勢神宮及び七道の名神に祈るよう詔する。この夕より大いに雨が降り、その後も雨が十分に降って遠近あまねく収穫を得ることができた。

五月三日　夫人従三位藤原朝臣旅子（三〇）没する。

中納言正三位兼中務卿藤原朝臣小黒麻呂・参議治部卿正四位下壱志濃王を派遣して葬儀を執り行わせ、中納言従三位兼兵部卿皇后宮大夫石川朝臣名足・参議左大弁正四位下兼春宮大夫中衛中将紀朝臣古佐美をして詔を伝達して妃及び正一位を贈る。彼女は贈右大臣従二位百川の娘である。延暦の初めに後宮として入り、従三位を授けられ夫人となり大伴（淳和）親王を産んだ。

五月二三日　中務大録正六位下中臣丸連浄兄は、印書を偽造して庫物を持ち出すこと、一度ではなかった。彼はこのことが発露すると罰せられることをおそれて自ら縊死した。

六月九日　下総・越前二国の封戸各五〇戸を梵釈寺に施入する。

六月二六日　叙任。

氏名及び従前の階位等　　新官職等　　　備考

正四位下伊勢朝臣老人　　杢頭

従五位下橘朝臣入居　　遠江守

近衛少将従五位下坂上大宿祢田村麻呂　兼越後介　内匠助はもとのまま

従五位下紀朝臣兄原　　出雲守

七月四日　太宰府からの報告。去る三月四日戌時、大隅国贈於郡曾乃峯の上に火炎が盛んに上がり、雷のような振動がした。亥時に火炎は消えたが黒煙が上がり峯の麓五六里に火山灰が二尺ばかり降り積もった。その色は黒かった。

七月六日　征東大使を任命する。叙任。

氏名及び従前の階位等　新官職等　　　備考

参議左大弁正四位下兼春宮大夫

中衛中将紀朝臣古佐美　征東大使

七月二八日　前右大臣正二位大中臣朝臣清麻呂（八七）没する。

曽祖の国子は小治田（推古）朝の小徳冠である。父意美麻呂は中納言正四位であった。清麻呂は天平の末に従五位下を授けられ神祇大副に任命され、左中弁文部大輔尾張守を歴任、宝字中に従四位上参議左大弁兼神祇伯になった。神護元年、仲満の乱を処理して勲四等を加えられた。同年一一月、高野（称徳）天皇が大嘗を行ったとき、清麻呂は神祇伯として、行事を奉った。天皇は彼の神祇伯としての誠実な務めをよろこび、従三位を授け景雲二年、中納言に任じた。さらに詔により大中臣の姓を賜い、天宗高紹（光仁）天皇践祚のとき、正三位を授けられ大納言兼東宮伝となり、宝亀二年、右大臣となり従二位を授けられ、正二位を賜った。彼は数代の天皇に仕え、国の元老として重きをなした。

九月二六日　長岡京造営のため百姓が苦渋するので役夫を出す国の出挙の利を減じる。

一〇月二日　雷雨暴風が百姓の家屋を破壊する。

一二月七日　征東大将軍紀朝臣古佐美、天皇に謁見する。彼は召されて殿上に上り、節刀を賜い次のような勅命を賜った。

これまでの軍令を無視して軍務を怠慢したために、戦果を挙げられなかったことを教訓として、軍令に従わなかった副将軍は天皇に報告し、軍監以下は法に従って斬罪とせよ。坂東の安危は、今度の征伐の成否にかかっている。また彼は、御被二領・采帛三〇疋・綿三〇〇屯を賜う。

七八九（延暦八）年（勝道上人五五歳）

一月九日　参議太宰帥正三位佐伯宿祢今毛人、老齢のため引退を願い出て、認められる。

一月二五日　参議宮内卿正四位下兼神祇伯大中朝臣子老没する。彼は右大臣正二位清麻呂の第二子である。

二月四日　叙任。

氏名及び従前の階位等	新官職等	備考
従五位下大原真人美気	尾張守	
正五位下高賀茂朝臣諸雄	三河守	
従五位上文室真人子老	安房守	
正五位上百済王玄鏡	上総守	
従五位下石川朝臣清浜	上総介	
近衛将監外従五位上池原公綱主	兼下総大掾	
式部大輔従四位下大中朝臣諸魚	兼近江守	左兵衛督はもとのまま
従五位下紀朝臣長名	越前介	
大判事従五位上橘朝臣綿裳	兼越中介	
正五位上安倍朝臣家麻呂	石見守	
兵部大輔左京大夫		
従四位下藤原朝臣雄友	兼播磨守	左衛士督はもとのまま
従五位下高倉朝臣石麻呂	美作介	
従五位上藤原朝臣園人	備後守	
従五位下百済王教徳	讃岐介	

二月二七日　天皇、西宮から東宮に初めて移る。

三月一日　造宮使が酒、食べ物及び様々な玩好乃物を献上する。

三月九日　諸国の軍が陸奥の多賀城に集合して、道に分け入って賊地に進撃を開始する。

三月一〇日　蝦夷征伐の成功を祈って、使者を遣わして幣帛を伊勢神宮に奉る。

四月四日　天皇は勅使を派遣し勝道上人の朝廷に対する忠勤善行を讃えて上野国総講師に任命したのである。勝道上人が祈願を行った日光中禅寺湖上の小島は、これにちなんで上野島と命名されたとのことである。［補陀洛山建立修行日記］

上野島

四月一三日　これまでは伊勢・美濃の関所の関司は、上下飛騨の函を開いて検分していたが、勅により開いてはいけないこととする。

四月　飢饉のときの救急の制度を定める。

美濃・尾張・三河等の国は、昨年凶作であった。飢餓に瀕している者が大勢のため、救済が困難な状況である。したがって、使者を派遣して倉廩を開いて、安いときの価格で米を百姓に売り与え、その対価を国庫に蓄えておいて、秋の収穫時期に稲を買い取ることとし、この制度を「救急」と名付けて、その国の国郡司及び富裕な人が勝手に処分できないこととする。もし違反すれば、違勅の罪に問われることとする。

四月二八日　伊賀国飢饉、賑恤する。

五月一二日　征東将軍に勅する。報告では官軍が衣川に留まり進撃できないとのことであった。四月六日の報告では、三月二八日には官軍は河を渡って三ヶ所に拠点を築いたとのことであった。それから三〇余日を経過しても同じ所に留まっているのは、どういう理由によるのか。攻撃するときはすばやく行うことが貴ばれる。また、六、七月は暑い季節になるため、いま進撃しなければ時期を失ってしまうではないか。将軍らに進退の判断を任せてはいるが、進撃しないで日を重ねていれば兵糧を浪費することにもなる。攻撃しないでとどまる理由と賊軍の消息を詳しく報告せよ。

五月一八日　太政官からの進言。条令等にてらして考えると、良と賎が通婚することは明らかに禁じられていることである。しかるに天下の士女や冠蓋の子弟などが艶色をむさぼり婢を奸し、淫に走って奴に通じ、ついには氏族の子供を奴婢につくらせているのが現状である。したがって今後、婢が良に通じ、良が奴に嫁して産める子を、良に属させるべきである。寺社の賎についても同じあつかいであるべきであると、天皇の判断を仰ぎ、認められる。

五月一九日　播磨国揖保郡大興寺の賎の若女は、もとは讃岐国多度郡藤原郷の女である。しかし、慶雲元年に揖保郡の百姓佐伯君麻呂に騙されて、彼の婢と称して大興寺に売られてしまった。若女の孫小庭等は、このことを訴え続けていたところ、若女の子孫奴五人、婢一〇人は賎を免ぜられて良に属することになった。

五月一九日　安房・紀伊などの国、飢饉。賑恤する。

五月二六日　叙位。

氏名及び従前の階位等	新官職等	備考
征東副将軍民部少輔兼下野守 従五位下勲八等佐伯宿祢葛城	正五位下	

彼は、軍を率いて征伐の途上没したために、贈られることになった。

六月三日　征東将軍からの報告。

副将軍外従五位下入間宿祢広成・左中軍別将従五位下池田朝臣真枚・前軍別将外従五位下安倍猿島臣墨縄は、作戦を打ち合わせて、三軍が力を合わせて賊を討伐しようと河を渡った。各軍は二〇〇〇人であった。賊帥の夷阿弖流為《あてるい》の本拠地に攻撃を仕掛けた。賊徒は約三〇〇人。戦闘になったが、官軍が優勢で、賊衆は後退した。官軍は勢いに乗り、打ち払い焼き払い巣伏村まで進んだところで、その進路に賊衆約八〇〇人があらわれて、我々の進撃を阻止した。彼らは強い力を発揮したので、官軍は思わず退いたところ、賊徒は直ちに攻撃してきた。するとさらに賊四〇〇人が官軍の背後に現れて官軍の退路を断ったのである。官軍を挟み撃ちした賊衆は、盛んに攻撃を仕掛けたため官軍は破られたのである。別将丈部善理・進士高田道成・会津壮麻呂・安宿戸吉足・大伴五百継等が戦死した。

賊に与えた損害は焼き払った集落一四村、住居八〇〇戸。

官軍の被害は戦死者二五人、矢に当たった者二四五人、河に溺死した者一〇三六人、裸で泳いで逃げ帰った者一二五六人。

別将出雲諸上・道島御楯等が余衆を率いて帰還した。この報告を受けて征東将軍に次のように勅した。

胆沢の賊は河東に集結しているのであるから、まずこの土地を先に討伐してから深く討伐に踏み込むことを検討すべきである。軍監以上は兵を率いて、地形を利用して相手を威圧し、賊の手薄なところを攻撃すべきである。官軍が弱そうに見えては破られてしまうではないか。敗因はその道の副将等の失策である。善理等が戦死したり士衆が溺死したことはまことに気の毒なことではある。

六月九日　征東将軍からの報告。

胆沢の地は、賊地の奥深いところにある。大軍をもって村々を討伐しても、彼らはどこかに潜んでいて、隙を見て人を殺戮し物を盗んでいく。子波・和我はさらに奥地にあり、兵糧の運搬には大変な困難を伴う。すなわち、玉造から衣川まで四日。輸送隊の物資の授受に二日。往復で一〇日かかる。衣川から子波までは六日の行程で往復一四日を要する。玉造から子波までの往復は二四日である。途中賊の妨害や雨のため輸送できない日は考慮していない。河陸両道の輸送隊は一万二四四〇人。一度に輸送できる糒は六二一五斛。征軍二万七四七〇人。彼らの一日の消費量は五四九斛である。子波の地を征伐するためには兵糧は一一日分である。戦闘要員を割いて輸送隊に加えれば、戦闘要員が不足する。軍が行動をおこしてから既に春から夏に亘っており、軍勢も輸送隊も疲弊しているので、これ以上軍を進めることは危険である。永く賊地にとどまり遠距離の食糧輸送をすることは良策とは言えない。賊には天誅を加えるべきではあるが、いまの状態では水陸の田を耕種することができない。既に農時を失っている。今回の賊の征伐は中止したい。

これに対して勅して、これまでの報告から判断すると、賊は河東に集まって官軍に抵抗していたのであるから、まずこの地を討伐してから、敵地に深く攻め入る計画をたてるようにと命じたではないか。しかるに敵地に攻め入っても勝ち目がないので軍を解くとのことである。軍を解くのであればその理由を詳しく説明せよ。軍を解くのはそれからでも遅くはない。要するに将軍らは無能無策である。将軍らは賊を畏れてその場に留まり、巧みにうまい言葉を並べて責任を逃れようとしているだけである。広成・墨縄は長い間賊地に勤務して幾多の戦場を経験していたことを理由に、今回の作戦は副将達に任せて後方の陣営に留まっていた。出撃して何ら戦功がないのは、将軍として恥である。軍を損じ食糧を浪費したことは、国家の大損害である。

七月一四日　伊勢・美濃・越前の関を廃する。

これらの関は、もとは非常時に備えて設けられたものである。現在、いたずらに関を設けて防御することは、公私の往来を阻むことになり、通利の便を阻害するものであるから、三国の関を一切廃止することとする。関に備えてある兵器食糧などは国府に収め、建物は必要な郡に移築せよ、と勅する。

七月一五日　伊勢・志摩両国飢饉、賑恤する。

七月一七日　持節征東大将軍紀朝臣古佐美等に勅する。

今月の一〇日の報告では、胆沢では大いに戦果があがり、官軍が行くところ強敵はなく、焼き払われた賊の住処には人影は見えず、ただ鬼火が燃えているだけである。まことに慶びにたえない状況を報告するとのことである。しかし、これまでの報告をよく見ると、取った賊の首は八九級、官軍の死者は一〇〇〇有余人、負傷者は二〇〇〇人にもおよんでいる。賊の首が一〇〇級に満たないのに官軍の損害は三〇〇〇人に及んでいる。これが何でめでたいものか。官軍が引き上げれば、賊が追撃してくることは一度だけではない。真枚・墨縄等は位の低い将を河東に派遣したために、戦いに破れて敗走し一〇〇〇余人の溺死者を出したのである。よく戦って賊の巣窟を焼き払ったと戦果を挙げているが、多数の溺死者を出したことには触れていないではないか。また、浜成等が討伐を担当した地域には、強敵がいなかったためで山谷に彼らの影も見えず鬼火が見えるだけであるとは、過大な報告なのではないか。賊を討ち平らげてから、本当のことを報告せよ。

七月二五日　下野・美作両国飢饉、賑恤する。

七月二七日　備後国飢饉、賑恤する。

八月三〇日　勅。陸奥国に従軍した人々の今年の田租を免除する。牡鹿・小田・新田・長岡・志太・玉造・富田・色麻・賀美・黒川一一郡は賊地に隣接しており、他の地域と同じには論じられないので、特別にその期間を延長することとする。

九月八日　持節征東大将軍紀朝臣古佐美、陸奥から帰還し、節刀を返納する。

九月一二日　叙任。

氏名及び従前の階位等	新官職等	備考
従五位上藤原朝臣黒麻呂	治部大輔	
従五位下紀朝臣伯	玄蕃助	
従五位下布勢朝臣大海	主税頭	
従五位上上毛野稲人	刑部大輔	
左少弁従五位上安倍朝臣弟当	兼下野守	

九月一九日　大納言従二位藤原朝臣継縄・中納言正三位藤原朝臣小黒麻呂・従三位紀朝臣船守・左兵衛佐従五位上津連真造・大外記外従五位下秋篠宿祢安人等を太政官の曹司に派遣して、征東将軍等が逗留して敗北したことを勘問する。大将軍正四位下紀朝臣古佐美・副将軍外従五位下入間宿祢広成・鎮守副将軍従五位下池田朝臣真枚・同外従五位下安倍猿島臣墨縄等は勘問の理由に承伏する。彼らの罪はつぎの通りである。

大将軍正四位下紀朝臣古佐美は、蝦夷征伐の総責任者として、奥地に進撃して賊を征伐することなく敗れ、粮を浪費した罪は、罰するに値するが、これまでの勤務成績を勘案して罪を免じることとする。

鎮守副将軍従五位下池田朝臣真枚・同外従五位下安倍猿島臣墨縄は、戦いを畏れて、進退の時期を失して敗北の直接の原因となった。したがって、墨縄は斬刑に、真枚は官を解任して冠官を剥奪する罪を犯しているが、墨縄は長年の勤務状態を勘案して斬刑を免じて官冠を剥奪する刑にとどめ、真枚は日上の湊で溺れている兵士達を救助したことに免じて冠をとる罪を免除して官を奪う罪にとどめることとする。

また、軍功のある者には、軍功の軽重に従って恩賞を与え、小さい軍律違反を犯した者は、その罪を問わないこととする。

一〇月一七日　散位従三位高倉朝臣福信（八一）没する。

彼は武蔵国高麗郡の出身である。もとの姓は背奈である。彼の先祖は福徳といい、唐の将軍の李勣が平壌城を攻略したとき、我国に帰化して武蔵国に定住した。福信は福徳の孫である。彼が少年のとき伯父の背奈行文に従って京にやってきた。彼は同輩と共に石上り衢（大通り）で相撲をとったが、彼は相手の力を巧みに利用して勝つことで評判になり、それが内裏にも知られることになり、内竪所に勤めることになり、これより名を著したのである。初めに右衛士大志《さかん》に任命され、天平中に外従五位下を授けられ春宮亮に任ぜられ、聖武天皇に可愛がられ勝宝の初めに従四位紫微少弼に至り、本姓を改めて高麗朝臣を賜い信部大輔となり、神護元年従三位を拝し造宮卿兼武蔵近江守を歴任した。宝亀一〇年、彼は書面で天皇に再び姓を改めることを願い出て認められた。彼の言うには、彼らが帰化してから長いこと経過し、過分にも朝臣の姓を授けられたが高麗の号が未だにつけられたままである。できることならば高麗を改めて高倉と名乗りたいと、請願して認められた。天応元年、弾正尹兼武蔵守となり、延暦四年高齢を理由に引退を願い出て散位となって第に還った。

一〇月二三日　叙任。

氏名及び従前の階位等　新官職等　備考

従五位下巨勢朝臣野足　陸奥鎮守副将軍

一二月八日　叙位。播磨国美嚢郡大領正六位下韓鍛首広富は稲六万束を水児の船瀬に献じたので、外従五位下を授ける。

一二月二三日　勅して来年の賀正の礼を執り行わないこととする。中宮（新笠）が病のため医療を施しているが、一〇日を経ても快方に向かう気配がない。そこで畿内七道の諸寺に大般若経を七日間にわたって読誦させる。

一二月二八日　皇太后（高野新笠）崩御する。

一二月二九日　皇太后の葬礼のため役割を決める。

御葬司　大納言従二位藤原朝臣継縄
参議弾正尹正四位上神王
備前守正五位上当麻王
散位従五位上気多王
内礼正従五位下広上王
参議左大弁正四位下紀朝臣古佐美
宮内卿従四位下石上朝臣家成
右京大夫従四位下藤原朝臣菅継
右中弁正五位下文室真人与企
治部大輔従五位下藤原朝臣黒麻呂
散位従五位下桑原公足床
出雲守従五位下紀朝臣兄原
雅楽助外従五位下息長真人浄継
大炊助外従五位下中臣栗原連子公
六位以下の官九人

山作司　中納言正三位藤原朝臣小黒麻呂
参議治部卿正四位下壱志濃王
阿波守従五位上小倉王
散位従五位下大庭王
正五位下藤原朝臣真友
因幡守従五位上文室真人忍坂麻呂

但馬介従五位上文室真人久賀麻呂
左少弁従五位上阿倍朝臣弟当
弾正弼従五位下文室真人八島
六位以下の官一四人
養民司　信濃介従五位下多治比真人賀智
安芸介外従五位下林連浦海
六位以下の官八人

左右京・五畿内・近江・丹波等の国から役夫を差発する。

百官及び畿内は三〇日間、諸国は三日間、喪に服することとする。

勅して七七の御斎（四十九日）に当たる、来年の二月一六日には、天下諸国の国分二寺の僧尼により誦経するよう命じる。また七日毎に諸寺に使者を遣わして追善の誦経をさせる。

＊岩手で出土の焼けた竪穴住居跡　大和朝廷の蝦夷征討跡か

岩手県水沢市の「杉の堂遺跡」でこのほど、奈良時代末期の「蝦夷《えみし》」のものとみられる焼けた竪穴住居跡五棟が出土した。

同時に発掘された土器の年代が、大和朝廷によるこの地方への「蝦夷征討」の時期と一致することなどから、「朝廷軍による焼き討ちの跡ではないか」との見方が関係者の間で強まっている。

同市埋蔵文化財センターによると、同遺跡から焼けた五棟を含む奈良時代末期の竪穴住居跡六棟と、この集落の後に造られた平安時代前半のものと見られる竪穴住居跡四棟が出土した。

奈良末期の跡からは屋根を支えるために使われたと見られる一辺約八チセンの角材が規則正しく並んだ状態で発見され、屋根材に使ったと見られる「かや」も炭化した状態で見つかった。

水沢市には、延暦二一（八〇二）年、征夷大将軍の坂上田村麻呂が朝廷軍の拠点として築いた胆沢城跡が残っている。

胆沢地方は激戦地だったとされ、続日本紀にも、同八（七八九）年、朝廷軍とこの地方の族長阿弖流為《あてるい》の軍が同遺跡近くの北上川流域で戦い、一四村、八〇〇戸が焼失したという記述がある。

焼けた竪穴住居跡は同県内でこれまでにも出土しているが、同センターの池田明朗学芸員（二九）の調査では、同県北部の二戸市と水沢市に集中している。

池田学芸員は「武器類が出土するか、同様の遺跡が多数見つかれば、当時の戦闘を裏付ける確実な資料になると思う」と、今後の調査に期待を寄せている。［産経新聞夕刊一九九六（平成八）年一一月一二日］

七九〇（延暦九）年（勝道上人五六歳）

二月二七日　百済王等に天皇の外戚にあたるとして爵位を授ける。

三月一五日　伯耆・紀伊・淡路・三河・飛騨・美作等六ヶ国飢饉、賑恤する。

閏三月四日　蝦夷征伐のため、諸国に革甲二〇〇〇領を造るよう命じる。

東海道は駿河以東、東山道は信濃以東、国毎に定められた数量の革甲を三年以内に造るよう命じる。

閏三月一〇日　皇后（乙牟漏）の病気の回復を願って、二〇〇人が出家し、左右京五畿内の高齢者・未亡人・身寄りのない者・病人等で自活できない人々を賑恤する。

閏三月一〇日　皇后（三一）没する。

閏三月一一日　京畿七道に命じて、今月一八日から晦日まで、哀を挙げさせることとする。

閏三月一六日　延暦九年閏三月一六日以前の罪を大赦し、延暦三年以後の百姓が滞納している正税・調庸を免除する。

閏三月二八日　参議左大弁正四位上紀朝臣古佐美、誄人を率いて誄を奉り、皇后に諡《おくりな》して天之高藤広宗照姫之尊とする。この日、長岡山陵に葬る。

皇后の姓は藤原である。諱《いみな》は乙牟漏、贈内大臣贈従一位良継の娘である。母は尚侍贈従一位阿倍朝臣古美奈である。彼女は美しく母性愛に満ちていた。彼女は皇太子（平城）・賀美能王・高志内親王を産んだ。天皇の即位にあたって皇后となった。

閏三月二九日　蝦夷征伐のため、東海道は相模以東、東山道は上野以東の諸国に軍粮としての糒一四万斛を備蓄するよう命じる。

四月五日　太宰府に命じて鉄製の冑二九〇〇余枚を製造させる。

四月二九日　和泉・三河・遠江・近江・美濃・上野・丹後・伯耆・播磨・美作・備前・備中・紀伊・淡路一四ヶ国飢饉、賑恤する。

五月五日　陸奥国からの上申。遠田郡の領外正八位上勲八等遠田公押人は、既に蝦夷を離れて大和朝廷に帰化しているが、未だに田夷の姓を用いている。これは子孫の恥であるから大和朝廷の民と同じ扱いを受けるため、夷姓を改めたいと、願い出て遠田臣の姓を賜る。
五月二一日　五畿内に勅使を派遣して雨乞いをする。
五月二九日　一ヶ月にわたる炎旱で被害が生じているので、詔して畿内の名神に雨ごいをする。
六月一三日　神祇官の曹司において神今食《じんこんじき》之事《のこと》を行う。
七月一七日　左中弁正五位上兼杢頭百済王仁貞等に菅野朝臣の姓を授ける。

　左中弁正五位上兼杢頭百済王仁貞・治部少輔従五位下百済王元信・中衛少将従五位下百済王忠信・図書頭従五位上兼東宮学士左兵衛佐伊予守津連真道等が、書面で主張するには、彼らの本系の出自は百済国の貴須王である。貴須王は百済の始祖から一六代目の王である。百済の太祖都慕大王は日神の霊が地上に下って王となった。扶餘を征服して国を開き、天帝として諸韓の首長を王と呼んだのである。時代は下って肖古王の時代、我国の文化を慕って使者を派遣した。それは神功皇后が摂政を始めた年である。軽島豊明朝御宇つまり応神天皇が上毛野の氏の遠祖である荒田別を、博学の者を探しに百済に使者として派遣したとき、百済国主貴須王は、謹んで同王の孫の辰孫王（またの名を智宗王）を荒田別に伴わせて、入朝させたのである。同天皇は大変喜んで彼を皇太子の師とした。彼により初めて書籍が伝えられ、儒学を通じて文教がはじめられた。難波高津朝御宇つまり仁徳天皇の時代、辰孫王の長子の太阿郎王は近侍として同天皇に仕え、辰孫王は太阿郎王・亥陽君・午定君を産んだ。午定王は三人の男子を産んで長子は味沙・二子は辰尓・末子は麻呂といった。彼らより別れて彼らの職業にちなんで氏が命名され、葛井・船・津の連と名乗った。敏達天皇の時代、高麗国は使者を派遣して国書（鳥羽之表）を差し出したが、群臣の中にその書を読める者はいなかったが、辰尓が進み出てその書を流暢に読みこなし、意味を説明したので、天皇は大いに喜び、「汝が学問に親しんでいなければ、だれも書を読める者がいなかったであろう」と言って、彼が殿中に初めて近侍することとなったのである。また、東西の諸史に詔して、「大勢の官吏がいるけれども辰尓に及ぶ者はいないであろう」と、このことを国史家牒に詳しく記載することになったとのことである。以後真道等の祖先は朝廷に仕えて、家は文雅之業を伝え、族は西庠之職を掌って今日に至っているのである。そこで連の姓を改めて朝臣の姓を賜りたいと、願い出て菅野朝臣の姓を賜った。

八月一日　太宰府から管内の八万八〇〇〇余人が飢えているので救済したいと言ってきたので、これを許す。
九月三日　皇太子の病気の回復を願って、京下の七寺に読経させる。
九月一一日　伊勢大神宮に相嘗の幣帛を奉る。通常であれば天皇が大極殿にあって遥拝するのであるが、天皇の具合が悪いため、直ちに使者に幣帛を持たせて出発させた。
九月一三日　詔して炎旱のために山火事が多発し、耕地が多く荒廃し、京畿の減収量は外国《とつくに》よりも甚だしく、飢饉のため疾疫に沢山の人々が苦しんでいる。そこで左右京及び五畿内の今年の田租を免除することとする。
一〇月二日　鋳銭司を再び置く。
一〇月一四日　高齢の人守臣東人を内裏に引見する。彼は一二二歳であるが、髪の毛はふさふさとしており、少年のように若々しい状態であった。天皇は、彼に衣服を賜う。
一〇月一九日　蝦夷征伐に功績のあった四八四〇余人に、勲功の軽重に従って勲と位を授ける。これらの儀式は天応元年の例によって行われた。
一〇月二一日　太政官からの進言。
蝦夷を征伐するために大軍が動員されたが、未だに反乱はおさまっていない。坂東諸国は戦に疲れ、壮強なものは筋力をもって従軍し、体力の劣る者は役に赴いているのに、富裕階級の輩がその苦を免れて楽をしている。天皇の民として著しく不公平であるので、左右京・五畿内・七道の諸国司に指示して、土人浪人及び王臣佃使を問わず、甲を作ることのできる財力を有する者に対しても、彼らが蓄えている物の数量郷里姓名を添えて申告させてはいかがかと進言して、天皇の許しを得る。
一一月一〇日　外従五位下韓国連源等の姓「韓国」を改めて「高原」を賜う。
　彼らの主張によれば、彼らは物部大連の末裔である。物部連は居住地や従事している仕事にちなんで一八〇氏に分派した。源の先祖は塩児である。塩児は使者を務めた国の名をもって「物部連」を改めて「韓国連」と呼ばれるようになったのである。我々はもともと日本の住民であって、最近三韓から帰化した人々と同類ではない。地名にちなんで姓を賜ることは、古今の通典なのであるから、韓国の二文字を改めて高原の姓を賜りたいと、申請して認められたものである。
一一月一五日辰の時　地震。巳の時　地震。

一一月二五日　陸奥国黒川郡の石神山精社を官社と指定する。
一一月二五日　坂東諸国、軍役のために疲弊しているため、今年の田租を免除することとする。
一二月一三日　地震。
＊この年、京畿男女で三〇歳以下の者の多くが、豌豆瘡《もがさ》を患ってたおれ、ひどい場合には死亡する。天下諸国でも流行する。

七九一（延暦一〇）年（勝道上人五七歳）

一月一二日　春宮亮正五位下葛井連道依・主税大属従六位下船連今道等に姓を改めることを許す。

道依・今道等の葛井・船・津連は、もとは一つの祖先である。それが三つの氏にわかれたのである。最近、津連は幸いにも朝臣の姓を賜ったのであるが、道依・今道等はいまなお連の姓を名乗っている。心広い天皇の思し召しにより姓を改めて戴きたいと願い出て、道依等八人には宿祢の、今道等八人には宮原宿祢、対馬守正六位上津連吉道等一〇人には宿祢、少外記津連巨都雄等兄弟姉妹七人には中科宿祢の姓をそれぞれ賜う。
一月一八日　蝦夷征伐のために、東海道に正五位上百済王俊哲・従五位下坂上大宿祢田村麻呂を派遣し、東山道には従五位下藤原朝臣真鷲を派遣して、軍士・武器を検閲する。
二月五日　叙位。

氏名及び従前の階位等	新官職等	備考
外正六位上大伴直奈良麻呂	外従五位下	
外正八位下遠田臣押人	外従五位下	
外従七位下丈部善理	贈外従五位下	

善理は陸奥国磐城郡の出身である。延暦八年官軍に従軍して胆沢に出撃した。兵士達を率いて河を渡って戦い官軍が不利な状況に追い込まれたが、彼は奮戦の後に戦死した。彼等の戦功に対して位を贈るものである。
二月一三日　諸国の倉庫を建築するにあたって、倉庫間の距離を置くよう指示する。

隣接して倉庫が建設されている場合、一つの倉庫が出火すると隣の倉庫に延焼して全部の倉庫を失うことになるおそれがある。今後新たに倉庫を建築するときには、倉庫間の距離を一〇丈以上の間隔を空けるように。あるいは土地の広さを考慮してできる限りの間隔を置くようにと指示する。
二月二一日　陸奥介従五位下文室真人大原を兼鎮守副将

軍となす。
二月二一日　本人の死亡後の位田の給収について、改正する。
　これまでは五位以上の位田は、本人が死亡した場合、一年間は保障され、彼に子供がいない場合は、その年に返上することになっていた。しかし、今後は子供の有無にかかわらず、本人の死亡後一年間は給付することとする。
三月六日　律令を施行する。
　故右大臣従二位吉備朝臣真備・大和国造正四位下大和宿祢長岡等が事の軽重の誤りや首尾の差異を手直しして策定した律令二十四条を、この日初めて行わせる。
三月一五日　甲を造らせる。
　右大臣以下五位以上に甲を造らせる。五位以上で裕福な者は二〇領を限度に、その次は一〇領と財力によって造る甲の数量を考慮した。
三月二六日　京畿七道の国郡司に命じて甲を製造させる。
四月五日　近衛将監従五位下兼常陸大掾池原公綱主等に住吉朝臣の姓を授ける。
　綱主等の主張によれば、つぎの通りである。
池原・上毛野二氏は豊城入彦命の子孫である。東国六腹の朝臣は彼らが住んでいた土地にちなんで姓を賜り氏を名乗っていた。私も先祖にならって現在住んでいる地名にちなんで「住吉朝臣」の姓を賜りたいとのことである。よって綱主兄弟二人の願いは認められた。
四月一八日　山背国管内の諸寺の浮図が古くなって破損箇所が多い状態であるので、勅使を派遣して修理する。
五月一二日　太宰府から豊後・日向・大隅等の国で飢饉であると報告してきている。また、紀伊国も飢饉であると。賑恤する。
五月一六日　請願により、唐人正六位上王希逸に江田忌寸の姓を授ける。
五月二九日　来年の班田に備えて天平一四年・勝宝七歳などの図籍に基づいて改正を加える。
　これより先、国司らは荒廃した水田を収めて、百姓に口分田として班給していたところである。しかし、いたずらに地位を利用して、王臣家・国郡司及び富裕な百姓達が、下田を上田と交換したり不便な土地を便利な土地と取り替えたりしているが、このような行為は違反であるので、従前の状態に戻す必要があるとのことである。
六月三日　皇后の周忌の斎会に参加した雑色の人々二六七人に、前例に従って爵及び物を賜う。

六月五日　叙位。

氏名及び従前の階位等　新官職等　備考

従五位下石浦王　越中守

従五位下文室真人真屋麻呂　但馬介

六月一〇日　鉄甲三〇〇〇領を諸国に命じて改良修理させる。

六月二五日　王臣家及び諸司寺家等の山野の独占禁止令が侵されていないかどうかを、現地において確認する。

これより先、延暦三年勅を下して、王臣家及び諸司寺家等が山野を占めることを禁じたところである。

そこで、使者を山背国に派遣して、公私の土地を調べて百姓の入り会い権が保証されていることを百姓に確かめて、もし違反があれば違勅の罪で罰することとする。所司で違勅に協力する者も同罪とすることとする。

六月二六日　日照りのため丹生川上の神に黒馬を奉り、雨ごいをする。

七月一日　一〇日をこえる炎旱のために、畿内の諸名神に幣を奉り、雨乞いをする。

七月一三日　叙任。

氏名及び従前の階位等　新官職等　備考

従四位下大伴宿祢弟麻呂　征夷大使

征五位上百済王俊哲　副使

従五位上多治比真人浜成　副使

従五位下坂上大宿祢田村麻呂　副使

従五位下巨勢朝臣野足　副使

八月三日夜　盗賊が伊勢大神宮の正殿一宇・財殿二宇・御門三間・瑞籬《みずかき》一重を焼く。

八月五日　畿内の班田使を任命する。

八月一四日　詔して参議左大弁正四位上兼春宮大夫中衛中将大和守紀朝臣古佐美・参議神祇伯従四位下兼式部大輔左兵衛督近江守大中臣朝臣諸魚及び神祇少副外従五位下忌部宿祢人上を伊勢大神宮に派遣して幣帛を奉り、同神宮が焼かれたことを謝罪する。また、使者を遣わして神宮を修造する。

九月一六日　越前・丹波・但馬・播磨・美作・備前・阿波・伊予等の国々に対して、平城宮の諸門を解体して、長岡宮に移築するよう命じる。

九月一六日　伊勢・尾張・近江・美濃・若狭・越前・紀伊などの百姓が、牛を殺して漢神を祭るために用いることを禁止する。

九月二二日　叙任。

氏名及び従前の階位等　新官職等　備考

下野守正五位上百済王俊哲　兼陸奥鎮守将軍
一〇月二五日　東海・東山二道の諸国に命じて、蝦夷討伐に使用する矢三万四五〇〇余具を作るよう命じる。
一〇月二七日　これより先、皇太子何日も枕席安からず（不眠症か）。伊勢大神宮に参拝のため出発する。
一一月三日　坂東諸国に命じて、軍粮としての糒一二万余斛を備蓄するよう命じる。
一一月一一日　皇太子、伊勢大神宮から還る。
一二月八日　伊予国越智郡の正六位上越智直広川等五人に紀臣の姓を賜う。
　広川等の七代前の先祖は、博世である。博世は小治田朝廷（推古）の時代、伊予国に遣わされ、博世の孫の忍人は、越智直の娘を娶り在手を産んだ。在手は庚午年に戸籍を編纂するときに、彼の父の姓を告げず、母の姓を告げたために、越智直の姓を負うこととなった。したがって、正しい姓に戻したいと申請して認められる。

七九二（延暦一一）年（勝道上人五八歳）

六月七日　陸奥・太宰等辺要の地を除く京畿七道の兵士を停廃して労役を置く。
六月一四日　諸国の兵士の制を廃止して健児の制を設ける。
　甲斐の定員は三〇人。類聚三代格［山梨郷土史年表・山梨郷土研究会編］
七月二七日　葬儀の奢侈を禁じる。
＊この年畿内班田
＊～七九二　長屋王邸の主殿発見　二一〇畳、貴族邸で最大規模　奈良朝悲劇の宰相、長屋王《ながやおう》（～七九二）夫妻の邸宅と判明した奈良市二条大路南のデパート建設予定地で、約二一〇畳という貴族邸ではこれまで最大の建物が見つかり、奈良国立文化財研究所は三日、長屋王邸の主殿らしいと発表した。
　同邸跡からはこれまでに二つの建物を連結した双堂建物跡（約一七〇畳）が見つかり主殿とみられてきたが、広大な敷地を生活空間や儀式空間など機能によっていくつかに分割し、それぞれに主殿クラスを配した〝ミニ平城宮〟だった可能性が強まり、特権階級の並外れた権力を裏付けている。
　今回見つかった建物跡は穴を掘って柱を立てる掘っ立て柱式の東西に長い棟。東西が七柱間（二三・四メートル）、南北が三柱間（九メートル）の母屋に、幅三メートルの廂《ひさし》が南北両面に付いていた。床全面が板張りとみられ、広さは約三五〇平方メートル。平城京の貴族邸でこれまで三〇〇平方メートルを越える建物が見つかったのは三二四平方メートルの一例だけ。［日本経済新聞昭和六三年三月四日］

＊夏の夜、粕漬け肴に氷酒　グルメだった？大宮人　長屋王の木簡

　奈良時代の左大臣・長屋王の邸宅から出土した「都□《つげの》氷室《ひむろ》」の文字は、古代貴族の優雅な生活ぶりを現代によみがえらせた。長屋王の木簡からは、鶴を飼ったり、牛乳を呑んだりしていたことがさきに解読されたが、今回の木簡によって、平城京の大宮人の想像以上のグルメぶりが浮かび上がってきた。

　都□氷室跡と伝える奈良県天理市福住町浄土、氷室神社の東約五〇〇メートルの室山にある。標高約四九〇メートルの岡の頂上に直径一〇～七メートル、深さ約三～二メートルのすりばち状の穴が二つ並んでいる。湿田をはさんだ北東の小山にもほぼ同じ穴が四つあり、いずれもクマササに覆われている。湿田にはかつて池があり、此処で氷を切り出して氷室に蓄えたとされる。

　日本書紀・仁徳天皇六二年の条には、「応神天皇の皇子が闘鶏《つげ》に猟にいった際、土地の豪族の氷室を見つけた。豪族は『土を掘り、カヤやススキをしいて氷を貯蔵すると夏でもとけず、暑いころ酒に浸して飲用します』と答えたので、皇子はその氷を持ち帰って天皇に献じた」とある。

　奈良時代の漢詩集「懐風藻」には、長屋王邸での宴会を詠んだ詩が多数収められている。当時、清酒《きよき》という澄酒がすでに造られ、王をめぐる人々が、酒に氷を浮かべて風流を楽しんだ可能性は多いにある。また、甘酒のような酒に氷をいれて暑気払いをした記録もあり、薬用にもした。

　さらに、氷はかき氷などにもしたらしい。当時、甘味料は、ツル草の一種の汁を煮つめた甘葛《あまかずら》煎やハチミツなどがあった。少し時代が下がるが、平安時代の清小納言は「あてなるもの（上品なもの）」として「削り氷《ひ》にあまずらいれて、あたらしき金椀（かなまり＝金属製の椀）に入れたる」を挙げている。

　木簡では、七、八両月に二〇回近く長屋王邸へ運んだことが判明。量が多いことからみて、一部は邸内に貯蔵され、食物などの冷蔵に用いられたことも考えられる。

　天理市福住町や隣接の都□村では、明治末期まで天然氷を製造していた。気温が下がる寒中の夜、池に張りつめた氷の上にひしゃくで何度も水をまき、厚い氷を造

る。出来上がった氷はノコギリで適当な大きさに切り出して氷室に収めた。一方、漬物は、当時、ポピュラーな塩漬けのほかに糟漬け、醤《ひしお》漬け、未醤《みそ》漬けなどがあり、正倉院文書にも記されている。慶長年間、奈良の医者糸屋宗仙が白ウリを酒糟に漬けたのが奈良漬の起源とされているが、これより九〇〇年前、すでに同じものがあったことになる。［読売新聞一九八八年一〇月二六日］

七九三（延暦一二）年（勝道上人五九歳）

一月　平安遷都前の仮内裏裏付け　役所名記した木簡長岡京で出土

　京都府日向市の市埋蔵文化財センターは二日、桓武天皇の離宮とみられる長岡左京北一条三坊大型建物群（同市と京都市南区）からの出土品の中に「東院内候《ないこう》所」と内裏の役人の詰め所の名を記した木簡などが見つかったと発表した。

　同建物群は「東院」と墨書した土器などもすでに出土。同センターは「平安遷都前、長岡京の仮内裏として使われた『東院』だったことを裏付ける資料」としている。見つかったのは「内候所」と書いた巻物の軸や、天皇が政治を執り行う「勅旨所」と書いた木簡など。天皇家の財政を担当する「内蔵寮《くらりょう》」の雑役担当者名を書いた木簡もあった。

　「日本紀略」などによると、桓武天皇は遷都を発表した七九三（延暦一二）年一月から約一年九ヶ月間、長岡京宮城の建物を平安京に移築するため、東院に移り政務を執った。調査した鎌田元一京都大学教授は「東院が文献通り天皇の御所として機能したことが確認された」と話している。［日本経済新聞二〇〇〇（平成一二）年五月三日］

二月一七日　告東使を征夷使と改称する。
三月九日　摂津職を国に改める。
六月二三日　新京諸門の造営を諸国に課す。

七九四（延暦一三）年（勝道上人六〇歳）

一月一日　征夷大将軍大伴弟麻呂に節刀を授ける。
七月一日　東西市を新京に移す。
一〇月二二日　天皇新京に移る（平安遷都）。
一〇月二八日　征夷大将軍大伴弟麻呂が勝利を報告する。
一〇月二八日　遷都の詔を下す。
一〇月二八日　征夷大将軍大伴弟麻呂勝利を報ずる。
一〇月　慈覚大師円仁、下野国都賀郡（栃木県下都賀郡岩舟町畳岡）あたりに生まれる。

　祖先は崇神天皇の皇子、豊城入彦命の四世孫の奈良別と伝えられる。［一九九二・四・二五栃木県立博物館における佐伯有清先生講演「慈覚大師円仁と下野国」資料］

一一月七日　山背を山城と改め新京を平安京と名付ける。また近江の古津を大津と称する。

＊平安宮の大極殿二重屋根構造か　基礎部分を発見

　京都市中京区で、平安宮の中心的建物「大極殿」を支えた基礎部分「掘り込み地業」の遺構が二五日までに、京都市埋蔵文化財研究所の調査で見つかった。平安宮の大極殿は構造など不明な点が多いが、上村和直統括主任は「地面を約一・五メートル掘り下げていたとみられ、基礎部分は相当な重みに耐えられるようになっていた。大極殿は二重の屋根を持つ重層だった可能性が高い」と話している。

　大極殿があったとされる二条城の北西で、南北約五メートル、東西約一二メートルの範囲を調査。地面を掘った後に、内部に砂や粘土を突き固めながら何層にも地盤を強化する「版築」と呼ばれる工法が使われた跡を確認した。

　大極殿は天皇の即位式などに使われ、平安遷都で七九四年頃に建立。焼失したため平安中期と後期の二度にわたり同じ場所に立て直されたとされる。［日本経済新聞平成二二年五月二六日］

＊奈良末期から平安初期　唐招提寺金堂の建立　発掘調査で裏付け

　奈良時代寺院の面影を伝える代表的建築物である奈良・唐招提寺の金堂が、平安初期、もしくは奈良時代でも末期の建造らしいことが、奈良県立橿原考古学研究所の発掘調査で出土した瓦などから明らかになった。金堂の建造時期は従来、同寺創建（七五九年）時とする説から、平安遷都後の九世紀前半説まであったが、その中でもかなり後期であることが裏付けられた。このほか、同寺建立以前の遺構がこれまで確認されていたものよりさらに大きいこともわかり、長屋王の叔父、新田部親王の邸跡である可能性が一段と強まった。

　調査は防災用の地下移管などの工事にともなうもの。中心伽藍である講堂、金堂の間や周辺部で発掘され、回廊など創建時の遺構と、同寺以前の前身遺構が出土した。また多量の瓦（軒丸型五七点、軒平型三五点など）や素焼きの土器の土師器《はじ》、須恵器、三彩陶器などが出土したが、瓦のうち、地層などから金堂に使われたと見られるものは唐草文様の軒平瓦など奈良末期から平安初期にかけての特徴を持つものが多かった。

同寺の講堂は、鑑真和上が開山した天平宝字三年（七五九）のほぼ同時期に建てられていたことがはっきりしているものの、金堂については、講堂と同寺とする通説のほか、宝亀年間（七七〇～七八一）、延暦年間（七八二～八〇六）、弘仁（八一〇～八二四）など諸説あった。同研究所の前園実知雄第一研究室長は、「瓦判定する限りでは、このうちかなり後期に属するとみられ、中でも鑑真の弟子の西域人、如宝が建てたという説が有力になるのではないか」と話している。

一方、前身遺構は、昭和四四年の講堂解体修理の際の発掘で、現在の南大門とほぼ同規模の門跡や遺構などが、三期にわたって存在することが明らかになっている。今回の調査により、講堂南側の金堂や、金堂の南側でも確認され、「中心伽藍一帯にわたる壮大な邸跡であることが十分予想される」（同室長）といい、鑑真が土地を拝領したといわれる新田部親王邸の遺構との見方が有力になった。［日本経済新聞一九九〇年三月七日］

＊奈良時代末期から平安時代初期（推定）　南河内町の三王山上野原遺跡　墨書土器十数点出土

南河内町教育委員会が発掘を進めていた三王山上野原遺跡の住居跡から十数点の墨書土器が出土し、関係者の注目を集めている。墨書土器自体は珍しくないが、一軒の住居跡からこれだけの数が見つかったのは例がない。町教委では川上真司学芸員を中心に、さらに詳しく調査を進めている。

この遺跡跡は、約一二〇〇年前の奈良時代末期から平安時代初期のものと推定され、三王山古墳群から西へ約三〇〇メートルのところで確認された。約六メートル四方の大きさで北側にかまど、柱を立てた穴は九個ある。

十数点の墨書土器はいずれもおわん形。所有者を示すとみられる「野」らしい漢字が裏側や側面に記され、「万」という字の土器も一点ある。

墨書土器を含む多数の土師器《はじき》以外に、この住居跡からは小数ながら高温で焼く須恵器、うわぐすりを使った灰《かい》釉陶器《ゆうとうき》、さらに装飾品の一部らしい小さな焼物や鉄製の鍬も出土。かなり多くの道具を備えた住居で、当時としては相当ハイレベルな生活を営んでいたとみられる。

川上学芸員も「三王山古墳につながるような勢力のある人々が住んでいたのでは」と推測するが、ただ現在発掘されている住居跡ここ一箇所だけで、この家が特別の力を持っていたのか、あるいは集落全体が豊かだったのかは、まだわからないという。

三王山上野原遺跡は、町水道庁舎の建設予定地約一千平方メートルを、着工に先立って発掘調査をした際に存在が確認された。住居跡は今のところ一つしか見つかってないが、西側から東へ調査を進めてきたため、この住居跡から東側か南側に向かって集落が延びているものと思われる。将来、この遺跡の南側に運動公園を造成する計画があることから、そのときの発掘調査で発見される可能性がある。［下野新聞昭和六三年五月七日］

＊平安初期　秋田・払田柵《ほったのさく》遺跡　城柵外郭に不連続部分

平安初期朝廷の支配の安定示す？

秋田県教育庁はこのほど、同県仙北町にある古代の防衛・行政拠点で城柵官衙と呼ばれる遺跡「払田柵」で、外郭線防護のための角材列が三〇メートル近くも途切れている部分を発見したと発表した。

東北地方に多い城柵官衙は先住民の蝦夷に対する朝廷の軍事拠点の性格が強く、外郭線は完全につながっていると、これまで考えられていたが、途切れている例が見つかったのは全国で初めて。

払田柵は東京ドームの二〇倍近い広さ。外周三・六キロメートルを高さ三メートル余りの角材でびっしり埋めた外郭線は、坂上田村麻呂の東北遠征直後のごく早い時期（平安時代初期）に造営されたと見られている。

角材列が途切れていたのは、南門西側にある場内に流れる小さい川と外郭線が交差する部分。来年度に仙北町が南門を復元するため、県払田柵跡調査事務所が発掘調査中のことし六月、発見した。

同事務所は「外郭線には、櫓や堀もなく、創建当時からこの周辺は朝廷の支配が安定して防衛の必要があまりなかったことを示すものではないか」と話している。［日本経済新聞夕刊一九九二（平成四）年八月二一日］

この年、慈覚大師円仁が下野国都賀郡壬生町（壬生寺）に生まれる。

七九五（延暦一四）年（勝道上人六一歳）

一月一日　征夷大将軍大伴弟麻呂が陸奥国から京に凱旋する。

四月二七日　百姓が田宅園地を寺に売易することを禁じる。

四月　東矢《とうや》神社（小山市大本字岡一七九一）創建される。坂上田村麿が奥羽の賊を征伐したとき、妾嬌姫を供とし、同地まで来たとき、難産になりそうになったので、天三柱神（天御中主神・高皇産霊神・神皇産霊神）などを祭り誓いをたてたため安産した。そこでそれらの神々を東矢大明神と崇めた。［栃木県神社誌］
閏七月一日　公廨稲・出挙稲の利を一〇分の三に減じる。
七月二日　畿内七道の巡察使を任命する。
七月一五日　雑徭を半減して三〇日に改める。
八月一五日　近江国相坂関を廃する。
八月三〇日　巡察使を停止する。
一二月二六日　逃亡兵士の罪を免じて陸奥国の柵戸とする。
＊栃木県二宮町　長沼八幡宮創建。坂上田村麻呂が東北の蝦夷征伐の帰途、この地にとどまり造営した。
［祭神　誉田別尊　二宮町教育委員会］
＊矢板市木幡　木幡神社は、坂上田村麻呂が創建した。
［社伝　下野の古墳・前沢輝政］

七九六（延暦一五）年（勝道上人六二歳）

一月二五日　坂上田村麻呂陸奥出羽按察使となる。
三月一九日　武芸優秀の者を諸国から徴する。
七月七日　天皇、馬浮殿において相撲を見る。
七月一九日　尾張国飢饉、使者を派遣して賑恤する。
七月二二日　肥後国阿蘇山上のどんな日照りの年でも涸れたことのない「神霊池」という沼の水が、二〇余丈も減じてしまったので、今年の干ばつと病気の流行を予測して、未亡人や一人身の者で自活できない者を救済するよう命じ、あわせて寺毎に三日間の斎戒読経をするよう、勅する。
七月二二日　生江家道女を本国に送還する。彼女は、越前国足羽郡の出身である。自ら「越優婆夷」と名乗り、みだりに都で説教などをして百姓を幻惑している。
八月六日　大和国で山崩れ水が溢れる。大洪水。東大寺の墻垣が倒壊する。
八月七日　長雨で晴れ間が見えないため、畿内の諸神に幣を奉る。
八月七日　筑後国が疲弊しているので、詔して救済させる。
八月七日　長雨のため米穀の価格が高騰している。使者を派遣して賑恤する。
八月一〇日　内兵庫正従五位下尾張連弓張を派遣して佐比川橋を造らせる。
八月二一日　諸国に地図を作成するよう命じる。郡国郷邑・駅道の遠近・名山大川・土地の形状や大きさ広さを、つぶさに漏れがないよう記録することを命じる。
九月一日　烽火台を置くよう命じる。遷都の結果、これまでの牡山烽火が使用できなくなってしまったので、非常時に備えて山城国と河内国に命じて、適地を選定して烽火台を置くよう命じる。
九月一五日　越前国坂井郡の公田二町・荒田八四町を諱(淳和太上天皇)に賜う。
九月二〇日　山城国葛野郡の公田二町を従三位和気朝臣清麻呂に賜う。
一〇月二日　正六位上御長真人広岳等が渤海国から帰国する。
一〇月一六日　志摩国飢饉、使者を派遣して賑恤する。
一〇月二七日　これより先、宮中において四〇人の僧侶により七日間の薬師悔過を行っていたが、この日終了する。
一一月二日　陸奥国伊治城と玉造塞の中間地点(それぞれの地点から三五里)に、緊急時に備えて、駅を置くこととする。
一一月五日　戦功のあったつぎの人々を叙位する。

氏名及び従前の階位等	新官職等	備考
外正六位上上毛野朝臣益成	外従五位下	
外正六位上吉弥候部弓取	外従五位下	
外正六位上巨勢部楯分	外従五位下	
外正六位上大伴部広椅	外従五位下	
外正六位上尾張連大食	外従五位下	

一一月八日　「隆平永宝」を鋳造流通させることとし、新銭と旧銭の交換比率は一対一〇とし、新旧の貨幣は当分の間同時に流通することとするが、来年より四年後には旧銭は停廃することとする。
一一月八日　伊勢・三河・相模・近江・丹波・但馬等の国々から婦女各二人を陸奥国に派遣する。(目的は養蚕を陸奥国に教習させるためか。)
一一月一三日　貢調は、土地の産物でない物を用いると民の大きい負担になるから、土地の産物を献上するよう勅する。
一一月一四日　初めて新銭を用いる。新銭を伊勢神宮・賀茂上下社・松尾社に奉り、七大寺及び野寺に施入し、皇太子親王以下職事正六位以上・僧都律師等にも賜う。
一一月二一日　相模・武蔵・上総・常陸・上野・下野・出羽・越後等の国民九〇〇〇人を陸奥国伊治城に遷す。
一二月二九日　陸奥国の外少初位下吉弥候部善麻呂等一二人に上毛野陸奥公の姓を授ける。

七九七（延暦一六）年（勝道上人六三歳）

一月一三日　陸奥国白川郡の外□八位□大伴部足猪等に大伴白河連の姓を賜い、曰理《わたり》郡の五百木部黒人に大伴部曰理連の姓を賜う。また、黒河郡の外少初位上大伴部真守・行方郡の外少初位上大伴部兄人等に大伴行方連の姓を、安積郡の外少初位上丸子部古佐美・大田部山前・富田郡の丸子部佐美・小田郡の丸子部稲麻呂等に大伴安積連の姓を、遠田郡の外大初位上丸子部八千代に大伴連等の姓を授ける。

一月二二日　大和国の稲三〇〇束を僧正善珠法師の弟子の僧慈厚に与える。慈厚は、彼の師の教えを、忠実にまもっているためである。

一月二二日　壱岐島の飢饉に苦しむ人々に食糧を与えて賑恤する。

一月二五日　天皇、大原野に遊猟する。

一月二五日　山城国愛宕葛野郡の人々が、死者を家の近くに葬る習慣を続けている。しかし、京の近くになった現在、この習慣はけがれのあることであるので止めるべきであるとして勅により、厳禁する。違反者は外国《とつくに》に本貫の地を移すこととする。

二月一日　天皇、京中を巡幸する。

二月七日　従五位上島野女王・百済王恵信・和気朝臣広子・橘朝臣常子・紀朝臣内子・紀朝臣殿子・藤原朝臣川子・錦部連真奴・従五位下弓削宿祢美濃人等の位田を、男子に準じて与えるようにと勅する。

二月一三日　続日本紀編纂なる。菅野真道らが撰定する。

　これより先に従四位下行民部大輔兼左兵衛督皇太子学士菅野真道・従五位上左少弁兼行右兵衛佐丹波守秋篠朝臣安人・外従五位下行大外記兼常陸少掾中科宿祢巨都雄等に勅して、続日本紀の編纂を命じていたところであるが、この日完成する。

二月一三日　真道等続日本紀を編纂した功により叙位する。

氏名及び従前の階位等	新官職等	備考
従四位下菅野朝臣真道	正四位下	
従五位上秋篠朝臣安人	正五位上	
外従五位下中科宿祢巨都雄	従五位下	

二月一七日　続日本紀の編纂に従事した太政官史生の従七位下安都宿祢笠主・式部史生の賀茂県主立長を位二階に叙することとし、中務史生の大初位下勝継成・民部史生の大初位下別公清成・式部書生無位雀部豊公を位一階

に叙することとする。
二月二三日　長岡京の土地二町を諱（淳和太上天皇）に賜う。
二月二八日　租税の本（穀物）は水旱（災害）に備えて保存しておくことができるが、銭等は飢えても食べることができないとして、税の四分の一を超える銭による納税をできないこととする。
三月二日　使いを遣わして甲斐・相模二国の国境の争いを裁定。都留郡都留村東辺、砥沢を両国の境とする。
[日本後紀　山梨郷土史年表・山梨郷土研究会編]
三月八日　畿内の新任の国司には八月三〇日に給料を支給することになっていたが、現在では職田が停止されているので、収穫後の租を国司の給料に充てるため、給料の支給日を一一月三〇日に改める。
三月一七日　遠江・駿河・信濃・出雲などの国々に、雇夫二万四〇人を宮殿を建造するために提供するよう命じる。
三月二七日　甲斐・下総両国飢え、使いを遣わして賑給する。
三月二九日　武蔵・土佐飢饉、使者を派遣して賑恤する。
四月二九日　浪人を取り締まらせる。
七月一一日　公私集会のとき男女混こうを禁じる。
八月三日　親王及び王臣家庄長の私佃を営むことを禁じる。
八月三日　浮浪人が親王及び王臣の諸庄に集まり、勢いをその主にかりて調庸を免れていることを指摘して、宜しく国郡司がこれを調査して、調庸を徴すべきことを令する。[平将門論・荒井康夫]
一一月五日　坂上田村麻呂を征夷大将軍に任命する。
一二月一日　空海、三教指帰を撰ぶ。

七九八（延暦一七）年（勝道上人六四歳）

一月二四日　諸国神宮司神主等の年限を六年とする。
二月一四日　漢音を用いて呉音を廃する。
七月二日　坂上田村麻呂、清水寺を建てる。
九月二三日　吏民の蓄銭を禁じる。
一二月八日　寺院王臣の山野藪沢を私占することを禁じる。
＊この年、凶作。美作・備前・備後・南海道諸国・肥前・豊後等一一国。

七九九（延暦一八）年（勝道上人六五歳）

一月七日　豊楽院がまだ完成しないので、大極殿の前の龍尾道上に仮殿を造り彩帛をもって壮麗に飾り、天皇が臨席して五位以上の人々が宴楽する。渤海国使大昌泰が招待された。参加者には禄を賜る。

二月一五日　私稲の出挙を許し利息を三割とする。

私稲の出挙は、厳罰を課して禁止していたところであるにもかかわらず、違反行為がたえなかった。昨年の凶作のため、百姓も食に事欠いている状況である。私稲を厳禁した場合、その影響は重大であるので、利息を三割に限り認めることとする。

二月二一日　陸奥国新田郡の百姓弓削部虎麻呂・妻丈部小広刀自女等を日向国に流す。彼らは長い期間、賊地に住んで夷語を習得して、夷俘を扇動したためである。

二月二一日　美濃・備中二国飢饉、賑恤する。

二月二一日　贈正三位行民部卿兼造宮大夫美作備前国造和気朝臣清麻呂（六七）没する。

彼の本姓は磐梨別公といい、右京の出身である。後に藤野和気真人と姓を改めた。彼は姉の広虫と共に高野（称徳）天皇の信任を得ていた。

彼は右兵衛少尉に任命された後、神護初めに従五位下を授けられて近衛将監になり、特別に封五〇戸を賜った。姉の広虫は出家して法名を法均と名乗り進守大夫尼位を授けられ四位に封ぜられ位禄位田を賜った。宝字八年の大保恵美押勝の反逆に参加した者達三七五人が斬刑に処せられようとしたとき、法均は天皇を諫めて、死刑から流刑に減刑させた。反乱の後、民間には飢饉や病気が流行して、孤児達が沢山発生したが、彼女は孤児達を収容して八三名を養子として養育し、彼らには葛木首の姓を賜ったのである。この頃僧道鏡は天皇の信任を得て、朝廷への出入りは自由、輿に乗り、法王と唱えていた。太宰主神習宜阿蘇麻呂は道鏡に媚びて八幡神の教えでは、道鏡が帝位に就いたならば天下は太平になるであろうと、言い触らした。道鏡はこのことを聞いて大いに喜んだのである。

天皇は清麻呂を呼んで次のように伝えた。

「夢で八幡神使と称する者が様々なことを言っているので、法均にその訳を聞こうとしたが、彼女は身体が弱いため遠路の外出には堪えられないので、代わりに清麻呂を遣わせとのことであった。そこで汝清麻呂が、神の教えを聞いてくれないか」。

道鏡は清麻呂を喚んで大臣の位に就かないかと誘ったのであるが、これより先、道鏡の先輩格であった路真人豊永が清麻呂に「道鏡が天位に就いたならば、私の面目はどうなるのであろう。彼の臣として仕えるべきなのであろうか」と深刻に考えているのを見て、神宮に詣でて神託を聞いてみることを決心した。

清麻呂は「神の仰ることは国にとって極めて重大なことである。これまでの託宣は信じ難いものであるから本当のことを教えてもらいたい」と祈ったところ、神が忽然と出現した。その身長は三丈ばかり、色は満月のようであった。清麻呂は驚いて我を忘れ呆然と仰ぎ見ていると神の託宣があった。

「我国は君臣の分は定められている。道鏡の振る舞いは天に逆らい無道にも神器を望んでいる。このため神霊は怒りに震えているのであるが、彼にはそれが理解できない。汝は帰って吾の言葉を天皇に伝えよ。天之日嗣の位を嗣ぐ者は、必ず天皇の血筋を引く者でなければならない。汝には私がついているから道鏡をおそれることはない」。

清麻呂は帰って、天皇に神の御告げを報告したが、天皇はこれを信じないばかりか、清麻呂等を誅殺しようとしたがこれは思いとどまり、清麻呂を因幡員外介に降格して、姓名を別部穢麻呂と改め大隅国に流すこととし、尼法均は還俗させて別部狭虫の姓を与えて備後国に流すこととした。清麻呂が流されて大隅国に赴く途中を、道鏡の追手が清麻呂を殺そうとしたが、雷雨のため実行できなかった。そこに勅使がやってきたために、難を免れることができた。参議右大弁藤原朝臣百川が彼の忠烈に感銘を受けて、備後国に封郷二〇戸を割いて彼に与え、配所に彼を送り届けたのである。宝亀元年光仁帝が即位して、やがて勅があって清麻呂は入京し和気朝臣の姓を賜り、もとの位に復帰した。姉広虫は吐納を司ることとなり従四位下に叙せられ、典蔵になり正四位下になった。

天皇は法均についてつぎのように語ったとのことである。「諸侍諸臣たくさんいるなかで、法均のように他人の悪口を言わない人を知らない。彼女の弟である清麻呂も彼女と同じ性格である。彼らを見習うべきである」。

延暦一七年正月一九日、彼女は没した。天長二年、天皇は彼女の功績に対して正三位を贈ったのである。

弟清麻呂が、足が萎えて起立することができなくなったとき、八幡神を礼拝するために輿に乗って出かけたときのことである。豊前国宇佐郡若田村にさしかかったとき、猪が三〇〇匹ほど路を挟んで列になり、清麻呂等の前を一〇許里ほど一緒に歩いたのちに、山中に入って行った。これを見た人々は変わったことがあるものだと言い合っていたが、清麻呂達が社に参拝した日から、歩くことができるようになった。また、神託があり清麻呂は神封八万余屯の綿を賜ったが、宮司以下国中の百姓達に分かち与えることにした。彼は参拝の往路は輿に乗って行ったが、帰路は馬に乗って駆けて帰ったのである。

清麻呂の出自は、垂仁天皇の皇子釖石別命の三世孫弟彦王である。彼は神功皇后の新羅遠征に従軍して凱旋した。その翌年、忍熊別皇子の謀反があり、皇后は弟彦王を針間吉備堺山に派遣して、これを誅殺させた。このときの功績により、弟彦王は藤原県に封ぜられ、そこを家とした。現在は分かれて美作備前両国が本貫の地となっている。高祖父は佐波良・曽祖父は波伎豆・父は乎麻呂である。彼らの墳墓は本郷にあり、樹木が生い茂っていた。しかし、清麻呂が逆境にあったとき人々が彼らの先祖の墓所の樹木を切り払ってしまった。彼は復帰した後天皇に陳情して、佐波良等四人と清麻呂を美作備前両国の国造としたのである。

また、清麻呂は天応元年従四位下を授けられ民部大輔となり、摂津大夫となり中宮大夫民部卿を経て従三位になった。延暦一七年、老齢を理由に引退を願い出たが、天皇に引き留められて功田二〇町を賜った。この二〇町の功田は子孫に伝えることができるものである。清麻呂は庶務に熟練しかつ、古事に精通していて、民部省例二〇巻を編纂した。また和氏譜も編纂している。天皇は、彼のこれらの功績を高く評価していた。長岡の新都は、建築に着手してから一〇年を経過しているが、未だに完成してなかった。清麻呂は天皇が葛野に遊猟したときに、都をさらに移すことを進言した。また清麻呂は、摂津大夫となり河内川を開削して直接西海に注いで水害を除こうとしたが、莫大な経費を費やして成功しなかった。

彼は私墾田一〇〇町を備前国に所有し、永いあいだ賑給田として地元の人々に恵んだ。彼は死亡した後、正三位を贈られた。彼には六男三女があった。長子の広世は文章生に補せられて家を起こした。彼は延暦四年、事件に関係して禁固の刑に処せられたが、特別に天皇の詔により恩赦が下されて少判事となり、にわかに従五位下式部少輔に、続いて大学別当になり墾田二〇町を寮に提供して、勧学に努めた。闡明経四科之第を置くことを提案したり、大学に諸儒を集めて陰陽書新選薬経大素等の論講を開催したりした。大学の南辺の私宅を弘文院と名付けて、内外の経書数千巻を蔵し、墾田四〇町を永く学問のために提供して、亡父の志を受け継いだ。

二月二八日　大和国飢饉、使者を派遣して賑恤する。

三月二日　近江国紀伊国二国飢饉、使者を派遣して賑恤する。

三月四日　陸奥国柴田郡の少初位下大伴部人根に大伴柴田臣の姓を授ける。

三月七日　郡を併合する。

　陸奥国富田郡を色麻郡に、讃馬郡を新田郡に、登米郡を小田郡に併合する。

三月八日　出羽国山夷の禄を廃止する。山夷田夷を区別することを止めて、功労のある者に賜うこととする。

三月一〇日　伯耆・阿波・讃岐などの国飢饉、使者を派遣して賑恤する。

四月一日　河内国飢饉、使者を派遣して賑恤する。

四月三日　故正五位下上毛野朝臣稲人の賎宅敷女二人に物部の姓を賜う。

四月九日　長雨により苗が腐ってしまい、窮弊の民が再び蒔く種籾が欠乏してしまった。そのため山城・河内・摂津等の国の貧民を調査させ、不足する者には正税から種籾を給付することとする。

四月二七日　官職に該当する位階を改める。

官職	従前の位階	新位階	備考
近衛府			
大将	従四位上	従三位	中将一名を加える。
中衛府			
大将	従四位上	正四位上	
衛門督	正五位上	従四位下	
衛門佐	従五位下	従五位上	
左右衛士兵衛	衛門に準じる。		
左右兵衛府	少尉一名、少志一名を加え、官位は衛門府に準じる。		

　内蔵寮主鎰四人を廃止し少属一名を加え、大蔵省の主鎰大少各一名及び治部省の解部四名を減らす。

五月二日　淡路国飢饉、使者を派遣して賑恤する。

五月二八日　神祇大祐正六位上大中臣朝臣弟枚を遣わして伊勢大神宮正殿を改造させる。

五月二八日　讃岐国飢饉、一万二〇〇〇斛の穀物をもって賑恤する。

六月五日　昨年の凶作による飢饉のため、美作・備前・

備後・南海道諸国・肥前・豊後等一一ヶ国の去年の田租を免除する。
六月一〇日　公廨の利息を徴することを禁じる。このような規則があるにもかかわらず公廨の利息を徴し、百姓が苦しんでいるので、今後違反する者があればこれを罰することとする。
六月一二日　本寺とは別の沙門等が本寺を去り山林などに隠れ住んで、邪法を行っている。このような行為は国憲に違反することであるので許されないことである。諸国司は部内をよく巡検して山林内の精舎及び住んでいる比丘優婆塞を調査して、つぶさに記録して漏れなく報告するよう命じる。
六月一五日　神を祭ることは神を信じてこそ神の恵みがあるのである。広瀬龍田の神は風の災いを鎮めて豊作をもたらしてくれる神である。大和国司が怠慢しているので、今後は守介各一人をして斎戒して祈ることとせよ。もし彼らに事故があれば判官に相談せよ。
六月二〇日　昨年の凶作のため、百姓の食糧が不足している。そのため私稲の出挙について、先に出されている規則を守るようにとの勅をする。
六月二三日　大赦する。
六月二五日　越中国飢饉、使者を遣わして賑恤する。
六月二六日　山城国乙訓・葛野・愛宕三郡の租を免除する。
六月二七日　禁中及び東宮朝堂において僧三〇〇人、沙弥五〇人に大般若経を読奉させる。
七月七日　今年の伊勢斎宮における新嘗会をとりやめ、歌舞伎をもって供することとする。
七月一七日　丹後国飢饉、使者を派遣して賑恤する。
七月二三日　越中国飢饉、使者を派遣して賑恤する。
七月二三日　備中国の昨年の租を免除した理由は、風害のため五穀が稔らなかったためである。
七月二八日　田園が失われたため、大和国宇施肥伊牧を廃止する。
七月二八日　畿内七道諸国に使者を派遣して祓う。斎内親王（大原）を伊勢に派遣する。
七月　一人の人が小舟に乗って三河国に漂着した。布で背を覆ってはいるが、袴をつけず、袈裟に似た紺の布を左肩にかけて、年齢は二〇歳程度。身長は五尺五寸、耳の長さは三寸余り、言語は通ぜずどこの国の人か分からなかった。大唐人等はこれをみて崑崙人だといっていた。しかし、後に彼が習った中国語で語ったところによると天竺人であるとのことである。常に彼は、哀愁を帯びた歌声で一弦琴を弾きながら歌っていた。

彼が持ってきた物資の中に草の実のようなものがあった。それが綿種である。彼の願いにより川原寺に住ませたが、彼は持っていた物を売って西廓外路辺に建物を建てて困っている人のために提供した。その後、彼を近江国国分寺に移住させた。

八月五日　常陸国からの報告。鹿島・那加・久慈・多珂四郡において先月一一日夜明けから晩にかけて海潮が大きく一五度満干した。満ちたときは一町内陸に達し、ひいたときは二〇余町沖まで海底が露出した。海辺の古老の話では、こんなことは見たことも聞いたこともないとのことである。

八月一一日　常陸国に津波。鹿島・那加・久慈・多珂の四郡の津波、早朝より夕刻まで約一五回。津波は平常の汀線より一町（約一一〇メートル）の内陸に達し、平常の汀線より二〇余町（約二・二キロメートル）の沖まで水が引いた。地震記事は見あたらず。震源不明。［新編日本被害地震総覧・宇佐美龍夫著・東京大学出版会］

八月一二日　天皇、大堰に行幸する。

八月一五日　畿内諸国に使者を派遣して田を点検する。

八月一五日　悪行ある豊前国宇佐郡の酒井勝小常を隠岐国に流す。

八月二五日　斎内親王（大原）をもって伊勢大神宮の斎宮に幣帛を奉らせる。

九月七日　暴風。京中の建物が倒壊する。

九月一三日　信濃国伊那郡阿智駅の駅子の調庸を免除することとする。彼らが担当している道路は険難であるためである。

一一月四日　地震。

一一月八日　風水害により百姓達が被害を被ったので、淡路国の今年の調庸を免除する。

一一月一四日　備前国から、児島郡の百姓達が塩を焼いて生業として調庸に備えているが、定めによれば山野浜島は公私が共に利用できることになっているにもかかわらず、現在では勢家豪民が、競ってこれらの土地を妨奪している。そのため力の強い家はますます繁栄し、貧乏な家は日々疲弊している。これは公平ではないので豪民が獲得した土地を取り上げて、一般の民に与えるべきである、との請願に対して、勅して、公共の利益に反する行為を禁止することとする。

一一月一四日　淡路国、食糧不足。播磨国の同国に近い郡の穀物を供給して、困っている人々を賑恤する。

一二月四日　山城国の葛野川に渡し守を置くこととする。

　同川は都の近くを流れているが、洪水のたびに川を渡ることができなくなり、冬は川を渡ると人馬も凍ってしまうので、ここを行き交う人々は苦しんでいた。そこで楓佐比二ヶ所の渡しに渡し守を置いて、通行人の便宜をはかることとする。

一二月五日　信濃国の帰化人の子孫である外従六位下卦婁真老等に姓を賜う。

　彼らの祖先は高麗人である。小治田（推古）・飛鳥（舒明）天皇の時代に、我国に帰化した。天平勝宝九年四月四日の通達に従い姓を改めたいと申請して認められる。

住所	位階等	従前の名前	新姓
信濃国	外従六位下	卦婁真老	須々岐
		後部黒足	豊岡
		前部黒麻呂	村上
		前部佐根人	
		下部奈弖麻呂	
		前部秋足	篠井
同国小県郡	无位	上部豊人	玉川
		下部文代	清岡
		高麗家継	御井
		高麗継楯	
		前部貞麻呂	朝治
		上部色布知	玉井

一二月八日　宮殿を造るために伊賀・伊勢・尾張・近江・美濃・若狭・丹波・但馬・播磨・備前・紀伊の国々から役夫を徴発することとする。

一二月一六日　陸奥国からの報告。俘囚の吉弥候部黒田と妻の吉弥候部田苅女、吉弥候部都保呂と妻の吉弥候部留志女等は、野心を改めることなく賊地に還り住もうとしているので、彼らを都に送り、土佐国に流したい。

一二月二八日　式部少輔従五位下和気朝臣広世、賑給田を設けることを許される。

　広世は彼の亡父清麻呂の遺志を実現するために、彼の故郷の和気・盤梨《いわなす》・赤坂・邑久《おほく》・上道・三野・津高・児島八郡三〇余郷の私墾田一〇〇町を投じて、賑給田を設けてその地代に相当する収穫をもって、飢人を救済することを願い出て許される。

一二月二九日　家系の本系帳を作成するための通達を発する。作成した本系帳の提出期限は来年八月三〇日。

＊八～九世紀の住居址

「ほぼ竪穴毎に鉄製農工具が発見されているから、小家族が世帯毎に鉄製農工具を所有する労働単位として一定の自立性を持っていたことが判定できる」〔日本の水利史・旗手勲〕

＊八世紀末（奈良時代末期）平城京から甲斐の土器出土　考古学の〝物差し〟見直し

奈良市教育委員会が発掘調査していた奈良市法蓮町の市立小学校建設予定地で、甲斐特産の「甲斐型杯」と呼ばれる奈良時代末期（八世紀末）の土器が出土していたことが同市教育委員会などの調査でわかった。平城京跡ではもちろん、関東地方とその周辺以外でこの種の土器が出土したのは初めて。

異論はあるものの、甲斐型杯の生産が始まったのは一般的に九世紀はじめ頃と考えられていた。この土器が八世紀末の平城京に存在していたということは、考古学で年代推定の基本的な〝物差し〟となる土器の編年を揺るがすきわめて重要な発見。甲斐国の遺跡の年代を数十年早めることになると見られ、従来の古代史研究に根本的な見直しが迫られるという。

また、奈良時代には中央集権が強化され、土器の様式も全国的に画一化されるが、地方特産の土器の平城京への流入は、律令の崩壊の実態を探る手がかりとなりそうだ。

甲斐型杯が出土したのは、昨年夏から秋に調査された平城京左京二条四坊の住居跡の井戸。出土品を整理する過程で①底部が厚く広い②内面の模様（暗文）が放射状に密に入っている③重い――など、通常平城京で出土する品に比べて、まったく異質な土器であることが判明した。鑑定した結果、形式が一致した上、特有の赤い粒子を含む赤褐色の土で作られていることから断定された。

甲斐型杯は直径約一六センチ、高さ約七センチの大型と、直径約一二センチ、高さ約五センチの小型の二種類の土師器で、計九点。〔日本経済新聞夕刊一九九〇（平成二）年四月三日〕

＊矢板市の登内遺跡平安期の官衙跡新たに発掘か居館跡南側から一四棟

東日本最古の豪族館跡とみられる遺構が発見された矢板市東泉の登内遺跡から、今度は平安時代の官衙ではないかとみられる建物跡が見つかっていたことが、二一日、市文化財愛護協会の市教育委員会が主催したシンポジュウム「登内遺跡とその時代」で明らかになった。この建物跡は計一四棟あり、柱の大きさや構図がしっかりしていることや、一部に庇を支える柱跡まであり、考古学専門家は「官衙である可能性が高く、居館より貴重な遺跡になるだろう」と話している。

　二月の時点で公開した遺跡群よりも、さらに南側部分の調査から、掘ったて柱の長方形の建物跡を計一四棟見つけた。この南側部分からは、平安時代の竪穴住居跡も数多く発見された。

　掘ったて柱の建物跡は計一四棟で、柱と柱の間が二間（約三・六メートル）×五間（約九メートル）のものが六棟、二間×三間（約五・四メートル）三棟、二間×二間が五棟。この内三棟は庇を支える柱が周囲を囲んでいる。柱跡付近からは墨書土器、施釉陶器等が見つかったことから、今から約一千年前、平安時代のものとみられる。［下野新聞一九八八（昭和六三）年五月二一日］

＊奈良朝時代の水田面積
「奈良末期から延暦にかけて八七万五〇〇〇町
　反当収量
　上田　八斗四六（一九五〇年代のジャワ島段階）
　中田　六斗七七
　下田　五斗〇八（同インドシナ段階）
　当時（聖武天皇時代）の人口六五〇万人［日本の水利史・旗手勲］

＊平安時代前期　山岳密教寺院、熊本で遺構発掘
　熊本市教育委員会が発掘調査している同市池上町平の百塚遺跡で二七日までに、平安時代前期の山岳密教寺院の礎石群などの遺構をほぼ完全な形で出土した。「山岳寺院の構成がほぼ完全な形で残っているのは全国でも珍しい」と専門家は高く評価している。

　遺構は日本後紀にも登場する天台宗比叡山末寺の池辺《ちへん》寺《じ》。奈良時代に建てられたが焼失。平安時代に再興されたとされているが、これまで位置が不明だった。

　発掘された遺構は約二〇メートル四方。礎石の状態から中央部に縦約六メートル、横約四・五メートルの本堂、その東と南側には回廊があったと推測される。

　本堂の中からは山岳寺院の遺構としては非常に珍しく、これまで福岡県・太宰府でしか発見されていないセンと呼ばれる赤茶色の床のタイルが見つかった。また本堂の西側には切り石で敷き詰められた石畳と玉砂利があり、まだ発掘されていない西側斜面の下には回廊の一部が埋もれていると見られる。

　同遺跡検討委員会の坪井清足大阪文化財センター理事長は「文献だけで存在が確認されていた池辺寺の位置確認と同時に、平安期の山岳密教寺院の構成がほぼ完全な

形で残っている全国的にも珍しい遺跡。国の文化財指定を受け、保存を急ぐべきだ」と話している。［日本経済新聞一九九一（平成三）年七月二七日］

＊東山道の遺構か　栃木県国分寺町川中子

奈良時代から平安時代にかけての官道「東山道」とみられる古代道路の跡が、一八日までに国分寺町川中子で見つかった。同町教育委員会が区画整理事業にともない発掘調査を進めていたもので、東山道はこれまで南那須町、氏家町と高根沢町の境、河内町の三箇所で確認されている。東山道だとすると、下野国府、国分寺、薬師寺などが並ぶ下野国の中心部ながら資料的にもほとんどルートが解明されていなかった部分での発見だけに、東山道の全体像解明のきっかけになると、関係者の期待が集まっている。

遺構が見つかったのは国分寺町川中子の西約一五〇メートルの畑の中。区画整理事業にともなう換土工事のため表土をとったところ、二本の溝のようなものが見つかったため同町教委が今年七月から調査していた。

約八〇〇平方メートルの調査区画の中を斜めに北東〜南西方向に幅約一・二メートル、路面からの深さ一・一メートルの溝が二本平行（長さ四四メートル、一一メートル）に真っ直ぐ走っていた。溝と溝の間の路面の部分の幅は一一・一メートル、溝を含めた幅は一三・五メートル。溝の中から奈良時代以前のものと見られる土師器の坏の破片がひとつ見つかった。

道路の北東側を真っ直ぐたどると、南河内町の下古館遺跡の南側を通り約五キロ先で下野薬師寺付近にぶつかる。また、遺構の西方約三キロから五キロのところには下野国分寺や国府跡があり、古代下野国の中心部。

調査を担当した同町教委の上野川勝主査は「少なくとも古代の道路であることはまちがいないが、東山道かどうかについては今後の検討課題」と、慎重な姿勢を示す。東山道は奈良時代から平安時代にかけ、畿内と東北地方を結んだ官道。

古代道の専門家・木下良・國學院教授（歴史地理学）の話　写真と図面で確認したが、ほぼ東山道にまちがいないと思う。道路の規格や立地条件から判断して、それ以外のものは考えられない。形態からみて八世紀以前の古い東山道の可能性がある。［日本経済新聞一九九一（平成三）年九月一九日］

＊平安時代前期（八〜九世紀）古代庶民の墓一〇四基

宮城県古川市宮沢で出土　関東からの移民と関連？

奈良時代前期の庶民を葬った土壙墓跡一〇四基がこの

ほど、宮城県古川市の県営圃場整備地域で見つかった。

豪族などの墓と異なり、庶民の墓跡は全国的にも数が少なく、当時の庶民の習慣を探る上で貴重な史料になると関係者は期待している。

宮城県文化財保護課によると、墓跡群は古川市宮沢の水田だった地域から住居五戸、古墳一基とともに見つかり、「新谷地北遺跡」と名付けられた。

土壙墓は地面に穴を掘っただけで、縦一～二・六メートル、横〇・四～一・五メートル、深さ〇・二～〇・七メートルとさまざま。穴は掘ってすぐ埋められており、底から刀や鏃などの副葬品数点も見つかっている。

土壙墓群は古墳や横穴墓といった象徴的な豪族クラスの墓ではなく、副葬品も貧弱で少ないことから、一般庶民の墓と推定されている。

同課は「出土した土器の中に関東系のものがあることから、律令時代に関東から送られたという移民との関係が深いのではないか」と見ている。

東北歴史資料館の加藤道男考古研究科長は「一般庶民の墓と見ていいだろう。これだけ多くの墓跡がまとまって見つかったのは全国的にも珍しい。庶民の葬られ方が分かる貴重な史料だ」と話している。［日本経済新聞夕刊一九九二（平成四）年三月二七日］

＊八世紀後半（奈良時代後期）　神祇官跡出土　奈良市佐紀町の平城宮跡

奈良市佐紀町の平城宮跡から、律令制の中央官庁「二官八省」の一つで、神々の祭を司った「神祇官《じんぎかん》」とみられる奈良時代後期（八世紀後半）の役所跡が見つかったと一九日、奈良国立文化財研究所が発表した。また、さらに下の同時代前期（七一〇―七五〇年頃）の層からは、文官の人事を担当した。

人事院にあたる「式部省」跡が出土した。これまでの調査で、後期には今回の発掘場所の西となりに「式部省」が置かれていたことがわかっている。役所の伸長にともなって場所が移り替わったと見られ、当時の役所の配置や勢力関係が窺える発見となった。

神祇官の跡の敷地は南北七四メートル、東西六〇メートル以上。二官八省の中でも中心の一つだった後期「式部省」（七四メートル四方）に匹敵していた。

北側の道に面して立派な門（東西約一二メートル、南北約八メートル）があり、平安宮（京都）の神祇官と同じく、建物は位置が北向きと判明した。［日本経済新聞一九九二（平成四）年一一月二〇日］

八〇〇（延暦一九）年（勝道上人六六歳）

四月一四日～四月一八日　富士山噴火活動。

二月四日　銭を輸して爵を求めることを禁じる。

四月九日　王臣豪民山藪の利を占めることを禁じる。

五月二二日　甲斐国、夷俘の乱暴を訴え朝廷これに対し国司に教諭と法的処分を命じる。［類聚国史　山梨郷土史年表・山梨郷土史研究会編］

一〇月四日　山城など諸国の民一万人を徴して葛野川堤を修させる。

一一月六日　坂上田村麻呂に諸国の夷俘を検校させる。

＊根刈法の普及　「荘園時代における稲作技術の特徴は、従来の抜き穂・穂首刈に変わり、九世紀頃から根刈法が普及したことをあげ得る」［水利の日本史・旗手勲］

八〇一（延暦二〇）年（勝道上人六七歳）

二月一四日　天皇、坂上田村麻呂に天皇の権限を代行する証しである節刀を授ける。

五月一三日　諸国に舟揖浮橋を設けて貢調の便を計る。

六月五日　畿内班田の期を一二年に一度とする。

九月二七日　坂上田村麻呂、天皇に対して蝦夷を平定した旨を報告する。

＊坂上田村麻呂が詔を奉じて蝦夷を征するとき、兵を佐波山の嶺に休ませ、佐波波地祇神社（北茨城市小津田、祭神は大己貴命・事代主命）に戦勝を祈り、ついに賊徒を平らげ、凱旋の際剣を奉納して報賽したと社伝にある。［常陸国風土記の史的概観］

八〇二（延暦二一）年（勝道上人六八歳）

一月八日　富士山の噴火活動により相模国足柄路が閉ざされる。

一月九日　坂上田村麻呂、胆沢城を築く。

岩手県水沢市佐倉河にある奈良時代の国指定遺跡、胆沢城跡で発見された館跡が、配置構造や出土品などから、祝賀儀式や役人の食事を作った大膳職（だいぜんしき＝台所）の遺構であることが分かり、発掘に当たった水沢教育委員会が一二日、発表した。大膳職の遺構は奈良・平城宮だけでしか見つかっておらず、地方の鎮守府での発掘は今回が初めて。

当時の中央政府が建物の統一様式を決め、鎮守府の厨房などの構造まで細かく指示していたことを示すもので、律令制下での中央政府の権限の強大さをうかがわせる。
　胆沢城は坂上田村麻呂が築城した約七〇〇メートル四方の城。中央政府が蝦夷《えみし》対策など北方経営の根拠地としていた。大膳職に当たる建物跡は、胆沢城跡外郭南門の東側にある。縦五メートル、横一二メートルの主要殿の柱跡と縦一六メートル、横五メートルの東殿の柱跡から成り一つの井戸をかぎ形に囲む配置。［日本経済新聞朝刊昭和六一・一一・一三］

一月一一日　甲斐・駿河など一〇ヶ国（東国）の浪人、四〇〇〇人を陸奥国胆沢城に配す。［日本紀略］［山梨郷土史年表・山梨郷土史研究会編］

四月一五日　蝦夷の酋長阿弖流為と彼の片腕の母礼《もれ》、降伏する。

五月一九日　富士山の噴火で道を塞がれ足柄路を廃して宮荷路を開く。

六月二四日　蝦夷との私交易を禁じる。

七月一〇日　田村麻呂、酋長二人を従えて入京する。

七月一五日　租法不三得七を改めて不二得八とする。

九月三日　甲斐・武蔵など三一ヶ国の損田百姓に租税を免じ調を徴収。［類聚国史］［山梨郷土史年表・山梨郷土史研究会編］

八〇三（延暦二二）年（勝道上人六九歳）

三月六日　坂上田村麻呂、志波城を築く。

五月八日　前年の富士山噴火に伴って廃した足柄路を復旧し、箱根路を廃止する。

一〇月二五日　諸人出羽国の田地を開発私有することを禁じる。

八〇四（延暦二三）年（勝道上人七〇歳）

一月一九日　蝦夷征伐のため、武蔵・上総・下総・常陸・上野・下野・陸奥などの諸国から陸奥国小田郡中山柵に、糒一万四三一五斛を運搬させる。

一月二二日　律師伝燈大法師位如宝によれば、招提寺（唐招提寺）は、唐からやってきた大和上鑑真が聖朝に奉仕するために天平宝字三年、没官地を勅をもって賜り建立し、招提寺と名付けたものであるとのことである。また、同寺は越前国に水田六〇町、備前国に田地一三町を支給され、戒法を学ぶよう命ぜられてから、五〇年を経過し、経律に関して深い見識をもつに至っている。しかし、我々は学んでいる仏法の成果について披露する機会を与えられていない。これは和上の理念とする仏道の志を欠くことになるので、仏法を説く機会である講をひらくことを認めてほしいと請願して、許される。

一月二三日　淡路国の窮民の九万三九〇〇束に相当する税負担を免除する。

一月二四日　叙任。

氏名及び従前の階位等	新官職等	備考
従五位下笠朝臣庭麻呂	大和介	
外従五位下津宿祢源	山城介	
従五位下大中臣朝臣弟枚	伊賀守	
従五位下大荒城臣忍国	遠江介	
従五位上高倉朝臣殿継	駿河守	
従五位下藤原朝臣真雄	遠江権介	
大内記従五位下平群朝臣真常	兼遠江大掾	
従五位下和朝臣弟長	信濃介	
中衛少将従四位下巨勢朝臣野足	兼下野守	
従五位下大中臣朝臣常麻呂	下野介	
従五位下佐伯宿祢社屋	出羽守	
従五位下藤原朝臣山人	越中権介	
従五位下和朝臣氏継	越後介	
従四位下安倍朝臣弟当	丹波守	
従五位下淡海真人有成	丹波介	
従五位下大秦宿祢宅守	因幡介	
従五位下石川朝臣宗成	備後守	
従五位下百済王忠宗	伊予介	
従五位下藤原朝臣藤継	太宰少弐	
正五位上藤原朝臣縵麻呂	豊前守	
従五位下藤原朝臣真書	豊後守	

一月二八日　叙任。

氏名及び従前の階位等	新官職等	備考
刑部卿陸奥出羽按察使		
従三位坂上大宿祢田村麻呂	征夷大将軍	
正五位下百済王教雲	同副将軍	
従五位下佐伯宿祢社屋	同副将軍	
従五位下道島宿祢御楯	同副将軍	
軍監八人		
軍曹二四人		

二月一八日　旱害のために大和国の田租及び地子を免除する。

二月二五日　摂津国飢饉、使者を派遣して賑恤する。

三月五日　遣唐使が天皇に拝謁する。

三月二五日　太宰府からの上申。

大隅国桑原郡蒲生駅と薩摩国薩摩郡田尻駅の間は、大変距離が離れているため、駅を支える人々の負担が大きすぎるので、その中間の薩摩郡櫟野村に新しい駅を設置したいと訴えて、認められる。

三月二五日　遣唐大使従四位上藤原朝臣葛野麻呂・副使従五位下石川朝臣道益は天皇に召されて、殿上において餞別を賜る。

三月二八日　遣唐大使従四位上藤原朝臣葛野麻呂に節刀を授ける。

四月二七日　荒廃地を再開発した田の面積を調査する。

　河川になって荒廃した土地については、台帳から除籍することになっている。しかし、荒廃した土地を田に開墾した場合については、その旨の届がされたという報告を聞いたことがない。かりに西の岸辺が崩壊して公田を失って、東岸に新たに田が生じた場合には、私有地に帰属していた。長い年月の間には、公の損害は計り知れないものになる。そこで天平一四年以降に新たに荒れ地を開発して田になった土地の面積を詳細に調査して、漏れのないよう報告するよう定める。

五月一〇日　陸奥国の斯波城と胆沢の間に、一駅を設ける。

　斯波城と胆沢の間は一六二里も隔たっていて道が険しく、往来するには多くの困難を伴う。このような状態では緊急の場合問題であるので、小路の例に準じて一駅を設置してほしい、と申請して許可される。

五月二〇日　山城国の穀四〇〇〇斛をもって左右京の高齢者に与えて賑恤する。

五月二三日　摂津国から飢民救済の申請が許される。

　近年凶作が続き百姓の食糧が欠乏している。加えて春夏の水害のため食糧が底をついてしまった。そこで保存している正税二万束を、困窮している人々に与えたいと上申して、許される。

六月一〇日　越中国を上国と定める。

六月二一日　太宰府が言うには、壱伎島の防人は六国から二〇人を徴集している。彼らには食糧を筑前の穀を運漕して充てていたが、海に流したりして大変困難なことである。そこで、同島人三〇〇人を防人として交替で派遣して食糧運搬の困難を解決したい、と申請して許される。

六月二六日　山城国山科駅を廃止して、近江国勢多駅の駅馬の数を増やす。

六月二七日　渤海国からの使者が能登国に来着して滞在しているが、便利なところではないので、早急に客院を建築するよう命じる。

七月一日　天皇、神泉苑に行幸する。

七月四日　天皇、大堰に行幸する。

七月七日　天皇、相撲を観戦する。

七月七日　叙位。

氏名及び従前の階位等	新官職等	備考
无位明□女王	従五位上	
従五位上紀朝臣内子	正五位上	
従五位上川上朝臣真奴	正五位上	
従五位上百済王恵信	正五位上	
従五位上藤原朝臣川子	正五位上	
従五位上紀朝臣殿子	正五位上	
无位藤原朝臣上子	従五位上	
无位橘朝臣御井子	従五位上	
无位紀朝臣乙魚	従五位上	
无位坂上大宿祢春子	従五位上	

七月一一日　天皇、葛野川に行幸する。

七月二四日　天皇、与等津に行幸する。

七月二七日　天皇、大堰に行幸する。

七月二九日　親不孝な右京の門部連松原を土佐国に流す。

八月一日　天皇、大堰に行幸する。

八月五日　天皇、葛野川に行幸する。

八月七日　天皇、和泉紀伊二国に行幸することを計画して、征夷大将軍従三位行近衛中将兼造西寺長官陸奥出羽按察使陸奥守勲二等坂上大宿祢田村麻呂・従四位上行衛門督兼中務大輔三島真人名嗣等を、和泉摂津両国に派遣して行宮《かりみや》の地を選定させる。

八月八日　天皇、葛野川に行幸する。

八月一〇日　暴風雨、中院の西の楼が倒壊したために牛が死亡する。また神泉苑の左右の閣や京中の盧舎が壊れ、諸国においても大きい被害を生じる。天皇は、丑年生まれであるためこれを見て、「縁起でもないことである。私が病気にでもなる前触れなのだろうか」と心配したため、人々はうろたえた。

八月一一日　地震。

八月一三日　天皇、北野に遊猟する。

八月一九日　天皇、京の街の中に行幸する。

八月二一日　天皇、大原野に行幸する。

八月二五日　天皇、栗前に行幸する。

八月二六日　天皇、この冬に和泉国に行幸するために藤原朝臣縄主達の役割を決める。

氏名及び階位等	役割等

参議式部大輔春宮大夫近衛中将正四位下藤原朝臣縄主
装束長官
従五位下橘朝臣安麻呂　同副
従五位下池田朝臣春野　同副
参議左兵衛督従三位紀朝臣勝長　御前長官
従五位上藤原朝臣継彦　同副
左大弁東宮学士左衛士督但馬守正四位下菅野真道
御後長官
従五位下紀朝臣咋麻呂　同副
八月二八日　叙任。
氏名及び従前の階位等　新官職等　備考
従五位下大枝朝臣須賀麻呂　主計頭
外従五位下桧原宿祢鑵作　造西寺次官
九月三日　近江国の荒廃田五三町を式部卿三品伊予親王に賜う。
九月四日　天皇、大堰に行幸する。
九月八日　天皇、神泉苑に行幸する。
九月一〇日　叙任。
氏名及び従前の階位等　新官職等　備考
従五位下紀朝臣田上　相模介
九月一六日　叙位。

氏名及び従前の階位等　新官職等　備考
正六位上善原忌寸依　外従五位下
九月一八日　兵部少丞正六位上大伴宿祢岑万里を新羅国に派遣する。
唐国に派遣した使者の消息について、太宰府から次のような報告をしてきた。
遣唐使は昨年七月初め、四隻の船で出港した。しかし途中暴風のため二隻は行方不明になり、二隻は風に流されて新羅に到着したとのことである。そこで兵部省の少丞正六位上大伴宿祢岑万里を派遣して、その処理に当たらせることとする。
九月二一日　天皇、北野に遊猟する。
九月二二日　白丁をもって健児とする。
一〇月三日　天皇、和泉国に行幸する途中、難波行宮に到着する。
一〇月四日　天皇、摂津国司に衣を賜い、乗船して周遊する。四天王寺の僧達が音楽を演奏し、国司が献上する。
一〇月五日　天皇、和泉国に到着し、大鳥郡恵美原に遊猟する。散位従五位下坂本朝臣佐太麻呂が物を献上し、綿一〇〇斤を賜る。
一〇月六日　天皇、城野に遊猟し、日暮れに日根行宮に到着する。

一〇月七日　天皇、垣田野に猟をする。阿波国から天皇に、物を献上し、国司等は物を賜る。左大弁正四位下菅野朝臣真道が物を献上し、綿二〇〇斤を賜る。

一〇月八日　天皇、生野に猟をし、近衛中将従三位坂上大宿祢田村麻呂が物を献上し、綿二〇〇斤を賜る。

一〇月九日　天皇、日根野に猟をし、河内国が物を献上する。

一〇月一〇日　天皇、和泉・摂津二国の国司郡司公民陪従等の人々を前に詔し、今年の豊作をたたえ、和泉国・摂津国の東生西成二郡の田租を免除し、位階・物を賜う。また、行宮付近の八〇歳以上の人々と陪従の人々には、沢山の物を賜う。皇太子以下には物を賜い、和泉日根二郡の諸寺に使者を遣わして、綿を施入する。播磨国は物を献上し、地方の歌や踊りを披露する。

　叙位。

氏名及び従前の階位等	新官職等	備考
摂津守従三位藤原朝臣雄友	正三位	
衛門督従四位上三島真人名継	正四位下	
散位従五位下坂本朝臣佐太麻呂	従五位上	
摂津介外従五位下尾張連粟人	従五位下	
和泉守外従五位下中科宿祢雄庭	従五位下	
摂津掾正六位上多治比真人船主	従五位下	
和泉掾正六位上小野朝臣木村	従五位下	
散位正六位上大枝朝臣万麻呂	従五位下	

一〇月一一日　天皇、紀伊国玉出島に行幸する。

一〇月一二日　天皇、乗船して遊覧する。賀楽内親王・参議従三位紀朝臣勝長・国造紀直豊成等が物を献上する。天皇、紀伊国司郡司公民陪従の人々を前に詔して、名草海部二郡の百姓達の田租を免除する。また国司郡司等には位階を賜い、行宮付近の八〇歳以上の老人には大いに物を賜う。

　名草海部二郡の諸寺に使者を派遣して綿を施入する。

　叙位。

氏名及び従前の階位等	新官職等	備考
紀伊守従五位下藤原朝臣鷹養	従五位上	
紀伊介外従五位下葛井宿祢豊継	従五位下	
紀伊掾従六位下小野朝臣真野	従五位下	
刑部大丞正六位上紀朝臣岡継	従五位下	
中衛将監正六位上紀朝臣良門	従五位下	

一〇月一三日　天皇、雄山道を経て日根行宮に還る。

一〇月一四日　天皇、熊取野に遊猟する。

一〇月一五日　天皇、難波行宮に還る。
一〇月一七日　天皇、難波から京に還る。
一〇月二一日　天皇、神泉苑に行幸する。
一〇月二三日　みだりに私に鷹鶻を飼うことを禁じているところであるが、違反者には罰則をもうける。
一〇月二七日　桑麻に被害のあった越前能登国の調一〇分の七を免除する。
一一月七日　陸奥国栗原郡に新たに三駅を設置する。
一一月八日　天皇、日野に遊猟する。
一一月一一日　筑前国志麻郡の綿の調を停止して、金納とする。
一一月一三日　天皇、神泉苑に行幸する。
一一月一三日　左京の従七位下大呉連三田に大貞連の姓を授ける。
一一月一六日　天皇、神泉苑に行幸する。
一一月一六日　甘南備内親王に山城国乙訓郡白田六町を賜う。
一一月一八日　天皇、神泉苑に行幸する。
一一月二三日　秋田城を廃して郡とする。秋田城は設置されてから四〇余年になるが土地条件が悪いため、城を廃止することとする。
一一月二七日　天皇、神泉苑に行幸する。
一一月二七日　左大弁正四位下兼行皇太子学士但馬守菅野真道・木工頭従五位上兼行造宮亮播磨介石川朝臣河主に僧綱政を監させる。
一二月一日　天皇、神泉苑に行幸する。
一二月二一日　牛を殺し、皮を剥いで用いることを厳禁する。
一二月二五日　天皇、病にかかる。平城七大寺に使者を遣わして綿五六〇斤を納めて経を読ませる。また、旧都の飢民を賑恤する。
一二月二六日　大赦して天皇の病気の回復を祈る。
＊この年、大宮神社（通称高靇大明神、栃木県塩谷郡上町二三二）、南都の僧玄慶和尚が建立する。主祭神は軻遇突智命。［栃木県神社誌］
＊平安時代初期の人形出土　最古の傀儡《くぐつ》舞用か　福岡の太宰府条坊跡
　福岡県太宰府市教育委員会は一八日、同市都府楼南の太宰府条坊（土地区画）跡で、平安時代初期のものと見られる木製人形が出土したことを明らかにした。専門家からは、形状から当時の人形劇の傀儡舞用との見方が出ている。

平安時代の木製人形の出土例は全国で数例あるが、水野正好奈良大学教授（考古学）は「傀儡舞に使われいていたとすれば、これまで発見された中では最古」としている。

人形の大きさは、長さ二四センチ、直径二・五センチ。棒状の木の先端に顔が彫られている。人工的に造られた水路の溝の底の砂に埋まっていたところを発見された。

同市教委は「傀儡舞に使われていたとの見方もあるが、呪術の際の人形《ひとがた》の可能性も考えられる。いずれにしても当時の生活を知る上で貴重な民俗資料」とみている。水野教授は「傀儡舞は傀儡師が人形に着物を着せ、各地を廻り見せた芸能で、人形劇の原形。呪術の人形は板状に近いが傀儡舞の人形は棒状が多い。これまで平安時代中、後期の発見例があっただけなので、時代を遡ったといえる」と話している。［日本経済新聞夕刊一九九二（平成四）年四月一八日］

＊平安時代　丸太くり抜いた導水施設（木樋）愛知県西尾市の「室遺跡」で出土

財団法人愛知県埋蔵文化財センターは二〇日、同遺跡から平安時代に築造された「木樋（丸太を半分にしU字形にくり抜いたもの）」を伴うきわめて珍しい導水施設が出土した、と発表した。

木樋に関する文献では、奈良時代の東大寺文書の中に荘園開発に関して開削した溝と木樋を利用して自然河道（川）から水を引く導水施設の記述があるが、今回の出土はその存在を具体的に示しており、とりわけ当時の農業や潅漑、土木技術を知る貴重な資料として注目される。［日本経済新聞一九九二（平成四）年二月二一日］

＊九世紀はじめ　平安京は初めから碁盤状に町割り　京都市下京区の市立七条小学校敷地内

同校敷地内で、平安京建都後間もない九世紀初めの道路跡などが見つかり、すでに都の中が〝碁盤の目〟状にきちんと町割りされていたことが判明、同市埋蔵文化財研究所が二五日発表した。古文書に残る町割りの最小単位「一戸主《へぬし》」（東西三〇メートル、南北一五メートルの長方形）の通りに宅地割りされていたことも初めて確認され、都市計画に基づく周到な都づくりの実態を知る貴重な発見だ。調査地は当時の右京八条二坊にあたり、都の南端に近いが、当時の公営市場の南側に接していた場所。［日本経済新聞一九九三（平成六）年三月二六日］

＊会津の恵隆寺再興を開始する。利仁・空海・田村麻呂協力する。［金塔山恵隆寺資料「立木千手観音」］

八〇五（延暦二四）年（勝道上人七一歳）

一月一日　天皇、病のため朝を取りやめる。
一月三日　寺が檀家の田を買い受けることを禁じる。
一月一四日　天皇、皇太子を召したが遅れているので、参議右衛士督従四位下藤原朝臣緒嗣を召す。そうしているうちに皇太子が参上し彼らを枕辺に、詔をする。右大臣（神王）に命じて真道等を参議に任命し、大法師勝慮をして鷹や犬等を解き放つ。
一月一四日　崇道（早良）天皇のために、淡路国に寺を建立する。
一月一四日　法を冒した僧の罪を許し、元の寺に復帰させる。また、天下諸国の寺の塔を修理させる。
一月一五日　叙任。

氏名及び従前の位階等	新位階等	備考
大法師勝慮	少僧都	
均寵	律師	

一月一七日　天皇、御在所南端門外に弓矢の練習をする。
一月二二日午後二時頃　大きい流れ星が墜ちる。
一月二五日　地震。
一月二八日　叙位。

氏名及び従前の位階等	新位階等	備考
外従五位下吉水連神徳	従五位下	
正六位上出雲連広貞	外従五位下	

彼らは昼夜を分かたず、天皇に投薬して奉仕した功によるものである。
二月五日　相模国からの上申。同国が陸奥出羽両国に派遣している鎮兵三五〇人を二分して勲位を授けるものと白丁とするものに分けることを願い出て許される。
二月六日　僧一五〇人に宮中及び春宮坊等において大般若経を読ませ、霊安寺に小さい倉一棟を造らせて稲三〇束、調綿一五〇斤、庸綿一五〇斤を納めて、神霊の怨魂を慰める。
二月一〇日　典薬頭従五位上中臣朝臣道成等をして石上神社に兵仗を返納させる。
二月一四日　備後国飢饉、使者を派遣して賑恤する。
二月一五日　王族に姓を賜う。

住所	旧王名	新姓	備考
左京	多王	三園真人	
	登美王		
	吉並王	近江真人	
	□並王等十七人		

駿河王　清海真人
広益王等十六人
池原王　志賀真人
島原王
貞原王　浄額真人
真貞王
坂野王　清岳真人
石野王等十六人
篠井王　浄原真人
坂合王等五人
十二月王　室原真人
小十二月王等三人
永世王　春原真人
末成王
末継王
田辺王　美海真人
高槻王等
船木王　永井真人
岡山女王　岡原真人
広岡女王等四人
広永王　豊岑真人
益水王等四人
田村王　長谷真人
小田村王
金江王
真殿王
河原王等八人
八上王　山科真人
八島王

二月一九日　天皇の病状が回復していないため、諸国の国分寺に命じて薬師悔過の行を行わせる。
三月二〇日　従四位下吉備朝臣泉・五百枝王・藤原朝臣浄岡・藤原朝臣雄依・山上船主等の罪を赦して、京に入ることを認める。
三月二三日　伊豆国の流人氷上真人河継の罪を免ずる。
三月二三日　玄賓法師を伯耆国に遣わして祈らせる。
三月二七日　殿上において潅頂法を行う。
三月二七日　大赦する。
四月二日　侍医等に絹布を賜う。
四月四日　貢調脚夫の医療の面倒を見たり往来の便宜を図るよう勅する。貢調脚夫を支える仕組みが機能しなくなり、脚夫が立ち往生したり飢餓のため横死するものが出ているので、法に従って脚夫の世話をするよう命じる。
四月五日　諸国に崇道（早良）天皇を奉り小倉を建て、正税四〇束を納めて、国忌及び奉幣の例により、同天皇の怨霊に謝罪する。
四月五日　新たに開かれた険しい山道であるために土佐国の滞りやすい駅路に、伝馬五頭を増やして、輸送力を確保する。
四月六日　天皇、皇太子以下参議以上を召して、事後のことを託す。
四月一〇日　近衛大将藤原朝臣内麻呂・中将藤原朝臣縄主をして兵仗殿鎰を東宮に賜う。
四月一〇日　幣帛を賀茂神社に奉る。
四月一一日　改葬崇道天皇司を任命する。
五月一日　侍従及び侍医に衣を賜う。
五月一〇日　蔭日向なく勤務し人々を指導している土佐国香美郡少領外従六位上物部鏡連家主に爵二級を授ける。
五月一一日　山城・大和・河内・摂津四国に史生一名を増員する。
五月一一日　天皇の病が平癒したので、脩行伝燈法師位聴福を紀伊国に派遣して、三重塔を建立する。
五月二六日　甲斐・越中・石見三ヶ国飢え、使いを遣わして賑給する。［日本後紀　山梨郷土史年表・山梨郷土史研究会編］
六月八日　遣唐使第一船が対馬下県郡に入港し、大使従四位上藤原朝臣葛野麻呂が復命する。

前年七月六日　肥前国松浦郡を遣唐使船四艘で出港する。
同七月七日戌刻　海上が荒れて第三船第四船が灯火の信号に応答せず見失い、三、四日間漂う。
同八月一〇日　葛野麻呂等、福州長渓県赤岸鎮巳南海口に到着する。目的の港までの陸路は険しく不用心なので、海路をとることを勧められる。
同九月一日　第二船の判官菅原朝臣清公等二七人、明州から京に入る。
同一〇月三日　葛野麻呂等、常州に到着し、新除観察使兼刺史閻済美のはからいにより、先発の二三人が京に向かう。
同一一月一五日　清公等、長安城に到着する。
同一一月一五日　葛野麻呂等、都に赴くために出発する。ここから都までは七五二〇里。早朝から晩まで歩いた。
同一二月二一日　葛野麻呂等、都の手前の長楽駅に到着し待機する。
同一二月二三日　内使趙忠が飛龍家細馬二三匹をつれて酒を携えて葛野麻呂等を出迎える。京城に入り、清公等が入っている住宅を充てがわれる。
同一二月二四日　親書と貢ぎ物を監使劉昂に託す。彼は天子にそれらの品々を進め、帰ってきて天子の喜びと労いの言葉を伝える。
同一二月二五日　葛野麻呂等、宣化殿において礼見。しかし天子は現れなかった。
同一二月二五日　葛野麻呂等、麟徳殿において天子に謁見する。内裏において宴が設けられる。使院においても宴が設けられて終日飲み明かす。すこぶる手厚くもてなされる。
延暦二四年（貞元二一年）一月一日　葛野麻呂等、含元殿において朝賀。
同一月二日　天子徳宗、病に倒れる。
同一月二三日　天子徳宗（六四）、崩御する。
同一月二八日　太子順宗が即位する。
同二月一〇日　監使高品宋惟澄が送辞を述べ、内使王国文を付けて葛野麻呂等を送らせる。
同三月二九日　葛野麻呂等、越州の永寧駅に到着する。
越州とは観察府のことである。監使王国文は葛野麻呂等を駅の館に呼びいれ、勅書の箱を手渡すと都に帰って行ったが、そこからはさらに監使を付けて明州まで送られた。
同四月一日　福州に停泊していた一行の船が、録事山田・大庭等によって五六日をかけて明州に回航され、直ちに一行は乗船して出港したようだ。
同四月三日　葛野麻呂等、明州の郭下に到着し、寺裏に滞在する。
同五月一八日　葛野麻呂等、同州の賛県を両船で出港する。
同六月五日　葛野麻呂等、対馬国下県郡阿礼村に入港する。

葛野麻呂が伝える唐の状況
現在の皇帝の名前は、誦という。先帝のただ一人の息子で、年齢は四五歳になる。彼には四四人の子供達がいて、皇太子は広陵王純といい二八歳である。皇太后は王氏、今上皇帝の母で、亡くなった先帝の后である。年号は貞元二一年、我国の延暦二四年にあたる。（皇帝の崩御にともなう唐の内乱などの様子を伝えている。）

六月一〇日　近江・丹波・丹後・但馬・播磨・美作・備前・備後・紀伊・阿波・伊予一一国から納入される彩帛を止めて、従前の通り絹を貢納させることとする。
六月一六日　伊賀国飢饉、使者を遣わして賑恤する。
六月一七日　遣唐使第二船判官正六位上菅原朝臣清公、肥前国松浦郡鹿島に到着し、駅によりその旨を報告。しかし、報告の内容は乏しかった。
七月一日　遣唐大使従四位上藤原朝臣葛野麻呂、節刀を返納する。
七月一四日　葛野麻呂等、唐国からの信物を献上する。
七月一六日　太宰府からの報告。遣唐使第三船が今月四日に肥前国松浦郡庇良島を出港し、遠値嘉島《おちかしま》を目指したが、強い南風のために遭難して孤島に漂着した。船は浸水が烈しく判官正六位上三棟朝臣今嗣等はやっと脱出して岸に達した。官私雑物は船から回収できないため、弓を持った見張り数人を付けて、係留していたが、綱が解けて船は流れ去り、見失ってしまった。
　この報告を受けた天皇は、大切な信物や親書などを積んでいる船を失った彼らの責任をきびしく求めるよう勅した。
七月一七日　地震。
七月二〇日　私費をもって貧民の救済をした者を叙任する。

氏名及び従前の位階等	新位階等	備考
常陸国の生部連広成	従八位下	

七月二二日　能登国から船一艘が珠洲郡に漂着したとの報告があったので、使者を派遣して積み荷を点検させることとする。
七月二五日　叙位。

氏名及び従前の位階等	新位階等	備考
遣唐大使従四位上藤原朝臣葛野麻呂	従三位	
判官正六位上菅原朝臣清公	従五位下	
故副使従五位上石川朝臣道益	贈従四位下	
判官正六位上甘南備真人信影	従五位下	

　道益は従三位中納言石足の孫で従五位上人成の子供である。彼は様々な役所の書記を経て遣唐使一行に加わった。また、彼は非常に礼儀正しい人でもあった。大唐の明州において死亡した。朝廷は彼の死を惜しんだ。享年四二歳。
七月二六日　畿内の名神に使者を遣わして、雨乞いをする。
七月二七日　唐国からもたらされた品物を山科（天智）・

後田原（光仁）・崇道（早良）天皇の三陵に献納する。
八月一日　葛井親王に、山城国相楽郡の畠一三町を賜う。
八月九日　地震。
八月九日　仏法を求めて唐に渡っていた僧寂澄を殿上に招き、悔過読経してもらう。寂澄、唐国から持参した仏像を献上する。
八月二七日　太白（金星？）が鎮星（土星？）とともに東方の空に見える。
九月一七日　僧寂澄に殿上において毘盧舎那法を行わせる。
一〇月二三日　播磨国の俘囚吉弥侯部兼麻呂・吉弥侯部色雄等一〇人を種子島に流す。彼らは野心を捨てず法律に違反したためである。
一〇月二五日　佐渡国の道公全成を伊豆国に流す。彼は官の鶉を密猟したためである。
一〇月二五日　維持する必要のなくなった下総国印旛郡鳥取駅・埴生郡山方駅・香取郡真敷・荒海等の駅を廃止する。
一〇月二五日　崇道（早良）天皇のために一切経を写経し奉る。写経に功労のあった者にたいして、その貢献度に応じて叙位及び得度する。
一〇月二八日　前殿において三日間の読経をする。
一一月一日　朝廷に差し出す諸国の諸司が作成する文書に、官人等が署名するよう定めて勅する。
一一月七日　これより先、伊豆国掾正六位上山田宿祢豊浜は用事があるために京に向かった。彼は伊勢国榎撫朝明二駅の間の村に着いてお湯を飲みたいとある人の家に立ち寄ったところ、お湯が差し出されさらに暖めた酒を振る舞われ、彼らは喜んで飲んだ。ところがしばらく後に嘔吐を催し、伊賀国の堺まできたところ豊浜の従者が死亡した。そこで豊浜は酒に毒が混入されていたのではないかと考え、手を尽くして治療に努めたが、京に到着の後に死亡した。そこで左兵衛少志従六位下紀朝臣浜公を派遣して捜査させたが、真相は判らなかった。
一二月七日　災害や凶作により人々が疲弊しているため、朝廷の費用の削減を図り人々の負担軽減するために、つぎの事柄について公卿等が相談し、許される。
　宮廷に仕える人々一二八一人の一部を減員することとする。

部署職員	員数	減員数
衛門衛士	四〇〇	七〇
左右衛士	各六〇〇	各一〇〇

隼人男女　各四〇　各二〇
雅楽歌女　五〇　三〇
仕女　一一〇　二八

卜部の下男下女に給料の支給を停止すること。

諸国の調貢の脚夫の役に従事すべき日数に、ある国では五日、ある国では三日とばらつきがあり公平ではないので、従事すべき日数は二日とすること。

備後国神石・奴可・三上・恵蘇・甲努・世羅・三谿・三次八郡の調糸を鍬鉄とすること。

伊賀・伊勢・尾張・近江・美濃・若狭・越前・越後・越中・丹波・丹後・但馬・因幡・播磨・美作・備前・備中・備後・紀伊・阿波・讃岐・伊予の国々の今年の庸を免除すること。

一二月七日　中納言近衛大将従三位藤原朝臣内麻呂・参議右衛士督従四位下藤原朝臣緒継・参議左大弁正四位下菅野朝臣真道らが勅により天下の徳政について議論する。緒継は人々が苦しんでいる原因は軍事と都の造営に従事していることにあるのであるから、これらを停止することが必要であると提案した。しかし、真道はこれに異議を唱えたが、天皇は緒継の提案を採用した。

一二月八日　淡路国の浪人の今年の調庸を免除する。

一二月二二日　大和国畝傍・香具・耳梨山の樹木を百姓達が勝手に伐採しているのは、国吏が寛容で放任しているからである。今後は管理を強化して、しかることのないようにと勅する。

一二月二五日　僧綱は次のように述べた。延暦年中諸国の「国師」を改めて「講師」とした。講師は一度任命されると終身その職にあるので、職務を怠るようになり、法を犯し罪に落ちるような堕落した状況にある。秩序を取り戻すためには重要な事柄については講師がとり行い、重要でない事柄については読師に補佐させ、任期を六年に限ることとすべきである。勅があり僧綱の意見を取り入れて改革された。

八〇六（大同元）年（勝道上人七二歳）

一月一日　天皇が病のため朝賀を取りやめる。

一月一七日　射撃競技をする。天皇は欠席した。

一月二八日　叙任。

氏名及び従前の位階等	新位階等	備考
従四位下藤原朝臣仲成	大和守	
従五位上百済王鏡仁	河内守	
従五位下紀朝臣南麻呂	河内介	

兵部大輔正五位上藤原朝臣継業　兼山城守
従四位下大和朝臣入鹿麻呂　伊勢守
斎宮頭従五位下中臣凡朝臣豊国　兼伊勢介
従五位下藤原朝臣真川　尾張守
従五位下菅原朝臣清公　尾張介
従五位下路真人年継　三河介
従五位下大枝朝臣菅麻呂　遠江守
従五位下大宅真人継成　駿河介
中納言従三位藤原朝臣内麻呂　兼武蔵守　近衛大将はもとのまま
従五位下桑田真人甘南備　武蔵介
従五位上安曇宿祢広吉　安房守
宮内大輔従五位上藤原朝臣道雄　兼上総守
従五位下石川朝臣道成　上総介
右衛士佐従五位下田中朝臣八月麻呂　兼上総介
外従五位下千葉国造大私部直善人　上総大掾
参議従三位紀朝臣勝長　兼下総守　左衛士督はもとのまま
従五位下藤原朝臣城主　下総介
従四位下葛野王　常陸守　主馬頭はもとのまま
左兵衛権佐従五位下安倍朝臣益成　常陸権介
大内記従五位下平群朝臣真常　兼近江権介
左衛士佐従五位下百済王教俊　兼美濃守
従五位上坂本朝臣佐太気麻呂　信濃介
侍従従四位下大庭王　兼上野守
正四位下三島真人名継　越前守
従五位下和朝臣氏継　越後守
従五位下紀朝臣百継　越後介　近衛将監はもとのまま
左少弁従五位下藤原朝臣貞嗣　兼丹後守
外従五位下山田造大庭　丹後介
参議右衛士督従四位下藤原朝臣緒嗣　兼但馬守
従五位下佐伯宿祢清岑　但馬介
内厩頭従五位下坂上大宿祢石津麻呂　兼因幡介
従五位下作良王　伯耆守
従五位下大中臣朝臣全成　出雲守
従五位下安倍朝臣宅麻呂　出雲介
従五位下秋篠朝臣全継　石見守
従五位下藤原朝臣友人　播磨介
中内記外従五位下出雲連広貞　兼美作権掾
従五位下藤原朝臣諸主　備中守

外従五位下掃守宿祢弟足　安芸介
従五位下紀朝臣国雄　讃岐介
参議正四位下菅野朝臣真道　兼太宰大弐
従五位下大野朝臣犬養　肥前守
従五位下多治比真人氏守　肥前介
従五位上高倉朝臣殿継　肥後守
従五位下小野朝臣木村　豊前介

一月二九日　出挙の利息を免除する。

二月一三日　太宰大弐の職を担当する位階はこれまでの正五位上官を改めて、従四位下官とする。

二月一七日　皇太子、皇后（高志・淳和后）が皇孫を出産したその祝いに奉献する。

二月二三日　これより先、尚縫正四位下五百井女王に天皇の病気平癒を祈願する薬師仏像及び法華経の写経を命じていたが、それが完成したので、前殿に斎壇を設けて僧二一人及び百官を参加させて天皇の病気平癒の祈願をする。

二月二六日　故従五位下矢集宿祢虫麻呂が、養老六年の律令の定めに従って賜った功田五町を、公に収めることとする。彼には後継ぎがなかったためである。

三月一五日　天皇重態。五百枝王を召す。

三月一六日　叙位。（もとの位に復する）

氏名	位階等	備考
五百枝王	従四位上	
氷上真人川継	従五位下	
藤原朝臣清岡	従五位下	

三月一七日　延暦四年の事件に連座して配流した人々を叙位（もとの位に復する）する。

氏名	位階等	備考
大伴宿祢家持	従三位	
藤原朝臣小依	従四位下	
大伴宿祢継人	正五位上	
紀朝臣白麻呂	正五位上	
大伴宿祢真麻呂	従五位下	
大伴宿祢永主	従五位下	
林宿祢稲麻呂	外従五位下	

三月一七日　崇道天皇の霊を慰めるために、諸国国分寺の僧達に春秋の七日、金剛般若経を読むことを命じる。

三月一七日　桓武天皇（七〇）、正寝殿に崩御する。

三月一七日　使者を派遣して伊勢・美濃・越前三国の故関を警護させる。

三月一八日　中納言従三位藤原朝臣内麻呂が参議正四位

下藤原朝臣縄主・従四位下藤原朝臣緒嗣・従四位下秋篠朝臣安人・散位従四位上五百枝王等を率いて剣を奉り、正三位藤原朝臣雄友・従三位藤原朝臣内麻呂・藤原朝臣葛野麻呂・従四位上五百枝王・正四位下藤原朝臣縄主・従四位上藤原朝臣園人・正五位下御長真人広岳・従五位上藤原朝臣継彦・石川朝臣河主・従五位下池田朝臣春野・藤原朝臣永貞・紀朝臣咋麻呂・息長真人家成・六位以下七人を御装束司とし、従三位藤原朝臣乙叡・紀朝臣勝長・従四位上吉備朝臣泉・従四位下藤原朝臣仲成・文室真人八太麻呂・正五位下藤原朝臣黒麻呂・布勢朝臣尾張麻呂・従五位上淡海真人福良麻呂・従五位下路真人年継・六位以下八人を山作司とし、従五位下田口朝臣息継・田中朝臣八月麻呂・六位以下六人を養役夫司とし、従五位下安倍朝臣益成・外従五位下秦宿祢都伎麻呂・六位以下三人を作方相司とし、正五位上大野朝臣直雄・従五位下百済王教俊・六位以下三人作路司とし、左右京五畿内・近江・丹波等の国夫五〇〇〇人を使役することとする。

三月一九日　桓武天皇の山陵の地を山城国葛野郡宇太野に決定する。

三月二二日　太陽が赤く見え、輝きがなかった。夜に兵庫が鳴った。

三月二三日　大行天皇の初七日の斎を京下の諸寺において行う。

三月二三日　この日、太陽が赤く見えて輝きがなかった。

三月二三日　大井・比叡・小野・栗栖野等の山が焼ける。煙灰が四方に満ち、京中が昼でも黄昏のようであった。山陵の地は賀茂神社に近いため、その祟りにより火災が発生したのではないかと占ったところ、祟りがあると判った。

三月二九日　大和・伊賀両国に命じて行宮を造らせる。斎内親王（布勢）が京に帰る。

四月一日　中納言正三位藤原朝臣雄友が後誄人左方中納言従三位藤原朝臣内麻呂・参議従三位坂上大宿祢田村麻呂・侍従従四位下中臣王・侍従従四位下大庭王・参議従四位下藤原朝臣緒嗣、右方権中納言従三位藤原朝臣乙叡・参議従三位紀朝臣勝長・散位従四位上五百枝王・参議正四位下藤原朝臣縄主・従四位下秋篠朝臣安人等を率いて誄《るい》奉る。

四月七日　天皇を山城国紀伊郡柏原山陵に葬る。天皇の諱は山部である。天宗高紹（光仁）天皇の長子である。

四月一六日　勅使を遣わして伊勢大神宮に幣を奉る。斎内親王が帰京する。

四月二四日　叙位叙任。

氏名及び従前の位階等	新位階等	備考
摂津国住吉郡住吉大神	従一位	

　この神社において遣唐使の安全を祈願したことによる。

侍医外従五位下出雲連広貞	兼但馬権掾	
外従五位下若江造家継	典薬允	

四月二九日　先帝の六七斎を崇福寺において行う。

五月六日　正税を貸して民の飢饉を救わしめる。ここのところ毎年凶作が続いているので人々の食糧が乏しくなってしまった。そこで私稲の出挙を利用することにより人々が高利に苦しむことのないようにとの措置である。

五月一四日　備後・安芸・周防・長門等の国駅の建物は本来外国からの客のために備えているものである。しかし近頃、百姓が疲弊し建物を維持することが困難になり、破損が目立つようになった。そのため海外の客は海路をとるようにし、建物の破損は農閑期を利用して修理することとする。ただし、長門国駅は海辺に近く人目に付くので、改築することとせよと勅する。

五月一八日　平城天皇、大極殿に即位する。詔して諸社の祢宜祝・諸寺の僧尼・幸義人等に位一階を賜う。また、五畿内の寡婦や一人暮らしで自活できない人々に物を賜う。

五月一八日　改元「大同元年」。

五月一九日　皇太后（新笠）に追尊して大皇太后とし、皇后（乙牟漏）を皇太后とする。

五月一九日　叙任。

氏名及び従前の位階等	新位階等	備考
弾正尹某（嵯峨）	皇太弟	
宮内卿藤原朝臣園人	皇太弟傅	
林宿祢沙婆	学士	
秋篠朝臣安人	春宮大夫	

五月二四日　初めて六道観察使を置く。

六月一日　山陽道観察使正四位下藤原朝臣園人、西海道を上京したり下向する役人達に対する雑役による負担が大きいために、この地方が私の生活を顧みることができず疲弊しているとのことから、農民の負担を軽減する方法を提言し、許される。

六月七日　太宰府は筑前国の業務を兼務し組織を簡素化してきたが、現在の人員の割には業務が増加しているとのことから、大少監及び大少典各一名を増員する。

六月九日　天皇の外祖父等を叙位する。

氏名及び従前の位階等　　　　　　新位階等　　備考
外祖父贈従一位内大臣藤原朝臣良継　贈正一位太政大臣
外祖母贈従一位尚蔵安倍朝臣古美奈　贈正一位
六月一〇日　諸王及び五位以上の子孫で一〇歳以上の者は大学に入ることとする。
六月一三日　先帝を奉り僧一五〇人、尼五〇人の得度を行う。
閏六月八日　王臣・寺家の山野占有を禁じる。百姓の入り会い権の保護することに目的はあった。
閏六月八日　太政官符。山城国葛野郡大井川の洪水の原因になるとして、水源の森林の濫伐を厳禁する。
閏六月二七日　諸道観察使に印を賜う。
七月四日　長門国司が関所や港の規則（関津之制）に違反して取締をしているとのことから、違反者には重科に処すとの詔を発する。
七月七日　王臣達の所有する畿内勅旨田の公の用水を分水して開発した私田を調査する。
七月七日　天皇と同じ名前の紀伊国安諦《あて》郡を在田郡と改める。
七月一一日　白丁一〇〇人をもって東宮舎人とする。前例となる。

八月四日　畿内の水害を被った百姓の調庸を免除し、正税については明年納入すればよいこととする。七道諸国も同じ扱いとする。
八月一〇日　これより先、中臣・忌部両氏の間に論争があった。
　中臣氏の主張によれば「忌部氏は幣帛を造ることだけに従事し、祝詞を述べることはなかった。したがって、忌部氏には幣帛使を務めさせるべきではない」。
　一方忌部氏の主張によれば「奉幣祈祷は忌部氏の本来の仕事であり、忌部氏を幣帛使とするのは当然のことで、中臣氏は秡使とすべきである」とお互いに主張して譲らなかった。そこでこの日、両氏が交替でそれぞれの務めを行うよう勅命がある。
八月一九日　武蔵国から白鳥が献上される。白鳥を捕獲した伊福部浄王には稲五〇〇束を賜う。
八月　長雨が降り止まず洪水が発生、河川が氾濫する。天下諸国において、多くの被害が生じた。
九月四日　先月の長雨で被害を受けた左右京の堤や水路を修理するよう命じる。
九月二三日　八月の水害のため米穀の値が騰貴する。そこで左右京・山崎・難波津の酒造家に使者を派遣して、酒瓶に封をして酒造りを禁じる。
九月　星宮神社（栃木県塩谷郡高根沢町大字西高谷三三三）、村民達が勧請し鎮守と尊称した。〔栃木県神社誌〕
一一月一五日　神明社（小山市上生井一二〇二）創建。主祭神は大日霊貴命。伊勢国より天照皇太神・大日霊貴命を遷座したといわれる。〔栃木県神社誌〕
＊栃木県下都賀郡石橋町大字下大領は、この年から下大領村と唱えたと、同村の星宮神社にまつわる話として伝えられている。〔栃木県神社誌〕
＊この年、黒川神社（日光市小来川二六四七）創建。〔栃木県神社誌〕
＊桓武天皇の時代、今宮神社（鹿沼市今宮町一六九二）創建。〔栃木県神社誌〕
＊この年、八幡宮（栃木県那須郡烏山町字小木須六四六）創建。〔栃木県神社誌〕
＊二荒山神社（栃木県那須郡馬頭町大字松野一六九一番地）創建。同年下野国宇都宮二荒山神社より遷座。〔栃木県神社誌〕
＊この年、遣唐使に随行していた空海、帰国する。〔磐梯神社（慧日寺跡）案内資料〕
＊この年、会津磐梯山が噴火し、それにより猪苗代湖が出来る。〔磐梯神社（慧日寺跡）案内資料〕
＊磐梯山は昔、病悩山と呼ばれていたとのことである。〔福島県立博物館〕

この年の一月一日、天皇の病が重いため朝賀を取りやめる。三月一七日、桓武天皇（七〇）、正神殿に崩御する。同月二二日、畿内では太陽が赤く見え、輝きがなかった。その夜、武器の保管庫が鳴った。その翌日も、太陽が赤く見え、輝きがなかった。この現象は、畿内あるいはその周辺の広い範囲のどこかで火山が大噴火し、上空に吹き上げられた噴煙が大規模に空を覆った結果、太陽が赤く見えたのではないかと考えられる。その夜に、武器の保管庫が鳴ったといっている。翌二三日、やはり太陽が赤く見えて輝きがなかっただけではなく、京を取り巻く比叡山や栗栖野の山々に山林火災が起きる。煙や灰が四方に満ちて京中が昼でも黄昏のように薄暗かった。ちなみに一九八六（昭和六一）年一一月一五日に始まった伊豆大島の三原山の噴火では、一万人に及ぶ島民全員が島外に避難した。この噴火に伴って発した連続する爆発音が、夜間、三原山からは遠く離れた栃木県日光市瀬川の私の家でもこの音の発生源が間近にあるように聞こえた。このような火山活動に伴って発生する現象を空振というのだそうである。延暦二五年三月には、もしかするとこの三原山の噴火をはるかに上回る大規模な火山活動が起きていたのかも知れない。同年六月一日、山陽道観察使藤原朝臣園人は、西海道を上京したり下向する役人達に使役されることにより農民達の負担が大きい、そのためこの地方の農民達が自分の生活を顧みることができず疲弊している。したがって、農民達の負担を軽減することが必要だと朝廷に進言して認められている。同年八月には長雨が降り続き全国的規模で大水害が発生し、その災害復旧が緊急の課題であった。九月にはこれらの水害のため米穀の値が騰貴し、その対策として左右京・山崎・難波津の造り酒屋の酒瓶に封をして酒造りを禁じる。

ちなみに会津地方では、八〇六（大同一）年、磐梯山が噴火したことにより、現在見られるような巨大な猪苗代湖が出来たと伝えられている。現在は「会津磐梯山は宝の山」と謳われているが、しかし当時、磐梯山は、病悩山と呼ばれていたとのことである。当時の会津地方の人々が、磐梯山の火山活動に悩まされていた様子が偲ばれる。当時の磐梯山の噴火活動の様子をうかがい知ることのできる詳しく記した史料はないようである。しかし、それから約一一〇〇年後の一八八八（明治二一）年、同山は再び山体崩壊を伴う大爆発を起こしたのである。このときの火山活動の有様から大同元年の磐梯山の火山活動の様子をうかがい知ることができるかも知れない。見てみよう。

一八八八（明治二一）年七月一五日早朝、磐梯山は水蒸気爆発を起こした。福島県砂防課に勤務していた牧田一男氏は、このときの状況を調査した結果を「一九八八・六砂防と治水（社）全国治水砂防協会）磐梯山爆裂と土砂災害」において次のように詳述しているので紹介する。

水蒸気爆発

同日朝、天気は快晴で山は雲ひとつなく西北西の微風が吹いていた。七時頃より山の方で「ごうごう」と鳴っていたが、人々は雷の音と思っていた。七時半頃強い地震があり、続いてなお激しい地震が起こり、終わらないうちに小磐梯（磐梯山はほぼ同規模の大磐梯山、小磐梯山の二峰からなっていた）は黒煙を吹き上げ一五回か二〇回の爆発のあと、一発が北側へ向け抜け地上から消え去った。このとき七時四五分とされ、最初の地震より十数分後、小磐梯は完全に消え去り、三〇億トンの岩屑はすさまじい勢いで北側の村々を埋め尽くした。また高圧蒸気に吹き上げられた土砂は風に乗り、百数十キロ離れた太平洋岸まで達し、六五〇〇平方キロを覆い噴出物総量は〇・一五立方キロと推定された。なお、失われた山体は高さ六七〇メートル、一三億立方メートルと推定されている。山体崩壊による岩屑流で長瀬川上流が数十メートルの高さで埋められたため、上流は湛水し多くの部落が埋没、松原湖、秋元湖、小野川湖など三湖と数百の湖沼が出現した。

地震

爆発の数日前より山体付近に何回かの小地震が発生している。これらは火山性のもので、マグマにより熱せられ膨張した大量の水蒸気が山体を破壊しつつ起こしたもので、震源の深さは一〇キロ以内で局地的な地震である。爆発直前に起こった大規模な地震は磐梯周辺では震度Ⅵの激震と推定され、磐梯山崩壊の引金になったものと思われ、五〇キロ以内で感じられた。

爆風

爆発に伴うすさまじい爆風が北方の村々を襲い、爆風は火山灰をまじえて森林の松の木（二一～三抱え）を倒し、人家を吹き飛ばし、地表上のあらゆるものを破壊し尽くした。直後の貴重な写真はアメリカ・セントヘレンズの爆風被害に酷似し、爆風の強さは死者、家屋倒壊などの状況から毎秒四〇メートル以上と推定される。なお小磐梯山から全て北方へ向かって吹いていたといわれている。

岩屑流、土石流

小磐梯の一三億立方メートルにのぼる山体は六〇気圧、一二二三エルグというとてつもないエネルギーにより崩壊、岩屑流となり北山麓一帯八三〇〇ヘクタルを埋めた。岩屑流は常温に近く、水をほとんど含まないドライな状態で流下した。流下勾配は極めて緩く、最遠到達地点八キロのうち半分近くは水平かあるいは長瀬川を遡っている。巨大な岩塊をまじえた岩屑流は、丁度熱雲が山体を駆け降りるに似た状況で高圧蒸気をクッションに流下したのであろう。このときの流下速度は時速七七キロとされ、最遠地点まで六分を要した。多くの行方不明者のうち岩屑流によるものが最も多い。

山体崩壊による直接被害

大磐梯、小磐梯の山間に上の湯、中の湯、下の湯の三つの湯治宿があり多くの客がいたが、上の湯は崩壊した山体上にあったため、宿、客は山体と共に消え去った。中の湯、下の湯は火口からわずか離れたところにあったため降灰落石により建物は破壊されたが、数名の客は助かっている。

洪水、泥流

岩屑流がドライであったにも拘らず、長瀬川下流では洪水が発生。それに伴う泥流等による被害が多く発生した。大変不思議なことであるが多分、岩屑流が流下する際、高圧蒸気やフロントで自ら風をつくり、河川や沼、水田などの水を前面に押し出し、丁度ブルドーザーの排土板で押しやるように長瀬川沿いを流下したため大量の水が集められ、大洪水を起こしたのであろう。洪水の一部は泥流化し被害を大きくしている。長瀬川下流の住民の多くは流され、流木につかまり一命を得た者もいる。泥流の速度は最高速度七〇キロとされ、場所や地形によって異なっている。洪水による行方不明者は予想外に大きい。

爆発以降の災害

以上は爆発により数十分内に起こった現象と災害であるが、磐梯山周辺の住民の災害に対する恐怖は、以降長く続いた。山体崩壊による岩屑流で長瀬川上流が数十メートルの高さで埋められたため、上流は湛水し多くの部落が埋没、松原湖、秋元湖、小野川湖など三湖と数百の湖沼が出現した。湛水する過程で上流は埋没し、また小野川湖、秋元両湖は埋塞した堆積物が決壊し、下流長瀬川流域は再び大洪水を起こし破堤越水、多くの田畑、橋、家屋の流失被害を与えている。また、山体斜面の崩壊も発生、なかでも昭和一三年五月川上温泉付近に発生した泥流により死者負傷者七名、小学校を含む七棟が被災した。

次に近年の内外の火山や地震活動の状況も見ておこう。

近年では、一九八〇（昭和五五）年五月一八日、アメリカのワシントン州にあるセント・ヘレンズ山は大噴火を起こし、噴煙は二週間をかけて地球を一周した。この噴火によってアメリカ合衆国の経済は大きな打撃を受けたのである。山頂部分は大規模な山体崩壊によって直径一・五キロメートルにわたる蹄鉄型の火口が出現し、山の標高は二九五〇メートルから二五五〇メートルに減少、周囲の地形を全く変えてしまったのである。一九八三（昭和五八）年一〇月三日、三宅島が噴火。一連の火山活動による溶岩流や火山灰など噴出物の総量は二〇〇〇万トン、埋没したり焼失した家屋などは四〇〇棟であった。一九八六（昭和六一）年一一月に始まった伊豆大島の三原山の噴火については、先に述べたので省略する。一九九一（平成三）年二月一二日午前八時頃、雲仙普賢岳が再噴火し、同五月二〇日、普賢岳山頂付近に溶岩ドームの形成を確認する。

同二四日、普賢岳の溶岩ドームの一部が崩落して火砕流が発生する。同夜、長崎県南部に大雨注意報が発令されたため、発生が懸念される土石流などの土砂災害に備えて住民三五〇〇人に避難勧告が出される。

火砕流とは、高温の火山灰や軽石などがガスと一体となって流れ落ちる現象である。我国では一七八三年の浅間山、一八二二年の北海道有珠山の火山活動によって発生している。海外では、一九〇二年、西インド諸島マルチニック島のプレー火山で発生し、約三万人もの死者を出している。

平成三年二月二六日、普賢岳に火砕流が次々発生し、民家まで三〇〇メートルに迫る。作業員が火砕流で負傷し、水無川で土石流が観測される。六月三日午後四時頃、普賢岳の雲に覆われていた山頂付近の火口から大規模な火砕流が発生し、巨大な噴煙を噴き上げながら水無川に沿って猛スピードで駆け下り、南北上木場地区の集落を襲った。さらにその一五分後、大音響とともに、再度、大火災流が発生し、噴煙は火口から上空四〇〇〇メートルに達し、空は灰でまっ黒になった。この火砕流で警戒にあたっていた機動隊員、地元消防団員、取材中の報道関係者をはじめ、火山研究者三名など四三名が死亡あるいは行方不明になって民家五〇戸が焼失した。六月八日、普賢岳でこれまで一連の火山活動のなかで最大級の火砕流が発生する。その先端は国道五七号に到達し、民家約三〇戸を焼失した。さらにフィリピン・ルソン島のピナツボ火山が同年六月一二日午前八時五一分、大噴火し、噴煙が二一キロ上空にあがる。これが同火山の一連の大噴火の始まりであった。同一五日一三時四二分、ピナツボ火山の最大噴火が始まり、一六日未明まで一五時間続いた。衛星画像によると噴煙頂部は長時間にわたって同火山上空三〇キロに固定された形になり、最高は四〇キロ或いはそれ以上と考えられた。首都マニラでは噴煙と降灰のため同日一五時四五分から暗くなり、普段より三時間早く「夜」になった。死者五五五名（同年八月二六日現在）で、そのほとんどは降灰によるものと長期化する避難生活のもとでの劣悪な栄養・衛生状態によるものであった。また、二〇〇〇（平成一二）年六月二六日八時三〇分過ぎ、三宅島に群発地震が始まり、七月一日一六時過ぎ、神津島付近でマグニチュード六・四の地震が発生し、神津島では震度六弱を観測した。同月八日八時四三分、三宅島雄山で水蒸気爆発が発生し、山頂部に直径約八〇〇メートルの巨大な陥没火口が出来た。約二五〇〇年ぶりとなるカルデラ形成となった。八月一〇日六時三〇分、三宅島雄山山頂の陥没火口から噴火し、噴煙は上空六〇〇〇メートル以上に達する。八月一八日、三宅島雄山は、大規模に噴火、噴煙は上空一万五〇〇〇メートルに達した。一連の噴火での噴出物の総量は一一〇〇万立方メートルと推定される。九月二日、三宅島の火山活動のため、全島民が避難する。避難指示が解除されたのは二〇〇五年二月一日であった。

　二〇〇四年一二月二六日午前九時五八分（日本時間）、インドネシア西部スマトラ島北西沖のインド洋を震源とするマグニチュード九・〇の巨大地震が発生し、直後にインド洋を囲む国々の沿岸を津波が襲い、この津波による死者は二二万人、行方不明七万七〇〇〇人であった。二〇一一（平成二三）年三月一一日一四時四六分、東日本大震災発生、マグニチュード九・〇。震源域は岩手県沖から茨城県沖の南北約五〇〇キロ、東西約二〇〇キロの範囲。巨大津波が発生し青森・岩手・宮城・福島・茨城の各県の沿岸を襲う。死者一万六〇一九人、行方不明三八〇五人、全壊家屋一一万八六二一棟、半壊一八万一八〇一棟。直接的な被害額は一六兆～二五兆円。福島第一原子力発電所の四基の原子炉の全電源が喪失し、水素爆発などを起こし、放出された放射性物質が広範囲に拡散した。

八〇七（大同二）年（勝道上人七三歳）

一月二〇日　諸国に桑・漆を植えさせる。

三月二一日　鹿島神社（栃木県那須郡南那須町大字下川井一四六二）、常陸国鹿島神社を勧請する。主祭神は稲倉魂神。［栃木県神社誌］

五月一六日　諸国の采女を貢上することを止める。

夏　東国においては、旱魃のため苗がことごとく枯死するほどであった。そのため下野国司から勝道上人に

華厳滝

雨乞いの依頼があったため、上人は男体山頂や華厳滝の岩頭において祈りを天に捧げたところ霊験があり、慈雨がたっぷりともたらされた。このことにより下野国の産物が、末永く補陀洛山に奉献されることになるとともに、国司が上洛して、天皇にこの出来事を報告したところ、末永く常陸・上総・下総・下野四ヶ国の産物を同山の権現に寄進するようにとの下勅がある。［補陀洛山建立修行日記］

七月二四日　畿内の国司に私佃を許す。

一〇月一九日　国司交替の年限を六年とする。

＊大宮神社（栃木県上都賀郡西方村真名子三三二〇）創建。［栃木県神社誌］

＊高橋神社（栃木県芳賀郡芳賀町東高橋三六四五）創建。［栃木県神社誌］

＊日枝神社（栃木県那須郡烏山町大字興野二三一九・通称山王さん）創建。［栃木県神社誌］

＊荒川神社（栃木県那須郡南那須町大字田野倉字宮之内一番地）、創建。［栃木県神社誌］

＊諏訪神社（栃木県那須郡南那須町大字八ヶ代字陸老内二一六）創建。主祭神は建御名方命。同年、信州諏訪神社から遷祀。［栃木県神社誌］

＊この年、僧徳一により会津に恵日寺・常勝寺・円蔵寺が建立される。［磐梯神社（慧日寺跡）案内資料］

八〇七（大同二）年の夏、東国は大旱魃に襲われ、勝道上人は下野国司の要請を受けて、男体山頂や華厳滝岩頭で雨乞いの祈りをした。その結果、恵みの雨がたっぷりもたらされ豊作がもたらされたとのことである。このことは上人の偉業と捉えられ朝廷にも報告されて、その名声はいやが上にも高まり、東国における日光山の地位が確立されることになったのである。その結果、勅命により日光山には常陸・上総・下総・下野の四ヶ国の産物が毎年奉納されることになり、以後毎年四月二一日には勝道上人は弟子達とともに中禅寺に詣で、朝廷の平安を祈祷することとなったのである。

大同元・二年、関東では大旱魃、関西では秋の大水害のため大凶作であった。要するにこの年前後は全国的規模で、旱魃や長雨大雨など、激しい気象現象が発生していたのである。朝廷は、被災した農業基盤の復旧のため諸道観察使を派遣したり、不足する米の騰貴を抑えるために酒の醸造を制限したり、民生安定のために多大な努力を払っていたのである。

古今、洋の東西を問わず、人間の力では克服することができない大きな困難や苦痛に直面した人々は、神に救いを求めたのである。下野国では大同年間、直面する天災から免れることを神仏に願うため、今日に残る数々の神社が建立されたものと思われる。

八〇八（大同三）年（勝道上人七四歳）

四月三日　山陰道観察使正四位上兼民部卿菅野朝臣真道に東海道を、山陽道観察使正四位下兼皇太弟傅宮内卿藤原朝臣園人に北陸道の業務を一時的に兼務させる。
四月二一日　淡路国飢饉、播磨国の穀物をもって賑恤する。
五月五日　病気が流行しているため、騎馬による射撃の試合を取りやめる。
五月五日　大同元年の洪水被害のために、未だに復旧せず疲弊した状態である。そのため昨年以来病気が流行して横死する者が大勢出ている。そこで大同元年の洪水で七分以上の損害を被った家の、未納の税を免除することとする。
五月七日　天皇、神泉苑に行幸する。
五月七日　畿内七道諸国が相撲人を貢ぐことをやめさせる。
五月八日　勅使を派遣して左右京の病人を治療する。
五月一〇日　畿内七道諸国に飢民病人の報告を命じ、今年の調を減免し、国司自ら郷邑を巡らせ、医薬を与えて救済させる。また、国分二寺には七日間の大乗経の転読を命じる。
五月一三日　天皇、神泉苑に行幸し、群臣と宴し、銭を賜う。
五月一九日　山陽道観察使正四位下皇太弟伝兼宮内卿藤原朝臣園人が、播磨・備中・備後・安芸・周防など五国がしばしば不作に見舞われ、人民が疲弊していたため、延暦四年以降同二四年までの庸や雑穀が未納であるが、国司は死亡したり交替してしまって実態を把握することが困難であることに加えて、百姓は飢えて病気であるので、未納の庸や雑穀を納めさせることは大変困難である。そこで未納分の処理に関して前例に従い処理したいと園人が提言して、許される。
五月二一日　黒馬を丹生川上の雨師神に奉り、雨乞いをする。
五月二三日　雨。群臣達は今日の雨は甘雨でめでたいと口々に言い、天皇も喜んだ。そこで群臣達は万歳を唱え、音楽を奏で終日宴飲し、物を賜う。

五月二八日　叙位叙任。
氏名及び従前の位階等　新位階等　　備考
従六位下坂上大宿祢大野　従五位下
正四位下安倍朝臣兄雄　畿内観察使
従四位上藤原朝臣緒嗣　東山道観察使
従五位下藤原朝臣安継　左大舎人助　右衛士左相模介は
もとのまま
従五位上藤原朝臣道雄　治部大輔
従五位下藤原朝臣山人　雅楽頭　但馬介はもとのまま
従五位上藤原朝臣継彦　民部大輔
従四位下藤原朝臣今川　美濃守
従四位上藤原朝臣緒嗣　陸奥出羽按察使　東山道観察使
右衛士督はもとのまま
従五位下佐伯宿祢社屋　但馬守
従五位下坂上大宿祢大野　陸奥鎮守副将軍
五月三〇日　但馬国飢える。使者を派遣して賑恤する。
六月一日　東海道観察使従四位上守刑部卿兼右衛士督陸奥出羽按察使臣藤原朝臣緒嗣は、病気が流行し丁壮の約半分が病気で倒れ、国家が疲弊しているため、軍隊を編成することは困難であるとの理由から、軍役をおこすことはできないことを報告する。

六月八日　太宰府及び同管内諸国の役人の任期を延長し、五年間とする。
六月九日　叙任。
氏名及び従前の位階等　新位階等　　備考
従五位下多治比真人全成　雅楽助
従五位下笠朝臣庭麻呂　玄蕃助
正五位下百済王教俊　兼陸奥介
従五位下坂上大宿祢大野　陸奥権介
従五位上藤原朝臣清主　左馬頭
従五位上坂上大宿祢石津麻呂　右馬頭
外従五位下道島宿祢御楯　陸奥鎮守副将軍
六月二一日　有品親王及び諸司把笏者達に、葛野川の治水工事をするための役夫の提供をさせる。
七月二日　畿内班田の期を六年一度に改める。
七月四日　摂津国河辺郡畝野牧を廃止する。牧場を抜け出した馬が、住民の作物に害を与えるようになったためである。
七月七日　天皇、神泉苑に行幸し相撲を観戦し、文人達に七夕の詩を詠ませる。
七月一六日　陸奥鎮守官人の任期の定めがなかったが、今後は国司と同様とする。医師については八考（八年？）

を任期とする。
八月二一日　調庸の期限をまもるよう勅する。
八月二二日　天皇、神泉苑に行幸し飲宴し、感極まって五位以上に綿を賜う。
八月二七日　左右兵庫の鉦鼓がひとりでに鳴る。
九月一一日　大白（金星？）が昼に見える。
九月二一日　大同元年一一月六日の通達では、近年不作にあえいでいる伊賀・紀伊・淡路三ヶ国の田租を同年から六年間、六割を徴収して四割を免除することとした。また今年三月一九日の通達では備後・安芸・周防等の国の田租についても同様としたが、減免の割合は全ての戸に適用されるのではなく、戸毎に減免の割合を決めるべきであると勅する。
九月二六日　大和国から、大和国の水田は一万七五〇〇余町であり河内・和泉両国の水田は一万七〇〇〇余町であるのに、大和国の班田の吏員の数は、両国の倍もいるので、大和国の吏員の数を河内国の吏員の数に見合う数に減じて、民の負担を軽減したいと願い出る。この願い出は認められて次官一名・判官二名・主典二名の定員が削減されることとなる。
一〇月八日　左衛士の建物から出火し、一八〇棟を焼く。被災者には天皇から物を賜う。
一〇月一九日　能登国能登郡越蘇・穴水・鳳至《ふし》郡三井・大市・待野・珠洲の六駅を不要になったため廃止する。
一〇月二七日　天皇、近江国大津に行幸し、大嘗をするために禊ぎを行う。
一〇月二九日　これまでは大嘗の物忌みは三月までであったが、今後は一月までとする。
一一月四日夜　泥棒が内蔵寮府に忍び込む。泥棒を同所に包囲したが、大嘗の時期でもあるので泥棒に自殺されることを恐れて、使者を遣わして告諭したところ、泥棒は暗闇の中を立ち去った。
一一月一一日　大嘗会の雑楽伎人等は、専ら朝廷のきまりに背いて、唐物の飾りで飾っている。昔から唐物で身を飾ることはそしられるところであるので、違反することのないよう厳重に禁止することとする。
一一月一四日　大嘗祭を実施するに先立ち、伊勢大神宮に幣帛を奉る。
一一月一四日　天皇、朝堂院において大嘗の事を行う。
一一月一六日　終日宴飲し、五位以上に衣被を賜う。
一一月一七日　雑舞及び大歌五節舞が演じられ、由貴主基両国国司郡司役夫に物を賜う。

一一月三〇日　右衛士の建物から失火し、七五戸を焼失する。被災者に物を賜う。

一二月七日　大雪。終日宴飲、五位以上に綿を賜う。

一二月二一日　叙位。

氏名及び従前の位階等　新位階等　備考

従六位下息長丹生真人文継　従五位下

外従七位下日置臣登主　外従五位下

无位笠朝臣道成　従五位下

　道成は皇大弟（嵯峨）の乳母であるために、特別に叙された。

一二月二九日　水害の被害を蒙って疲弊している伊賀国百姓の大同元年の未納の正税一万九〇〇〇束を免除する。

＊この年、鷲宮神社（栃木県下都賀郡都賀町大字家中四五〇）創建される。創建当時は小倉川（思川）のそばにあったが、洪水のため現在の地に承平元年に遷宮した。［栃木県神社誌］

＊この年、十二所神社（栃木県那須郡烏山町字上境）創建される。主祭神は天神七代・地神五代。［栃木県神社誌］

＊この年、会津の石塔山恵隆寺の本尊開眼、伽藍建立される。同寺の千手観音の制作者は空海あるいは彼の弟子の徳一であるとの言い伝えがある。［金塔山恵隆寺資料「立木千手観音」］

八〇九（大同四）年（勝道上人七五歳）

一月一日　風が異常に冷たかったので、朝賀を取りやめる。天皇、五位以上と前殿において宴し、物を賜う。

一月一〇日　民を煩わすことになる正月七日・一六日両節会の珍味の献上を停止する。

一月一六日　叙任。

氏名及び従前の階位等　新官職等　備考

春宮亮従五位下藤原朝臣冬嗣　兼侍従

斎宮頭従五位下文室真人正嗣　兼上総守

従五位下息長丹生真人文継　上総介

左近衛少将従五位下大伴宿祢和武多麻呂　兼常陸権介

従五位下百済王教俊　下野守

従五位下谷忌寸野主　豊後介

従五位下佐伯宿祢耳麻呂　陸奥鎮守将軍

一月一八日　天下諸国に命じて大般若経一部を写経して、国分寺（国分寺がない場合には、定額寺とする）に名神として安置させる。

二月二六日　天皇、患う。

閏二月一七日　清行僧二〇人が内裏において読経する。
閏二月二五日　初めて志摩国国分二寺の僧尼を、伊勢国の国分寺に転勤させる。
三月九日　雷、雹が降る。
三月二三日　東山道観察使正四位下兼行右衛士督陸奥出羽按察使藤原朝臣緒嗣が、任地に赴くにあたって、天皇に挨拶するために内裏を訪れたとき、天皇は彼を殿上に召して、典侍従五位下永原朝臣子伊太比に命じて、衣一揃いを賜う。
四月一日　宮中において読経する。また、使いを遣わして京の諸寺に経を読ませる。
四月一日　天皇、春から身体の具合がすぐれないため、皇大弟（嵯峨）に皇位を禅譲する。
九月一九日　押原神社（鹿沼市上殿町八七五）創建。主祭神は大物主命。［栃木県神社誌］
一一月一三日　水海道市の「一言主神社」創建。祭神は、出雲の大国主神の長男の事代主神《ことしろぬしのかみ》で、大和の葛城山（金剛山）から迎えた。［同神社境内の碑文］
＊平城天皇の時代の大同年間、行事神社（栃木県芳賀郡芳賀町西高橋一七三七）を創建。常陸国鹿島郡鹿島町鹿島神宮に鎮座する武甕槌命を下野国芳賀郡西高橋村亀甲山に勧請し、産土神とする。［栃木県神社誌］

八一〇（大同五・弘仁元）年（勝道上人七六歳）

九月一日　畿内に使者を遣わして班田する。
九月一日　大和国の田租地子稲を平城宮の維持費に充てる。
九月六日　太上（平城）天皇が平城に移り住むために、同天皇の命により従四位下藤原朝臣冬嗣・従四位下紀朝臣田上等を造宮使とする。
九月一〇日　遷都の噂を聞いた人々が、不穏な気配を示している。そこで伊勢・近江・美濃三国及び故関に警備の使者を派遣する。

伊勢使　正四位下巨勢朝臣野足
　　　　従五位下佐伯宿祢永継
近江使　正五位下御長真人広岳
　　　　従五位下小野朝臣岑守
　　　　従五位下坂上大宿祢広野
美濃使　正五位上大野朝臣真雄
右兵衛府担当　右兵衛督従四位上藤原朝臣仲成
九月一〇日　この日、宮中戒厳。
九月一一日　正四位下藤原朝臣真夏・従四位下文室朝臣

綿麻呂を平城宮から呼び戻し、綿麻呂を左衛士府に拘禁する。

大外記外従五位下上毛野朝臣穎人が平城から急を知らせに駆けつける。

彼の報告によれば「太上天皇は今朝早く、川口道を東国に向かった。そして諸司及び宿衛の兵達も皆従って行った」と。

そこで天皇は、大納言正三位坂上大宿祢田村麻呂に精鋭を率いて美濃道を追撃させる。田村麻呂の言うことには「綿麻呂は歴戦の武芸にすぐれた武将であり役にたつので将として同行させたい」として正四位上を授け参議とする。彼は大いに喜び勇んで追撃の軍に参加した。宇治山埼両橋と与渡市津に兵を配備する。

九月一一日夜　左近衛将監紀朝臣清成と右近衛将曹住吉朝臣豊継等に命じて、仲成を拘禁しているところにおいて射殺する。仲成は参議正三位宇合の孫で贈太政大臣正一位種継の長子である。

九月一一日　叙位。

氏名及び従前の位階等　　新位階等　　備考

外従五位下上毛野朝臣穎人　従五位上　彼は帰順した功を賞されたものである。

九月一二日　太上天皇が大和国添上郡越田村にさしかかったとき、鎧を着用した武者達が行く手を遮った。同天皇はのがれることができないことを悟り、宮に帰って剃髪して入道する。藤原朝臣薬子は自殺する。薬子は贈太政大臣種継の娘で、中納言藤原朝臣縄主の妻で三男二女の長女である。太上天皇が太子のとき選ばれて宮に上がった。天皇に媚びて寵愛を得、天皇は彼女の言うことは何でも聞き入れたので、彼女は自由気ままに振る舞った。しかし、人々が彼女から離反したことを知り、薬を仰いで死んだのである。

九月一二日　皇太子（高丘）を廃する。中務卿諱（淳和）を皇太弟とする。

九月一七日　越前介従五位下阿倍朝臣清継・権少掾百済王愛筌等は、太上天皇が伊勢国に行幸する情報を得て、挙兵して呼応する。民部少輔従五位下紀朝臣南麻呂等を派遣して彼らを勘問し罪に服させる。清継は本来ならば死刑であるが、遠流とする。

九月一九日　改元。大同五年を弘仁元年とする詔を発する。

九月二三日　諸国の出挙官稲の率を一〇束につき三束とする。ただし、陸奥出羽二国はこの限りではない。

九月二五日　着用する衣服の色を改正する。

位等	改正後	改正前
大臣二位	深紫	中紫
諸王二位以下五位以上		
諸臣二位三位	中紫	浅紫

また大同二年の通達では四位以上でなければ着用できなかったが、改正により五位以上ならば着用できることになった。

一〇月二七日　天皇松崎川に禊ぎして大嘗会の準備をする。

一〇月二七日　陸奥国からの報告によれば、渡島狄二〇〇人が気仙郡にやってきたとのことである。彼らは同国の所管に属する者ではないので、国に帰るよう命じたところ、狄等が言うには「今年は非常に寒くて海路を超えることは困難である。来春には国に帰るので、ここに置いてほしい」とのことであったので、彼らの願いを許し滞在中の衣食の面倒を見ることとした。

一一月一八日　雷。

一一月二八日　大嘗祭を実施するにあたって様々な協力をした三河・美作両国の田租を免除する。

一二月四日　従六位上林宿祢東人に渤海客使を送る使者に任命する。大初位上毛野公継益を録事とする。

一二月一六日　参議正四位下巨勢朝臣野足を八幡大神宮樫日廟に遣わして幣帛を奉り、世の中の安定を祈らせる。

一二月一八日　僧七人を遣わして吉野陵において読経を捧げる。

一二月二〇日　鋳銭司が銅を用いて新銭一〇四〇貫を鋳造し提出する。そこで関係者を叙位する。

氏名及び従前の位階等	新位階等	備考
鋳銭長官従五位上三島真人年嗣	正五位下	
同次官従五位下大枝朝臣継吉	従五位上	
六位以下客作児以上	位に叙す	

＊この年、日光の満願寺、朝廷からその号を賜る。これを日光山の総号とした。［日光山探勝略記：日光市史・資料編上巻］

＊大同年間、二荒山神社（鹿沼市千渡三六一）創建。［栃木県神社誌］

＊弘仁元年、春日神社（日光市土沢七七五）創建。福田雄深の勧請である。福田雄深は大和国奈良の人であるが、諸国を遍歴するうちこの地に来て定着し、奈良の春日神社を遷座した。［栃木県神社誌］

八一一（弘仁二）年（勝道上人七七歳）

一月一一日　陸奥国に和我・稗縫・斯波の三郡を置く。

一月一七日　天皇、豊楽院で弓の競技を観る。蕃客に角弓を与えて彼らの射撃の腕前を観る。

一月二〇日　大納言正三位坂上大宿祢田村麻呂・中納言正三位藤原朝臣葛野麻呂・参議従三位菅野朝臣真道等を遣わして、朝集院に渤海の使者をもてなす。禄を賜う。

一月二二日　渤海国の使者高南容、帰国の途につく。

一月二九日　土地制度についての勅。原野を占有して開田する輩が面積を表示しないで、四隅を指定することにより土地を囲い込んでいるため、民の営みを妨げ公を損じている。そこで勅して、土地を表す場合、四隅を指定するのではなく町段（面積）で表現することとする。

一月二九日　土地制度についての勅。陸奥・出羽両国の土地は広大で居住している人が少ない。そこで百姓浪人達は自由に入植して開墾していたのである。しかし国司が巡検して違反者を発見して無許可で開発した土地を没収した。このため人民は安定した生活が営めないと、よその土地へ散走してしまった。そこで両国において許可なく開発した土地であっても、勝手に没収してはならないこととする。

二月五日　山城国乙訓郡薬園一町を施薬院に賜う。

二月一五日　天皇、西宮に移る。

二月一五日　上野国は元「上国」であったが、今後「大国」に改める。

二月一七日　常陸国は京から遠隔の地にあるので調を貢ぐための脚夫の経費が、莫大である。そこで去る霊亀（元正）年間に、同国の国守従四位上石川朝臣難波麻呂が、初めて「郡発稲」と称する稲五万束をもとに毎年出挙し、その利息をもって経費に充て、帳簿に記載して報告していた。しかし、勅によりこの出挙は認められないことになり、従前の例により行うよう命じられた。

二月一八日　皇太弟（淳和）、東宮に移る。

二月二八日　皇太弟、天皇に奉献する。宴飲し感極まって、五位以上に被衣を賜う。

三月一一日　初めて諸国に浮囚の計帳を作らせる。

三月一四日　左右近衛兵衛等の剣帯は同色のために見分けがつかないので、右近衛は緋絁纈を、右兵衛は青褐纈を用いることとする。

三月二五日　漏刻の製作に成功した阿牟公人足を叙位する。

従前の位階等　　　新位階等　　　　備考
阿牟公人足　　　外従五位下
　彼は優れた技術を持っていることで有名であったので、先に漏刻をつくるよう命じていたが、年月を費やして漏刻を完成させたものである。帝は漏刻の完成を大変喜び、大安寺の僧で泰仙と名乗っていたが還俗させて叙位したものである。
四月四日　叙位。
氏名及び従前の位階等　　　　新位階等　　　備考
陸奥国の外従六位下志太連宮持　外従五位下
俘吉弥候部小金　　　　　外従五位下
　彼らは勇敢な行いを褒められたものである。
四月一一日　河内国の税分三〇〇貫を同国に預け三年に限って出挙の利を収めさせ、堤を築造するための費用とする。
四月一四日　麦の収穫と売買に関する禁制を解除する。京の百姓は、秋がくる前に麦を売って急をしのいでいる。この売買によれば民の所得は倍近くにもなり、民を潤しているので、禁制を加える必要がない。したがって今後、売買を許すものである。
四月一七日　叙任。
氏名及び従前の位階等　　　新位階等　　　　備考
正四位上文室朝臣綿麻呂　征夷将軍
従五位下大伴宿祢今人　　副将軍
従五位下佐伯宿祢耳麻呂　副将軍
従五位下坂上大宿祢鷹養　副将軍
四月一九日　征夷将軍等に軍規軍律に関して勅する。
四月二二日　陸奥国の海道の一〇駅を廃止し、常陸に通じる緊急連絡用の道に長有・高野二駅を設置する。
五月五日　天皇、馬浮殿で騎馬による弓技を観る。
五月八日　諸国が納入することになっている舂米庸米は、大同二・三年は凶作のため納入することが困難である。もしきまりに従って納入させれば人々は苦しむことになる。現在、官庫に蓄えがあるので、納入できる範囲で納入すればよいこととする。
五月一〇日　征夷将軍正四位上文屋朝臣綿麻呂、軍を出動させるにあたって俘が城下に大勢住んでいるので、軍の留守中に反乱をおこさないよう物を与えて人心を掌握してよいかと伺いをたて、許される。
五月一九日　征夷将軍正四位上兼陸奥出羽按察使文室朝臣綿麻呂、征夷軍の準備状況を報告する。
五月二〇日　気象災害により天下諸国において疾疫が流

行したため、百姓が疲弊し未だに回復していない。そこで寡婦・貧窮者・老人・病人で生活に困窮している人々を、援助することとする。ただし、その方法は延暦一九年の例に従うものとする。

五月二一日　農民が魚酒を喫することを禁じる。

五月二三日　坂上田村麻呂没する。

大納言正三位兼右近衛大将兵部卿坂上大宿祢田村麻呂(五四)没する。彼は正四位上犬養の孫で、従三位苅田麻呂の子である。祖先は阿智使主といい後漢霊帝の曽孫であり、漢から魏に時代がうつる頃彼らは帯方に難民として暮らしていたが、誉田天皇の時代、一族を率いて我国に帰化した。彼の家系は尚武・調鷹・馬の調教をすることが家業で、子孫に受け継がれてきた。田村麻呂の容貌は、赤面黄鬚で力持ちで勇敢であった。そのため天皇より軍勢を率いる才能があると見込まれ、延暦二三年大将軍に任命され、その功績を認められて従三位に叙された。しかし、彼が任地と京を往還するとき、大勢の従者を従え、人馬に食糧を供給することも困難なほどで、多くの費用を費やした。大同五年大納言兼右衛士大将となったが、出役するたびに功績を挙げた。没後従二位を贈られた。

六月三日　諸国の武芸に優れた三〇歳以下の者を、左右近衛として採用するよう命じる。

六月三日　伊勢大神宮に幣を奉る。

六月一九日　十三大寺の八〇歳以上の僧尼に絁(＝つむぎ)二匹・布四端を賜う。

七月三日　出羽国の鎮兵の兵役期間を三年とする。

七月七日　天皇、神泉苑で相撲を観る。

七月一三日　平城宮の諸衛官人らの話では、宮殿への出入りが自由にならないので、宿衛(当直)ができないとのことである。督察してよく検討せよと勅する。

七月一四日　征夷将軍正四位上兼陸奥出羽按察使文室朝臣綿麻呂、蝦夷征伐軍の動向を報告する。

七月二九日　出羽国から、邑良志閇村の帰順した俘の吉弥候部都留岐という者の話では、彼らは弐薩體村夷伊加古等と永いこと争いを続けているとのことである。そして伊加古等は兵を訓練し数を増やして都母村にあって幣伊村の夷を仲間に誘い込んで、都留岐等を伐とうとしているとのことである。したがって、出羽国としては都留岐等に兵糧一〇〇斛を与えて味方に付け、賊をもって賊を征伐させたいと願い出て、許される。

八月一〇日　甘南備内親王に山城国乙訓郡の地二町・田

一〇町・池一処・栗林一町を賜う。
八月一一日　諸国の浮浪人が災害被害をうけた場合、平民に準じて調庸を免除せよ。ただし、本人が誰かに寄住している場合には、その主の被害状況を勘案して判断せよ。しかし、これを運用するにあたって不正をしてはならない。
八月一二日　二星が相闘うように接近して離れて行った。
八月一二日　太宰府からの報告。
　新羅人の金巴兄・金乗弟・金小巴が言うには、去年、彼らは本県に差し出す穀物を船で運搬していたが、海賊に襲われて、一緒に航海していた人々は海中に没してしまった。彼らだけは好運にも我国に漂着したとのことであり、故国に帰りたいと言っているので、帰国する同国の船に乗せて本国に帰したいと、伺いをたてて許される。
八月一六日　狼が造兵司に侵入する。
八月二九日　斎内親王（仁子）、葛野川に禊ぎし、諸司陪従も慣例に従う。
九月一二日　大風のため京中の廬舎が倒壊する。
九月一三日　風害を被った者達に、米を支給する。
九月一六日　平城宮に勤務する諸衛府の官人等が勤務を怠っているので、勅をまもるよう少将以上の者に監督するよう勅する。
九月　桃李の花が咲く。
一〇月四日　征東将軍参議正四位上大蔵卿兼陸奥出羽按察使文室朝臣綿麻呂に勅する。
　去る九月二二日の報告では軍勢を四隊に分けたいのだが兵士の数が少なく、加えて長雨のため食糧の輸送が滞り兵糧が欠乏する恐れがある。そのため陸奥国の兵士一〇〇〇人を補充したいとの要請があったので、臨機応変に対処するよう勅する。
一〇月一三日　征東将軍参議正四位上大蔵卿兼陸奥出羽按察使文室朝臣綿麻呂に勅する。
　今月五日の報告によれば、将軍の作戦の巧さと兵士達の戦功により、斬られたり投降したりした蝦夷は多数に上ると聞く。彼らを中国に移住させよ。ただし俘囚のうち何人かは、もとの土地に住むことを認めるが、教え諭して騒擾することのないようにせよ。また、新たに虜にした蝦夷は、将軍等が早急に進上せよ。もしその数が大勢であれば、彼らの輸送は困難を伴うことになるので壮強な者は歩かせ、弱っている者には馬を与えよ。
一〇月二四日　天皇、栗前野に遊猟し五位以上に衣被を賜う。

一〇月二七日　天皇、紫野に遊猟する。

一一月九日　伊勢国の百姓達が近年大嘗の準備、鎧の製造、神宮の造営、斎内親王交替等に従事したため疲弊しているので、今年の田租を免除して徴収しないこととする。

一一月二八日　左右の衛門府を左右衛士府と改称する。

一二月六日　対馬国の西の海に新羅船三艘が近づき、そのうちの一艘が下県郡佐須浦に入港する。その船には一〇人が乗っていたが言葉が通じなかったため対馬にやってきた事情は判らなかった。他の二艘は闇夜に去っていった。

一二月七日　対馬国の西の海に二〇余艘の船が、燭火を連ねてやってきたことから昨日の船も賊船であることが判った。これらの船の到来を見た昨日の賊船の五人が逃亡した。しかし彼らのうち四人は後日捕まえた。

　太宰府は人を対馬に派遣して様子をうかがったところ、新羅方面に夜毎に数ヶ所あかりが見えて、不穏な気配がすると報告があったので、状況を把握するため新羅語の通訳と軍毅を派遣するとともに、従来の例にならって警備を固めるための要員を派遣するよう管内及び長門・石見・出雲等の国々に連絡する。

一二月一二日　初めて諸司史生を国忌斎会に参列させる。

一二月一三日　叙任。

　文室朝臣綿麻呂等の戦功を称えて彼らを叙任する。

氏名及び従前の位階等	新位階等	備考
正四位上文室朝臣綿麻呂	従三位	
従五位下佐伯宿祢耳麻呂	正五位下	
従五位下大伴宿祢今人	従五位上	
従五位下坂上大宿祢鷹養	従五位上	
外従五位下物部匝瑳連足継	外従五位上	

一二月一四日　叙位。

氏名及び従前の位階等	新位階等	備考
故遣渤海録事大初位上毛野朝臣公嗣	贈従六位下	

一二月一五日　地震。

一二月一六日　天皇、大原野に遊猟し、右大臣藤原朝臣内麻呂と山城国が貢ぎ物をして、雅楽寮が音楽を演奏する。五位以上には衣被を賜う。

閏一二月一四日　天皇、水生野に遊猟し、山埼駅において山城摂津両国が献上する。五位以上に衣被を賜う。

閏一二月一九日　出羽国の百姓達にさらに三年間の軍役を賜う。

八一二（弘仁三）年（勝道上人七八歳）

一月五日　昨年一二月、新羅の侵入に備えて配備した要員の疲労の色が濃いため、状況を判断して警護の規模を縮小することとして出雲・石見・長門等の国々からの人々を帰国させることとする。

一月八日　高原連源の善政を後世に伝えるために叙位する。

従前の位階等	新位階等	備考
故下野介外従五位上高原連源	従五位下	

一月一八日　右京の正六位上飛鳥戸造善宗及び河内国の飛鳥戸造名継に百済宿祢の姓を授ける。

一月一二日　叙任。

氏名及び従前の位階等	新位階等	備考
式部卿三品葛原親王	兼太宰帥	
従三位巨勢朝臣野足	中納言	右近衛大将はもとのまま
従四位上藤原朝臣藤嗣	参議	
参議従三位藤原朝臣縄主	兵部卿	
従五位下紀朝臣長田麻呂	玄蕃頭	
従五位下藤原朝臣弟主	大判事	
従五位下藤原朝臣福当麻呂	典薬頭	
左中弁従四位下小野朝臣野主	兼摂津守	
外従五位下高丘宿祢弟越	山城介	
従五位下秋篠朝臣男足	伊賀守	
斎宮頭従五位下小野朝臣真野	兼伊勢権介	
外従五位下滋野宿祢家訳	尾張介	
左馬頭従五位上安倍朝臣男笠	兼三河守	
従五位下淡海真人有成	三河介	
少納言従五位下宇治王	兼遠江守	
従五位下氷上真人河継	伊豆守	
従五位下藤原朝臣真川	甲斐守	
参議右衛門督正四位下藤原朝臣緒嗣	兼近江守	
従五位下朝野宿祢鹿取	近江介	
式部少輔従五位下小野朝臣岑守	兼美濃守	内蔵頭はもとのまま
正五位下藤原朝臣道継	下野守	
従五位下安倍朝臣豊柄	下野介	
正五位下佐伯宿祢耳麻呂	陸奥守	
従五位上藤原朝臣鷹養	越中守	
外従五位下秦宿祢智奈理	越後介	
右近衛中将従四位下大野朝臣直雄	兼丹波守	

従五位下尾張連粟人　丹後守
大外記従五位上上毛野朝臣□人　兼因幡介
鋳銭長官従五位上大枝朝臣継吉　兼伯耆守
従五位下石川朝臣清道　伯耆介
従五位下藤原朝臣清縄　出雲守
従五位下三国真人氏人　美作介
参議従四位上秋篠朝臣安人　兼備前守　左大弁左
兵衛督はもとのまま
従五位下藤原朝臣広敏　備中守
外従五位下広井宿祢真成　備中介
従五位下御井王　安芸守
外従五位下当宗忌寸家主　阿波介
参議従四位上藤原朝臣藤継　太宰大弐
従五位下藤原朝臣葛成　太宰少弐
従五位上大枝朝臣永山　肥後守
大内記従五位下菅原朝臣清人　兼肥後大掾
諸陵頭従五位上永原朝臣最弟麻呂　兼備前守
従四位下紀朝臣百継　右近衛中将
従五位下坂上大宿祢広野　右近衛少将
従五位下布勢朝臣全継　左衛門佐
従五位下巨勢朝臣清野　右兵衛佐

一月二五日　天皇、栗前野に遊猟する。五位以上及び山城国の掾以上の地位の者達に衣被を賜う。

一月二六日　陸奥出羽按察使には正五位上の地位の者を充てていたが、今後従四位下の者を充てることとする。

一月二六日　夷外従五位上宇漢米公色男・外従五位下爾散南公独伎・播磨国印南郡権少領外従五位下浦田臣山人等三人が節会に参加することを特に許す。

二月二日　陸奥国からの申請。慶雲三年の定めによれば一〇日以上従軍した者は庸を免除され、二〇日以上は庸調を免除されることになっている。今回の征夷軍士は四〇日以上軍役に従事したので、延暦二一年の例に従い、去年の庸調を免除することとしたい。この申請は認められた。

二月三日　天皇、屏風一帖・障子四六枚を東寺に施入し、障子四六枚を西寺に施入する。

二月一二日　天皇、神泉苑に行幸し、花樹をながめて文人達に詩を詠ませ、綿を賜う。花宴之節はこれが始まりである。

二月一四日　天皇、水生野に遊猟する。

二月一五日　天皇、交野に遊猟し、山城・摂津・河内の国々が物を献上する。侍従以上及び国々の国宰掾以上に衣被を賜う。
三月一日　新羅人の清漢波等が漂着したが、願いにより放還する。
三月二八日　雹が降る。
四月一三日　出羽国の田夷である置井出公呰麻呂等一五人に上毛野緑野直の姓を授ける。
四月一六日　僧尼の戒律がまもられず風紀が乱れているので、勅によりこれを正す。
五月三日　諸国司が朝憲に従わず公廨田の他に水陸田を経営して私利を追求している。その手段は他人の名を語って墾田を沢山買い占めたり、王臣と結託して肥沃な土地を占有したりしている。その結果農民は生業を失い困ることになる。したがって、違反者は解任して買田占地は没収することとする、と勅する。
五月三日　勅。有封の神社は神戸が修理し、無封の神社は修理する人がいなかった。このような状態では神社の維持管理上問題があるので、今後は祢宜祝等が維持管理をすることとせよ。小破はその都度、大破は国司が巡検して速やかに修理せよ。ただし、風水害火災その他非常災害により大きい被害をうけて復旧できないような場合には、その旨報告して判断を仰げ。
五月四日　昔、伊勢国多気度会及び飯高飯野など七郡の神戸の農民達が苛酷な税の取り立てのため逃散するなど混乱を来たした。そこで出挙をやめることにしたところ、農民達は富裕な農民から借り入れて正税の支払に充てざるを得なくなり、その結果数倍に上る利息を支払うことになり、かえって困窮することになった。そこで出挙の制度を復活してその元手として正税一三万三〇〇〇束を充てることとし、その利息は斎宮の費用に用いることとする。
五月八日　紀伊国桑名郡榎撫駅から尾張国に至る区間の伝馬を常備しないでよいこととする。
伝馬について伊勢国から次のような請願がある。
伝馬は新任の役人が赴任するときに用いられるだけである。同区間の往来は、現在は水路により行われており、いたずらに伝馬を備えておくことは人々に負担になるばかりである。したがって彼らの負担を軽減するため伝馬を備え置かなくてもよいこととしたい。この請願は認められた。
五月一〇日　初めて大膳職の印がつくられる。
五月一八日　京の飢民を賑恤する。
五月二一日　勅。国を経営し家を治めるには文をもってすることが最良の方法であり、身を立て名を揚げるには学をもってすることが最良の方法である。このような考えに基づいて大同の初め、諸王及び五位以上の子孫で一〇歳以上の者は、皆大学に入れて専攻の分野を定めて学問させたのであるが成果があがらなかった。そこで今後は先の勅を改めて、本人の好きな学問をしてよいこととする。

五月二八日　河内国の講師に和泉国内の定額諸寺を検校させる。また、元来講師を置いていない安房国の諸寺を上総国に検校させ、能登国の諸寺を越中国に検校させる。

六月二日　諸国の俘夷等を諭して、野蛮な行為をやめさせることは困難であるので、彼らの中から物の道理が判断できる者を選んで、彼らの長として、彼らを治めさせることとする。

六月四日　京の飢民を賑恤する。

六月五日　薩摩国に蝗害発生する。

六月五日　神祇官から、住吉・香取・鹿島三神社は、二〇年に一回、社の全てを作り替えてきたが、その弊害は少なくなかった。昨今は正殿以外は破損した部分について修理して済ませている。これをもって恒例としたいと、伺いをたてて許される。

六月一六日　京の米価が騰貴したため、官倉に収められていた米を放出して米価を安定させて、貧民の生活の安定を図る。

六月二三日　僧尼の犯罪は、軽重を論ぜず僧尼令により処罰すると勅する。

六月二六日　一〇日以上わたり雨が降らなかったので雨ごいをしたところ、たちまちに雨が降ってきた。そこで畿内の名神に幣を奉り感謝の祈りを捧げるよう勅する。

七月一日　最近病気が流行し同時に日照りが続いている。神の助けにより災いを転じて福とするよう天下の名神に幣を奉り祈りを捧げるよう、勅する。

七月二日　天皇、病気流行と日照りの害をおさめるため、大極殿において伊勢大神宮に幣を奉る。

七月七日　天皇、神泉苑に行幸し相撲を観戦し、文人に七夕にちなんだ詩を詠ませる。

七月一三日　封戸として五〇戸を招提寺に施入する。

七月一七日　陸奥国からの申請。陸奥国の屯田は昔二〇〇町与えられていたのであるから、鎮守の負担を補うためにせめて一〇〇町を与えてほしいと、申請して許される。

七月二六日　山城・摂津・河内三国に新銭各二〇〇貫を

賜う。これを元手に出挙して、その利息を堤防の維持管理の費用に充てるためである。
八月五日　郡司に命じて私に百姓を使役していた上野介従五位下息長真人家成・大掾正六位上酒人真人人上を免職する。
八月八日　僧良勝は女性をともなって車に乗ったために島に流される。
八月二八日　摂津国の水田一五〇町を、国司に命じてもっぱら稲の苗を採る所として使用することとする。この水田は故大僧正行基法師にゆかりの土地である。
九月三日　陸奥国遠田郡の勲七等竹城公金弓等三九六人から、彼らは未だに田夷の姓で呼ばれているので、姓を改めて「公民」となりたいと請願し、許されて新しい姓を賜る。

氏名等　新しい姓
勲七等竹城公金弓
勲八等黒田竹城公継足
勲九等白石公真山等一二八人　陸奥磐井臣
勲八等竹城公多知麻呂
勲八等荒山花麻呂等八八人　陸奥高城連
勲九等小倉公真祢麻呂等一七人　陸奥小倉連
勲八等石原公多気志等一五人　陸奥石原連
勲八等柏原公広足等一三人　椋橋連
勲八等遠田公五月等六九人　遠田連
勲八等意薩公持麻呂等六人　意薩連
小田郡の意薩公継麻呂
遠田公浄継等六六人　陸奥意薩連

九月九日　新羅人の劉清等一〇人に食糧を与えて放還する。
九月二〇日　天平勝宝のきまりでは、東大寺の二里四方の中での殺生は禁じられたのである。しかし、このきまりがまもられていないので、標識を立てて範囲を示したが効果がなかった。教養のない輩が朝憲にそむいて、国師講師がきびしい指導をしないため、神聖な領域で漁猟をして屠殺の場と異ならない状況を呈している。ここであらためて禁制して、違反者には罪を科すこととする。
九月二五日　天皇、大原野に遊猟し、右大臣従二位藤原朝臣内麻呂が物を献上する。侍従以上・山城国司及び右大臣の子弟が衣被を賜る。
九月二六日　妖言により人々を惑わす者は、男女を問わず刑罰を科すこととする。しかし、その言葉が神の御告げを正しく述べていると考えられる者については、国司がよく調査した上で報告させる。
一〇月二八日　東大寺だけが収納していた官家の功徳封物を停止して、東西二寺の諸司が収納して、諸費用の支出に充てることとする。このことは初めて行われることではなく前例に従ったことである。
一〇月二八日　常陸国の安候・河内・石橋・助川・藻島・棚島の六駅を廃止し、小田・雄薩・田後の三駅を再建する。
一一月二七日　贈四品布勢内親王の墾田七七二町を東西二寺に施入する。
一二月二日　調綿一万五〇〇〇屯を七大寺常住僧及び内供奉十禅師に施す。
一二月二九日　春宮に所属する人々は六〇〇人である。入色五〇〇人・白丁一〇〇人である。数年後には白丁の欠員が生じるので入色の中から補充することとする。

八一三（弘仁四）年（勝道上人七九歳）

二月一一日　石見国の乗田三〇町の昔の土地代が未納であったので、正税を貸し与え、それを元手にして作物を作付けして、三年以内に収穫物で完済するよう命じる。
二月一四日　叙位。

氏名及び従前の階位等	新階位等	備考
上野国甘楽郡大領外従七位下勲六等壬生公郡守	外従六位下	

彼が支配している人々の生活を豊かにし人々の信頼を得ているため、特別に叙位された。

二月一六日　天皇、交野に遊猟し山埼駅を行宮（仮宮）とする。この日、津頭に失火があり、三二戸が延焼する。彼らには米綿を支給する。また、天皇の輿の担ぎ手と左右衛士達に綿を賜う。
二月一八日　天皇、水生野に遊猟し、山城国が貢ぎ物をする。五位以上及び山城・河内・摂津の国司に衣被を賜い、史生郡司には綿を賜う。この夕、天皇は宮に帰還する。
二月二五日　飢饉のときには俘囚といえども、平民と同様に救済することを定める。
二月二九日　新羅人一〇〇余人が肥前国小近島に上陸して土民を殺傷する。
三月六日　空海が灌頂暦名を録する。
六月一日　京畿内で諸人の病患者を路辺に棄てることを禁じる。
一一月二四日　諸国の介以上一人を選び夷浮の事を掌ら

せる。

＊奈良・興福寺創建時の銅銭　地鎮のため埋納か　藤原氏の財力裏付け

　奈良県教育委員会と興福寺（奈良市登大路町）は六日、同寺の南円堂の基壇地下から、弘仁四年（八一三年）の創建当時に流通していた和同開珎など四種類の銅銭が八七枚出土したと発表した。仏堂の建設時に地鎮のため埋納されたと見られる。同寺は藤原氏の氏寺で、大量の銅銭の出土は藤原氏の財力の大きさを裏付けるとともに、銅銭の年代から弘法大師が南円堂の地鎮・鎮壇にかかわったという伝承を補強するものとして注目されている。

　南円堂は興福寺境内の南西にある八角円堂で、平安時代初めに藤原冬嗣が建てた。平成の大修理に伴い、地下の基壇を調査していた。その結果、地下五〇センチ～二メートルの層から、和同開珎、万年通宝、神功通宝、隆平永宝の銅銭がばらまかれた状態で出土した。

　この層は丁寧な版築（土を突き固めて造る工法）を一八回以上も繰り返して築かれていた。銅銭が出土しなかったのは一八層のうち三層だけで、多い層では一四枚もあったほか、一〇数枚を糸で束ねた隆平永宝も見つかった。［日本経済新聞一九九四（平成六）年一二月七日］

八一四（弘仁五）年（勝道上人八〇歳）

七月七日　天皇、神泉苑に行幸し、相撲を観戦する。

七月二一日　大和・河内両国が過去に滞納している稲一三万四〇〇〇束を、百姓達が窮乏しているために納めることができないので、免除する。

七月二四日　班田は六年に一度である。諸国の班田はこのきまりに従って実施されることになっていた。しかし、大同以来疾疫が多発して、諸国においては班田を怠る国も多く見られるようになり、法律が遵守されていない。班田の期間が長い国は、規則を守って班田を実施せよ、と勅する。

七月二五日　畿内・近江・丹波等の国々では、近頃干害が頻発しているが、国司は何ら対策を講じないので、百姓が被害を被っている。東海地方では干害が予想されるときには能吏が地方に出向き、雨乞いを行って成果を得ている。干害による禍福は、国吏の心構えにかかっているのである。したがって、今後干害が予想される場合には、官長が潔斎をつんで熱心に雨乞いの祈りをするようにと、勅する。

八月一一日　皇太弟（淳和）が南池に行幸し、文人に命じて詩を詠ませて、位を授けたり四位以上には被を、五位・春宮属以上及び六位以下の藤原氏等に衣を賜うことをする。

氏名及び従前の階位等	新階位等	備考
春宮亮従五位下清原真人夏野	従五位上	
大進正六位上橘朝臣長谷麻呂	従五位下	

八月二一日　囚人の日下部土方の罪をゆるして杢長上に任命する。彼は摂津国武庫郡の出身であるが、偽金造りの罪で堀河の土木事業に懲役のために働いていた。しかし、彼は技術に優れており模範的であったので、彼の才能が評価されたのである。

九月一一日　京畿七道諸国の国分二寺の八〇歳以上の僧尼に綿二〇屯を施し、老人で一〇〇歳以上には穀物二斛、九〇歳以上には一斛、八〇歳以上には五斗、寡婦及び自活できない身寄りのない老人子供には三斗以下一斗以上を賜う。

九月一五日　豊作を感謝して、明神に幣を奉る。

九月三〇日　渤海国が遣わした使者が方物を献上する。

一〇月四日　大雪。

一〇月一三日　新羅の商人三一人が長門国豊浦郡に漂着する。

一〇月二七日　新羅人の波古知等二六人が筑前国博多津に漂着したので、彼らにその理由を質問すると、我国に帰化したいとのことであった。

一一月九日　出雲国の田租を免除する。賊乱があった蕃客に財を提供したためである。

一一月一七日　陸奥国の胆沢・徳丹の二城は、国府から遠隔地にあり孤立している。しかも城下には津軽狄俘が住んでいて、彼らは何を考えているのか測り難いところがあるので、備えを怠るべきではない。そこで両城に糒及び塩を備蓄しておきたいと、請願して許される。

一二月一日　これまでに帰順した夷俘はかなりの数に上り、彼らの定住をはかってきたところである。しかし、官司百姓は彼らの姓名を呼ぶ者はなく、夷俘の号を日常の呼び名としているところである。彼らはすっかり同化してるためにこのような呼ばれ方を恥ずかしいと考えている。そこで今後は彼らを官位をもって呼ぶこととする。官位のない者は姓名をもって呼ぶこととせよ、と勅する。

一二月二日　大雪。

八一五（弘仁六）年（勝道上人八一歳）

一月一五日　崇福・梵釈の二寺は、禅居之浄域・伽藍之勝地である。しかし、現在では俗化して牛馬が繋がれたりして、仏地がけがされているとのことである。したがって、近江国に命じてこれらの行為を禁止せよ。もしこの規則に従わない者があれば五位以上の者についてはその名前を記録し、六位以下の者については身柄を拘留して報告せよ。

一月二一日　尾張・三河・美濃・越前・但馬・美作・備前等の国の役夫一万九八〇〇人を徴発して、朝堂院を修理することとする。その食糧及び往還の費用は正税を充てることとする。

二月九日　官物を盗んだ越中介正六位上大伴宿祢黒成・掾正六位上多治比真人清雄・少目従七位下和邇部臣真嗣等を免職とする。越中守従五位上藤原朝臣鷹養・大目正六位上上村主乎加豆良は死亡しているので彼らの罪は論じないこととする。

三月二〇日　軍用で一番重要なものは、馬である。しかし、権貴の家や富豪の輩は、辺境の夷狄と交易して馬を購入し、彼ら自身では馬の生産をしていないと聞く。そこで延暦六年の定めに従い陸奥・出羽両国において馬を買うことを禁じることとする。違反者には没官の厳罰を科すこととする。ただし、駄馬の売買についてはこの限りではない。

三月二六日　姓を賜う。

属国及び氏名等	賜った姓	備考
陸奥国遠田郡の竹城公音勝等三五人	高城連	
真野公営山等四六人	真野連	
白石公千島等三九人	白石連	
遠田公広楮等二九人	遠田連	
意薩公広足等一六人	意薩連	

四月五日　空海、会津の僧徳一に真言宗の布教依頼を書き送る。［徳一と恵日寺　福島県耶麻郡磐梯町教育委員会］

四月二二日　天皇、近江国滋賀韓埼に行幸し崇福寺に立ち寄り、大僧都永忠・護命法師等が衆僧を従えて門外に出迎え、天皇は輿を下りて仏を礼拝する。梵釈寺おいては、天皇が詩を詠み、皇太弟（淳和）及び群臣がこれに和し奉る。大僧都永忠が自ら茶を天皇に奉り、天皇は御被を施す。また天皇は船に乗って湖をめぐり、国司が風俗歌舞を上覧する。五位以上及び掾以下は衣被を賜り、史生以下郡司以上は綿を賜る。
五月一四日　薩摩国蝗害。調庸田租を免除する。
五月二九日　業良親王に備前国津高郡の荒廃田一九町を賜う。
六月三日　大きい雷があった。内舎人及び四衛府舎人以上に禄を賜う。
六月五日　京畿の百姓の調銭は五〇文であったが、今回改めて八四〇文とすることとする。
六月一六日　河内国、困窮している家を賑恤する。
六月二七日　右大臣兼行皇太弟伝藤原朝臣園人、先祖が領有していた功封の回復を請願して、許されず。
彼の先祖は、天豊財重日足姫（皇極）天皇の時代、大織冠内大臣内大臣鎌子が功により一万五〇〇〇戸の封を領有していた。
七月一三日　天皇、夫人従三位橘朝臣諱（嘉智子）を皇后とする。この日強い雷雨あり。
七月二五日　五月以来の長雨を心配して詔をする。
七月二五日　国司交替の期限を四年に改める。
八月三日　長雨が止まないため、伊勢大神宮及び賀茂大神に使者を派遣して幣を奉る。
一〇月三日　安房国が蘆二本を献上する。その長さはそれぞれ三丈、直径は一尺もあった。
一二月二三日　常陸国の板来（いたく・潮来か）駅を廃止する。
＊この年、五月から九月まで霖雨が降る。諸国では大きい被害を蒙る。

八一六（弘仁七）年（勝道上人八二歳）

四月　勝道上人、男体山麓（中禅寺・二荒山神社境内）で土石流に遭遇する。
同上人、中禅寺に詣で一四日間、読経する。この間大雨が降り、湖水は白波を揚げ、山林土地が振動する。そのありさまはこの世の最後を思わせるようなすさまじいものであった。上人は事態の鎮静を一心に神仏に祷ったところ、祷りが通じてか、静けさが戻り、辺り一面に不思議な香りが漂ってきた。［補陀洛山建立修行日記］

五月一日　下野大風雨。［栃木県災異年表］［日本砂防史］
六月一九日　空海、高野山を道場建立の地とすることを誓願する。
八月四日　勝道上人、四本龍寺の北方八九町の岩窟を

入定の所と定める。［補陀洛山建立修行日記］

八月二三日　上総国の税長久米部当人が官稲五七万束正倉六〇宇を焼いて罰せられる。

八一七（弘仁八）年（勝道上人八三歳）

二月二五日夜半　勝道上人、弟子達に仏法を興隆し、上人の遠祖である皇室の安泰と人民の利益を祈るよう遺言する。［補陀洛山建立修行日記］

三月一日　勝道上人、没する。［補陀洛山建立修行日記］

四月二二日　新羅人一四四人帰化する。

七月五日　陸奥浮囚の帰降を奏上する。

七月一七日　摂津国海潮暴溢して二二〇人漂死する。

一〇月七日　常陸国新治郡火災によって不動倉一三宇穀九九九〇斛を焼く。［協和町］

＊この年、日光山の僧教旻（勝道の徒弟）初めて座主職を拝する。これが第一世。［探勝略記：日光市史・資料編上巻］

八一八（弘仁九）年二月、勝道上人の弟子仁朝・道珍・教旻・道欽等によって上人の足跡を記した補陀洛山建立修行日記が編纂された。

後書には次のように記されている。

一説には弘仁九年六月一一日、勝道上人の遺骨は道珍によって中禅寺湖の西の葛蒲沼の千手観音像の付近に埋葬され、上人の頭骨は千手観音とともに教旻が上野島に金色の壷に収めて埋葬し、如意と実珍がそれに添えて五大尊像と鈴杵を埋葬し、さらにその上に尊鎮が作製した五輪塔婆が立てられたと伝えられている。

第5章　まとめ

同日記の記述の多くは、項目毎に見ると、「事実として把握することができる部分」と「幻想」としか思えない部分から成り立っている。

「事実として把握することができる部分」に焦点を当てて他の史料を引き当てて読んだ場合、同日記には、その事実に遭遇した人でなければ表現することができないと思われる事柄や、時代の波に翻弄された人々でなければ表現することができないような内容が含まれているように見える。

「幻想」の部分については、修行が七昼夜とか一四昼夜とかの長期に及ぶ体力・気力の限界に達するような荒行であったために見た幻覚であったのかも知れない。あるいは、修行の際に焚かれた護摩が、大麻であったため、幻覚を見た可能性もある。

あらためて現在、同日記を読み直して日光地方の歴史を見直してみると、この地方の歴史のみならず当時の日本の状況が生き生きとして見えてくるのである。

すなわち、補陀洛山建立修行日記は、後年の偽作であると言い切るには問題があるのではないかと思われる。

著者紹介

佐藤壽修（さとう　としのぶ）

1941年、栃木県上都賀郡今市町大字瀬川（現日光市瀬川）に生まれる
栃木県立今市高等学校卒業後、関東地方建設局、川治ダム・利根川上流・荒川上流・下館・甲府・日光砂防の各河川関係事務所等に勤務、主に河川管理を担当
退職後「関東開発の歴史年表」を編纂中

論文：「西沢金山にみる日本の動き・世界の動き」『歴史と文化4号』（栃木県歴史文化研究会）、「西沢金山のこと」『日本近代学事始』栃木県歴史文化研究会近代日光史セミナー

勝道上人が生きた時代　「補陀洛山建立修行日記」をめぐって

2013年6月24日　第1刷発行

著　者●佐藤壽修

発　行●有限会社 随想舎

〒320-0033　栃木県宇都宮市本町10-3 TSビル
TEL 028-616-6605　FAX 028-616-6607
振替 00360－0－36984
URL http://www.zuisousha.co.jp/

印　刷●モリモト印刷株式会社

装丁●齋藤瑞紀

定価はカバーに表示してあります／乱丁・落丁はお取りかえいたします

ISBN978-4-88748-277-7